中等职业教育"十二五"规划教材
中职中专会计类专业系列教材

基 础 会 计

刘彩霞　主编

穆亚萍　张茂良　副主编

科学出版社
北京

内 容 简 介

　　本书是校企合作开发的基于会计工作过程的项目式课程教材，依据会计工作过程选取教学内容，单一实例贯穿全书，采用仿真的凭证、账簿、报表组织教材内容，并安排相应的教、学、做一体化任务演练，突出了仿真性和互动性，立足于培养学生从事会计工作所必须的基本知识、操作方法和操作技能以及参加会计从业资格考试的考证能力。

　　本书以西安同仁有限公司一个会计期间全部经济业务的账务处理流程为主线，依次介绍会计工作过程的期初建账、日常登账和对账、期末结账和编制会计报表的一系列职业活动和工作任务，并根据工作任务穿插了各种相关知识。其内容划分为 9 个项目，34 项任务。本书语言简洁易懂，内容丰富，案例翔实，图表丰富，具有较高的实用性和可操作性。

　　本书既可作为中职、高职学校会计专业学习教材，也可作为企业会计新手学习会计基本理论知识、企业会计基本实务技能的参考书，还可作为参加会计从业资格考证的辅导教材。

图书在版编目(CIP)数据

基础会计/刘彩霞主编．—北京：科学出版社，2013
（中等职业教育"十二五"规划教材·中职中专会计类专业系列教材）
ISBN 978-7-03-036612-2

Ⅰ.①基… Ⅱ.①刘… Ⅲ.①会计学-中等专业学校-教材 Ⅳ.①F230

中国版本图书馆 CIP 数据核字（2013）第 020882 号

责任编辑：王纯刚　王　琳 / 责任校对：王万红
责任印制：吕春珉 / 封面设计：耕者设计工作室

科学出版社 出版
北京东黄城根北街 16 号
邮政编码：100717
http://www.sciencep.com
铭浩彩色印装有限公司印刷
科学出版社发行　　各地新华书店经销
*

2013 年 1 月第 一 版　开本：787×1092　1/16
2018 年 11 月第七次印刷　印张：16 1/4
字数：385 000
定价：45.00 元

（如有印装质量问题，我社负责调换〈 铭浩 〉）
销售部电话 010-62134988　编辑部电话 010-62130874

前　言

　　"基础会计"是中职院校会计专业、会计电算化专业和财务管理专业的入门课程，也是一门实践性较强的主干专业课程。该课程根据会计岗位的共性能力需求，培养学生的会计核算能力、基本职业判断能力、全盘账务处理能力以及考取从业资格证书的能力。

　　本教材打破传统教材以理论知识为核心的构建模式，按照"项目导向，先会后懂，理实一体"的教学理念重组教材结构，将教材内容与会计岗位的基本能力和会计从业资格考证能力相结合。本书以培养学生职业能力和职业素质为目标，以会计岗位工作过程为项目导向，以会计工作流程为主线，以学生为主体，以真实经济业务为载体，以实训为手段，结合新企业会计准则进行编写。教材的内容、体例、结构，以及理论与实践的融合方面都体现了较大的改革与创新。其特点主要体现在以下几个方面。

　　（1）体现了最新的职业教育理念。本教材按照"工学结合"人才培养模式，以工作过程为导向，以真实的工作目标作为项目，以完成项目的典型工作过程作为任务，以任务引领知识、技能和方法，让学生在完成工作任务中学习知识、训练技能，获得所需的职业能力。真正体现了"在做中学"和"在做中教"的以学生为主体的教育理念。

　　（2）重构了教材体系。本教材打破了传统基础会计教材的框架，以会计工作过程为主线，以具体工作任务为载体，将其内容划分为九个项目，每个教学项目都设计了项目介绍、学习目标、学习内容、走进任务、提出任务、描述任务、演练任务、相关知识、任务提炼、延伸任务等内容，打破了传统教材和考证教材的学科体系。

　　（3）内容适用、突出能力。本教材在内容的选择上紧紧围绕完成会计核算工作任务和会计从业资格考试的需要来进行，删繁就简，以"必需和够用"为标准进行取舍，注重内容的实用性和针对性，变书本知识的传授为动手能力的培养，以体现职业教育教材的本质特征。

　　（4）校企合作开发。本教材主要是由陕西大公税务师事务所有限责任公司、城市金融报社和陕西银行学校合作完成，由会计行业企业专家、会计工作人员和会计专业教师共同编写，其教材内容及其所设计的项目和任务更贴近会计实务。

　　（5）仿真性强。本教材中所列示的会计凭证、会计账簿和会计报表都与实际工作中所使用的非常接近，仿真性强。

　　本书由陕西银行学校高级讲师刘彩霞任主编，编写了项目1和项目3；陕西省机电工程学校高级讲师赵密侠编写了项目2；城市金融报社会计师梁温娥编写了项目4；陕西银行学校高级讲师穆亚萍任第一副主编，编写了项目5；陕西行政学院讲师兼陕西大公税务师事务所董事长、注册税务师张茂良任第二副主编，编写了项目 6；陕西银行学校高级讲师刘沂编写了项目 7；陕西银行学校讲师林欣编写了项目 8；兰州理工中等专业学校赵永霞编写了项目 9。最后由刘彩霞总纂成书。

由于编者学识水平、教学经验有限，时间紧迫，书中不足之处在所难免，恳请广大读者批评指正。

编　者

2012年 7月

目　录

项目 **1**
会计入门知识

项目介绍

　　基础会计是会计专业的入门课程，主要介绍会计的基本原理、基本方法和基本技能。本项目通过认识会计及会计职业任务，让初学者从总体上对会计工作有一个总体上的认识，为后续学习打下基础。

学习目标

☆　能力目标：能初步认知会计与会计工作；能明确会计的从业资格；能制定会计职业生涯规划。

☆　知识目标：熟练掌握会计的特点、职能和对象；明确会计核算的基本前提和基础；熟悉会计人员的岗位和任职资格。

☆　社会目标：做好职业生涯自我规划，明确自我人生目标。

学习内容

1. 会计的概念及特点。
2. 会计的基本职能和对象。
3. 会计核算的基本前提和基础。

　　当我们跨进会计职业门槛时，往往会有很多疑问，如学习会计有什么用？会计主要是做什么的？做会计的职业前景如何？如何做一名好会计？等等。让我们通过认识会计和会计职业，来解答这些疑问，走好职业人生的第一步。

任务 1　认识会计

　　提出任务　会计是现代社会必不可少的一个部分。几乎任何一个单位，包括以盈利为目的的企业组织和不以营利为目的的非企业组织，如政府机关、学校、医院等，在它们的组织内部，都设立了相应的会计部门或会计人员岗位。

　　描述任务　会计一词，在现实生活中至少包括三种含义：其一是指从事会计工作的人，如张会计、李会计等；其二是指会计工作，如我是干会计的；其三是指会计为研究对象的学科，也就是会计学，如我是教会计的教师。本任务中的会计无特殊说明，它是指会计工作。

■ 任务演练

初 识 会 计

　　资料　企业日常的经济业务事项是纷繁复杂的，如投入资金、设备购置、材料采购、员工招聘与培训、产品设计生产、广告宣传、产品销售、缴纳税金和征订书报等。

　　要求　1. 你认为该由谁去记录、计算和管理企业已发生的经济业务事项呢？

　　　　2. 如果想记录、计算和管理企业已发生的经济业务事项时，可能采用的计量单位有哪些？

　　　　3. 如果你是一个企业的会计，你核算和监督的对象是什么？

　　　　4. 作为会计，要想对一个企业的经济活动进行核算和监督，必须具有的基本前提是什么？必须采用的方法是什么？

■ 相关知识

一、会计的概念及特征

（一）会计的概念

　　会计是以货币为主要计量单位，运用一系列专门的方法，核算和监督一个单位经济活动的一种经济管理工作。

（二）会计的基本特征

从会计的定义中，我们看到会计具有以下特征：

1. 会计以货币作为主要计量单位

对任何一种经济活动的记录与核算，都需要采用一定的计量单位，否则无法进行数量反映。人们经常采用的计量单位主要有三种：实物计量单位（如个、件、台、千克、米等），是为了核算各种不同物资的实物数量；劳动计量单位（如天、小时、工时等），是为了核算企业经营活动中消耗的劳动者工作时间的数量，它们从一个侧面反映企业的生产经营成果。不同计量单位之间是无法加计和汇总，无法在量上进行比较，也不便于会计计量和经营管理。而货币度量，是衡量一般商品价值的共同尺度，企业任何经济活动所涉及的人力、物力、财力的投入和耗费，可以用货币度量进行汇总和比较，由此对企业的财务状况和经营成果进行总体评价。

 小提示

会计在选择货币作为统一的计量尺度的同时，要以实物度量和时间度量等作为辅助的计量尺度。

2. 会计拥有一系列专门的方法

会计在工作实践中逐步形成了一系列专门的核算方法——设置会计科目和账户、复式记账、填制和审核会计凭证、登记账簿、成本计算、财产清查和编制财务报告等。

3. 会计具有核算和监督职能

一方面会计要按照会计法规制度的要求，对经济活动进行确认、计量和报告；另一方面会计要对业务活动的合法性、合理性进行审查。因此，会计核算是会计工作的基础，会计监督是会计工作的质量保证。会计核算与监督贯穿于会计工作的全过程，是会计工作最基本的职能，也是会计管理活动的重要表现形式。

4. 会计的本质就是管理活动

会计产生于人们管理社会生产和经济事务的过程，不仅为管理提供各种数据资料，还通过各种方式直接进行管理，如为了实现经营目标而参与经营方案的选择、经营计划的确定、经营活动的控制和评价等。会计工作往往在单位内部整个系统中进行，每个管理环节都离不开会计人员的参与。在宏观经济中，会计也是国民经济管理的重要基础和组成部分。从职能属性看，核算和监督本身是一种管理活动；从本质属性看，会计本身就是一种管理活动。

二、会计的基本职能

会计的职能是指会计在经济管理中所具有的功能。会计的基本职能包括会计核算和会计监督两个方面。

3

（一）会计的核算职能

会计核算职能是指会计以货币为主要计量单位，通过确认、计量和报告等环节，从数量方面反映特定主体已经发生或者已经完成的各项经济活动，为经营管理提供会计信息。会计核算贯穿于经济活动的全过程，是会计的最基本职能和最基础的工作。

 小提示

特定主体是指单位即国家机关、社会团体、公司、企业、事业单位和其他组织的统称。

1. 确认职能

会计确认职能解决的是定性问题，即判断发生的经济活动是否属于会计核算的内容、归属于哪一类性质的业务，是作为资产还是负债或其他会计要素等。

2. 计量职能

会计计量职能解决的是定量问题，即在会计确认的基础上确定具体金额。如确认企业资产有多少、负债有多少等。

3. 报告职能

会计报告职能是确认和计量的结果，即通过报告，将确认、计量和记录的结果进行归纳和整理，以财务报告的形式提供给信息使用者。

如企业发生一笔经济业务活动：用银行存款 50 万元，购买机器一台。该业务发生后，会计首先应当'确认'企业取得了一项资产即固定资产，其次"计量"该项固定资产的账面价值是 50 万元，最后在企业的有关会计报表中"报告"固定资产价值 50 万元。

会计确认、计量和报告是会计核算的重要环节，企业会计准则对此做出了严格规定。此外，会计记录是将经过确认、计量的经济事项通过一定方法记载下来的过程，企业会计准则应用指南的附录部分对会计记录进行了规范。

（二）会计的监督职能

会计的监督职能是指会计在其核算过程中，对特定主体经济活动的合法性和合理性进行审查。

1. 监督合法性

监督合法性是针对各项经济业务是否遵守国家有关法律制度、是否执行国家各项方针政策等情况的审查，以杜绝违反财经法纪的行为。

2. 监督合理性

监督合理性是针对经济业务是否符合经济运行的客观规律和单位内部的管理要求、是否执行了单位的财务收支计划、是否有利于经营目标或预算目标的实现等进行的审查，为单位增收节支、提高经济和社会效益把关。

会计监督贯穿于会计管理活动的全过程，包括事前监督、事中监督和事后监督。

事前监督是在经济活动发生前进行的监督，主要是对未来经济活动是否符合法规政策的规定、在经济上是否可行进行分析判断，以及为未来经济活动制定定额、编制预算等；事中监督是指对正在发生的经济活动过程及其核算资料进行审查，并据以纠正经济活动过程中的偏差和失误，使其按预定计划进行；事后监督是对已经发生的经济活动及其核算资料进行审查。

《会计法》确立了单位内部监督、社会监督、政府监督三位一体的会计监督体系，为会计监督的具体内涵及其实现方式赋予了新的内容。

（三）会计核算与监督职能的关系

会计核算与会计监督两大基本职能关系密切、相辅相成。

会计核算职能是会计的首要职能，是会计监督的基础。会计核算工作的好坏，直接影响到会计信息质量的高低，并为会计监督提供依据。

会计监督职能是会计核算的保证。没有严格的会计监督，就难以保证会计核算所提供信息的真实性，会计核算的作用就难以发挥。

可见，会计是通过核算为管理提供会计信息，又通过监督直接履行管理职能，两者必须结合起来发挥作用，才能正确、及时、完整地反映经济管理活动。

三、会计对象

（一）会计对象的概念

会计对象是指会计核算和监督的内容。特定主体的货币本身或能够以货币表现的经济活动，都是会计对象。以货币表现的经济活动通常又称为资金运动。因此，会计核算和会计监督的内容即会计对象就是资金和资金运动。

（二）资金运动的过程

资金是指一个单位所拥有的各项财产物资的货币表现。资金运动是资金的形态变化和位置移动，资金运动是客观的。资金运动的客观性体现在任何单位的资金都要经过资金的投入、资金的循环与周转（即运用）和资金退出这样一个运动过程，这个过程不因单位所处的国家或地区的不同而不同。也正因为资金运动的客观性，才使得会计能成为一种国际性的"商业语言"。资金运动过程对任何单位来说都是一样的，但具体运动形式并不完全相同。

1.资金的投入

投入单位的资金包括投资者投入的资金和债权人投入的资金，前者形成所有者权益，后者属于债权人权益（即单位的负债）。资金的投入是单位取得资金的过程，是资金运动的起点。

按照相关法律要求，注册单位都需要资金的投入，即来自企业所有者（投资者）投入的资金，通常表现为货币资金（现金或银行存款），但有时也表现为存货（原材料、库存商品等）、固定资产、无形资产（商标权、专利权等）等非货币性资产。单位成立后，尤其企业成立后处于经营或扩大规模需要，在资金不足或为解决临时的资金需要时，还可以通过其他筹资活动从单位外部取得一定的资金即债权人投入的资金。

2. 资金的运用（资金的循环和周转）

企业将资金运用于生产经营过程，就开始了资金的运用。它又可分为供应过程、生产过程、销售过程三个阶段。资金的运用在不同的单位（企业、行政和事业单位、民间非盈利组织等）存在较大的差异。下面以制造业（以下简称企业）为例，简要说明资金的循环与周转。

1）供应过程：它是生产的准备过程。企业进行采购，将投入的资金用于建造或购置厂房、购置机器设备、购买原材料，为生产产品作必要的物资准备，这就是供应过程。

2）生产过程：它是产品的制造过程。企业劳动者借助机器设备对原材料进行加工、生产出产品、企业支付职工工资和生产经营中必要的开支，这就是生产过程。

3）销售过程：它是产品价值的实现过程。企业将生产的产品销售并取得收入，这就是销售过程。

在上述过程中，劳动对象的实物形态在供应、生产、销售等环节依次发生转变，即原材料→在产品→库存商品；资金形态也相应地发生变化，即货币资金→储备资金→生产资金→成品资金→结算资金→货币资金，资金运动从货币资金形态开始又回到货币资金形态，我们称之为完成了一次资金循环，资金的不断循环就是资金周转。

3. 资金的退出

资金退出是资金运动的终点，主要包括偿还各项债务、依法缴纳各项税费，以及向所有者分配利润等。

总之，资金运动是会计核算和监督的内容的最高概括，是会计对象的第一层次，会计对象的第二层次是会计要素，会计对象的第三层次是会计科目，我们将在后面的项目中加以介绍。

四、会计核算的具体内容

会计核算和监督的主要内容是资金运动，即资金的投入、资金的运用、资金的退出三个阶段。

资金运动的三个阶段，又是通过一系列的经济业务事项来进行的。这里的经济业务事项包括经济业务和经济事项两类。经济业务又称经济交易，是指单位与其他单位和个人之间发生的各种经济利益的交换，如商品销售、上交税款等。经济事项是指在单位内部发生的具有经济影响的各类事项，如支付职工工资、报销差旅费、计提折旧等。这些经济业务、经济事项内容，就是会计核算的具体内容。根据《会计法》第十条规定，下列经济业务事项，应当办理会计手续，进行会计核算。需要说明的是，企业、行政单位、事业单位、非营利组织等的经济业务事项各具特色，会计核算也有所不同，现以企业为例加以说明。

（一）款项和有价证券的收付

1.款项和有价证券的定义

款项是作为支付手段的货币资金，主要包括现金、银行存款以及其他视同现金和银行存款的银行汇票存款、银行本票存款、信用卡存款等。

有价证券是指表示一定财产拥有权或支配权的证券，如国库券、股票、企业债券等。

2.会计核算企业款项和有价证券的意义

款项和有价证券是流动性最强的资产，如果收付环节出现问题，不仅使企业款项和有价证券受损，更直接影响到企业货币资金的供应，从而影响企业生产经营活动。企业必须按照国家统一的会计制度规定，加强监督管理，及时、如实地核算款项和有价证券的收付及结存。

（二）财物的收发、增减和使用

1.财物的定义

财物是财产、物资的简称，企业的财产物资是企业进行生产经营活动且具有实物形态的经济资源，一般包括原材料、燃料、包装物、低值易耗品、在产品、库存商品等流动资产，以及房屋、建筑物、机器、设备、设施、运输工具等固定资产。

2.会计核算企业财物的意义

由于财物本身就是一种资产，而且大多数都是企业生产经营所必需的生产设备和生产资料等，价值一般比较大，在企业的资产总额中占有较大比重，因此，企业对财物的收发、使用和结存情况，必须及时进行核算，全面反映企业财物的收付、结存和使用情况，发挥会计在控制和降低成本、保证财物安全完整、防止资产流失等方面的重要作用，维护企业正常的生产经营秩序。

（三）债权、债务的发生和结算

1.债权和债务的定义

债权是企业收取款项的权利，一般包括各种应收和预付款项等，如应收账款、应收票据、其他应收款、预付账款等。

债务是企业承担的需要偿付的现时义务，一般包括各项借款、应付和预收款项，以及应交税费、应付利润、其他应付款等。

2.会计核算企业债权和债务的意义

债权和债务是企业在日常生产经营活动中经常出现的经济业务事项。债权债务的发生和结算，涉及企业与其他企业以及企业与其他有关方面的经济利益，关系到企业自身的资金周转，影响到企业的生产经营活动。因此，企业必须及时、真实、完整地核算其债权债务，防止在债权债务环节发生非法行为。

（四）资本的增减

1. 资本的定义

资本是投资者为开展生产经营活动而投入的本金。资本是企业进行生产经营活动的必要条件，是现代企业明晰产权关系的重要标志。

2. 会计核算企业资本的意义

资本增减业务的办理政策性强，一般都应以具有法律效力的合同、协议、董事会决议等为依据。资本增减，直接影响企业的经营规模和收益分配，因此会计上要求对资本的增减必须及时进行会计核算。

（五）收入、支出、费用、成本的计算

1. 收入、支出、费用和成本的定义

收入是指企业在日常活动中形成的、会导致所有者权益增加的、与所有者投入资本无关的经济利益的总流入。如销售商品收入、提供劳务收入以及销售多余材料、转让无形资产使用权取得的收入等。

支出是指企业实际发生的各项开支，以及在正常生产经营活动以外的支出与损失。如企业购买原材料、固定资产、无形资产、对外投资、职工薪酬的支出以及在正常生产经营活动以外发生的对外捐赠、罚款及自然灾害造成的损失等所形成的支出。以支出的属性为标准对支出进行划分时，如果一项支出符合资产的定义，则形成企业的资产，否则为当期费用或损失。

费用是指企业在日常活动中发生的、会导致所有者权益减少的、与向所有者分配利润无关的经济利益的总流出。是为了取得收入而发生的资源耗费。

成本是指企业为生产产品、提供劳务而发生的各种耗费，是按一定的产品或劳务对象所归结的费用，是对象化的费用。成本是企业在一定时期内为生产一定种类、一定数量的产品所支出的各种费用的总和。

2. 会计核算企业收入、支出、费用和成本的意义

会计核算收入、支出、费用和成本是相互联系、密不可分的，都是计算和判断企业经营成果及其盈亏状况的主要依据，取得收入，必然要发生一定的成本、费用和支出。企业应当重视收入、支出、成本、费用环节的管理，按照国家统一会计制度的规定进行会计核算。

（六）财务成果的计算和处理

1. 财务成果的定义

财务成果主要是指企业在一定时期内通过从事生产经营活动而在财务上所取得的结果，具体表现为盈利或亏损。

2. 会计核算企业财务成果的意义

财务成果的计算和处理一般包括利润的计算、所得税的计算和缴纳、利润分配或亏损弥补等，涉及企业与所有者、国家等方面的利益关系，因此，企业必须按照国家统一的会计制度和其他法规制度的规定，对财务成果进行正确地计算和处理。

（七）需要办理会计手续、进行会计核算的其他事项

需要办理会计手续、进行会计核算的其他事项，是指除了以上所列举的六类经济业务事项以外的、按照国家统一的会计制度规定应办理会计手续和进行会计核算的其他经济业务事项。

五、会计的基本假设

（一）会计基本假设的概念

会计基本假设是会计确认、计量和报告的前提，是对会计核算所处时间、空间环境等所做出的合理假设。

（二）会计基本假设的原因

现实生活中的经济活动复杂多样，不同单位的情况千差万别，会计工作需要根据经济业务发生的不同情况，选择合适的会计方法进行处理。但是由于一些不确定因素的存在，会计人员很难从正面做出肯定地判断和估计，从而无法做出适当地会计处理。因此需要先行设定一些基本前提，并在这些假设前提的情况下进行会计核算。

如果离开假设，就无法选择正确的核算方法，没有统一的计量标准，很难将某个特定单位的财务状况、经营成果等准确地体现出来。

（三）会计基本假设的内容

1. 会计主体

（1）会计主体的定义

会计主体也可称为会计实体，是指会计工作所服务的特定单位或组织，即为谁记账。它界定了从事会计工作和提供会计信息的空间范围。如果你是某超市的会计，那么你所服务的会计主体就是某超市。

（2）会计主体假设的意义

为了避免将应当反映的主体与其他经济主体相混淆，在开展会计核算之前，必须首先明确规定会计的空间范围。会计人员只能核算和监督所在主体的经济业务，不能超越范围核算和监督其他主体的经济业务。会计主体假设明确界定了从事会计工作和提供会计信息的空间范围。

 小提示

甲企业的会计人员只能核算和监督甲企业的经济业务，不能核算和监督乙企业的经济业务，即使甲乙企业之间有经济业务往来，甲企业的会计人员也只能核算和监督影响甲企业的经济业务。

（3）会计主体和法人（法律主体）的区别

一般来说，法人可以作为会计主体。比如一个企业、一个机关、一个学校、一个医院、一个社会团体和某些个体单位作为一个法律主体，应当独立反映其财务状况和经营成果。但会计主体不一定是法律主体，比如，在企业集团的情况下，一个母公司拥有若干个子公司，母、子公司虽然是不同的法人，但是母公司对子公司拥有控制权，为了全面反映企业集团的财务状况和经营成果，就有必要将企业集团作为一个会计主体，全面反映这个企业集团的财务状况和经营成果，在这种情况下，尽管企业集团不属于法人，但它却是会计主体。

小提示

企业内部划出的核算单位（分公司、营业部）也可以视为一个会计主体，但不是法人。在特定情况下，一个基金，如社会保险金、企业年金基金也是会计主体。

2. 持续经营

（1）持续经营的定义

持续经营是指在可预见的将来，会计主体将会按当前的规模和状态持续经营下去，不会停业，也不会大规模消减业务。即在可预见的未来，该会计主体不会破产清算，所有的资产将正常营运，所负有的债务将正常偿还。

（2）持续经营假设的意义

明确持续经营基本假设，就意味着会计主体将按照既定的用途使用资产，按照既定的合约条件清偿债务，会计人员就可以在此基础上选择会计原则和会计方法。如果判断企业会持续经营，就可以假定企业的固定资产会在持续经营的生产过程中长期发挥作用，并服务于生产经营过程，固定资产就可以根据历史成本进行记录，并采用折旧的方法，将历史成本分摊到各个会计期间或相关产品的成本中去。如果判断企业不会持续经营，固定资产就不应采用历史成本进行记录并按期计提折旧。

小提示

持续经营只是个假设，任何企业在经营中都存在破产、清算等不能持续经营的风险。

3. 会计分期

（1）会计分期的定义

会计分期是指将会计主体持续经营的生产经营活动划分为连续的、若干个相等的较短的会计期间。会计期间分为年度、半年度、季度和月度，其中半年度、季度和月度称为会计中期。

（2）会计分期假设的意义

会计分期假设为会计核算确定了时间范围，便于分期结算账目计算盈方和编制财务报告，从而及时地向信息使用者提供会计信息。

小提示

会计年度就是公历年度，即从每年的1月1日到12月31日为一个会计年度。

4. 货币计量

（1）货币计量的定义

货币计量是指会计主体在会计核算过程中采用货币作为主要计量单位，记录、反映会计主体的财务状况和经营成果。

（2）货币计量假设的意义

货币是衡量一般商品价值的共同尺度，其他计量单位，如实物计量和时间计量，只从一个侧面反映企业的生产经营成果，不同计量单位之间无法加计、汇总，无法在量上进行比较，也不便于会计计量和经营管理。因此，采用货币作为统一的计量单位可以更全面地反映企业的生产经营、业务收支情况。

小提示

单位的会计核算应以人民币作为记账本位币。业务收支以人民币以外的货币为主的单位，可以选择其中一种货币作为记账本位币，但编制的财务报告，应当折算为人民币。

5. 会计四项基本假设的关系

会计核算的四项基本假设，具有相互依存和相互补充的关系。

1）会计主体确立了会计核算的空间范围，区分了本企业和其他企业的业务，使会计核算和监督有针对性。

2）持续经营确立了会计核算的时间长度，使会计核算和监督有了基础。

3）会计分期确立了会计核算的时间范围，便于定期算账、结账、报账。

4）会计计量为会计核算提供了必要的手段，便于核算和监督的统一计量。

总之，没有会计主体，就不会有持续经营，没有持续经营，就不会有会计分期，没有货币计量就不会有现代会计。

六、会计基础

（一）会计基础的概念

会计基础是指企业会计确认、计量和报告的基础，是确认一定会计期间的收入和费用的标准。

（二）会计基础产生的原因

由于会计分期的假设，产生了本期和以前期间、以后期间的差别，使不同类型的会计主体有了会计确认和计量的基准，形成了权责发生制和收付实现制两种不同的会计基础。

企业在一定会计期间，为了进行生产经营活动而发生的费用，可能在本期已经付出货币资金，也可能在本期尚未付出货币资金；所形成的收入，也可能在本期已经收到货币资金，也可能在本期尚未收到货币资金。同时，本期发生的费用可能与本期收入的取得有关，也可能与本期的收入的取得无关。诸如此类的经济业务应如何处理，必须以采用的会计基础为依据。

（三）会计基础的种类

会计基础主要有两种即权责发生制基础和收付实现制基础。《企业会计准则——基本准则》第九条规定，"企业应当以权责发生制为基础进行会计、确认、计量和报告。

1. 权责发生制

权责发生制要求凡是当期已经实现的收入、已经发生和应当负担的费用，不论款项是否收付，都应当作为当期的收入、费用；凡是不属于当期的收入、费用，即使款项已经在当期收付，也不应当作为当期的收入、费用。也就是说，企业应当在收入已经实现和费用已经发生时进行确认，而不是等到实际收到现金（包括银行存款）或者支付现金（包括银行存款）时才确认。所以也称应计制。

例如：2011年10月份，某企业销售了一批商品，而款项在12月份收到。在权责发生制下，这笔款项应当作为10月份的收入。

例如：2011年10月份，某企业预收了一笔货款。在权责发生制下，尽管这笔货款已经收到，但货物还没有发出，就不能作为2011年10月份的收入，而应作为货物发出月份的收入。

例如：2011年10月份，某企业支付临时租入设备的两个月租金8 000元。在权责发生制下，由于此项费用的发生会使企业10月和11月均会受益，所以10月份支付此项费用时，并不全部作为当月费用，当月只计费用4 000元，从当月收入中取得补偿；11月再计费用 4 000元，从11月收入中取得补偿。

2. 收付实现制

收付实现制是与权责发生制相对应的一种会计基础，它是以收到或支付的现金作为确认收入和费用等的依据。收付实现制要求凡是本期实际收到现金（包括银行存款）的收入，不论其应否归属于当期，均应作为当期收入处理；凡是在当期实际以现金（包括银行存款）付出的费用，不论其应否在当期收入中取得补偿，均应作为当期的费用处理。也就是说，现金（包括银行存款）收支行为在其发生期间全部记作收入和费用，而不考虑与现金（或银行存款）收支行为相连的经济业务实质上是否发生。所以也称为实收实付制。

例如：2011年10月份，某企业销售了一批商品，而款项在12月份收到。在收付实现制下，这笔款项应当作为12月份的收入。

例如：2011年10月份，某企业预收了一笔货款。在收付实现制下，这笔货款已经收到，虽然货物还没有发出，也应当作为2011年10月份的收入。

例如：2011 年 10 月份，某企业支付临时租入设备的两个月租金 8 000 元。在收付实现制下，则所付 8 000 元全部作为 10 月份费用。

在实际工作中，企业进行会计确认、计量和报告并非绝对只能采用权责发生制基础，当某项经济业务的发生额很小，对企业经营成果没有影响的情况下，根据重要性原则，为简化核算，可以采用收付实现制。

例如：某企业 1 月份订全年报刊一份，价值 360 元。该项业务按照权责发生制基础处理，每月应计费用 30 元，每月均需对该项业务进行核算；若按收付实现制基础处理，支付报刊费当月，即可将 360 元全部计入费用，其他月份不再需要对该项业务进行处理。由于费用金额小，采用收付实现制对企业盈亏没有实质性影响，而且会计处理简化，节约了核算成本，因此，可以选择使用收付实现制基础。

小提示

目前，我国的行政单位会计采用收付实现制；事业单位会计除经营业务可以采用权责发生制外，其他大部分业务采用收付实现制。

任务提炼 会计基础理论知识，见表 1-1-1 所示。

表 1-1-1 会计基础理论知识

会计的基本特征	以货币为主要计量单位；有一系列专门的方法；有核算和监督两大基本职能；是一种经济管理活动
会计的基本职能	核算职能；监督职能
会计的对象	资金运动——会计要素——会计科目
会计核算的具体内容	款项和有价证券的收付；财物的收发、增减和使用；债权、债务的发生和结算；资本的增减；收入、支出、费用和成本的计算；财务成果的计算与处理；需要办理会计手续、进行会计核算的其他事项
会计的基本假设	会计主体；持续经营；会计分期；货币计量
会计基础	权责发生制；收付实现制

任务延伸 要成为一名会计人员，必须具备什么条件？你准备为将来取得何种专业技术职务而努力？

13

任务 2 认识会计职业

提出任务 凡是独立核算的会计主体，一般都要单独设置会计机构，并配备必要的会计人员来从事会计工作。

描述任务 会计人员所从事的职业活动，一般而言，凡是有经济活动的地方，就会有会计活动。因此，会计职业活动的范围是比较广泛的。

■ **任务演练**

认识会计工作岗位以及从业资格和技术职务

资料 在日常的生活和工作中，我们常常听到很多对于会计的看法，例如"会计就
是负责记账的"、"会计就是管钱的"、"会计就是负责发工资的"等。

要求 1. 你怎样看待会计，它仅仅就是记账的吗？
2. 会计工作有哪些具体岗位？
3. 怎样才能成为一名合格的会计人员？

■ **相关知识**

一、会计职业活动的领域

按照行业性质不同，会计职业可分为企业会计、政府与非盈利组织会计和会计师事务
所的注册会计师。

（一）企业会计

企业会计是指自主经营、自负盈亏的单位中从事会计管理活动的一种职业。如在工业
企业、商业企业、施工建筑企业、金融企业、服务企业等从事会计核算、成本计算、分析、
预测、决策等工作。

1. 财务会计

财务会计即在各类企业中从事会计核算与监督，以对外提供会计信息为主要目的一种
会计职业。如我们在工业、商业等企业看见的记账、算账、报账的会计人员。

2. 管理会计

管理会计即在各类企业中从事会计分析、投资、融资预测与决策，以对内提供会计信
息为主要目的一种会计职业。如企业中从事投资分析、预测、决策等方面的会计人员。

3. 成本会计

成本会计即在各类企业中从事产品成本计算、核算、分析、以提供成本信息为主要目
的的一种会计职业。如工业企业中的成本核算员、成本分析员等。

（二）政府与非盈利组织会计

政府与非盈利组织会计是应用于社会再生产过程中分配领域的专业会计，它以预算管
理为中心，对中央与地方政府及事业行政单位的经济业务，进行连续、系统、完整地反映
和监督的经济管理活动。它主要包括财政总预算、行政单位会计、事业单位会计。

（三）会计师事务所注册会计师

注册会计师是指在会计师事务所执业的人员并取得注册会计师证书，有时也指其所在的会计师事务所。它是指从事社会审计、中介审计、独立审计的专业人士。

二、会计机构的设置

（一）会计机构的设置原则

会计机构，是指单位内部所设置的、专门办理会计事项的机构。会计人员就是在这个会计机构中从事会计工作的专业人员。会计机构和会计人员是会计工作的主要承担者。

《中华人民共和国会计法》规定：各单位应当根据会计业务的需要设置会计机构；不具备单独设置会计机构条件的，应在有关机构中配备专职的会计人员并指定会计主管人员，或委托经批准设立从事会计代理记账业务的中介机构代理记账。

（二）会计机构的设置类型

1. 独立设置会计机构

经济业务繁多、财务收支数额大的大中型企业和具有一定规模的行政事业单位及其他经济组织，都应当独立设置会计机构。大中型单位设置财务处（或财务部），下面设置一些科室，如综合科、会计资料核算科、资金科、成本科、预算科等。小型单位设置财务科。

2. 在有关机关中设置会计人员并指定会计主管人员

经济业务比较简单、财务收支数额不大、规模比较小的企事业单位、机关团体和个体工商户等，可以在单位内部有关机构中，如计划、统计、办公室等部门，配备会计人员，并指定会计主管人员。

3. 实行代理记账

对不具备设置会计机构、配备会计人员的小型经济组织，可以委托经批准设立的、从事会计咨询、服务的社会中介机构，如会计师事务所，实行代理记账。

三、会计工作岗位的设置

对于会计工作岗位的设置，《会计基础工作规范》提出了如下示范性要求：

（一）根据本单位会计业务的需要设置会计工作岗位

（二）符合内部牵制制度的要求

根据规定，会计工作岗位可以一人一岗、一人多岗或者一岗多人。出纳人员不得兼管稽核、会计档案保管和收入、费用、债权债务账目的登记工作。

（三）会计人员有计划轮岗

对会计人员的工作岗位要有计划地进行轮岗，以促进会计人员全面熟悉业务和不断提高业务素质。

（四）要建立岗位责任制

1. 属于会计岗位

总会计师（或行使总会计师职权）岗位；会计机构负责人（会计主管人员）岗位；出纳岗位；稽核岗位；资本、基金核算岗位；收入、支出、债权债务核算岗位；工资核算、成本费用核算、财务成果核算岗位；财产物资的收发、增减核算岗位；总账岗位；对外财务会计报告编制岗位；会计电算化岗位；会计档案管理岗位。

2. 不属于会计岗位

档案管理部门的人员管理会计档案，不属于会计岗位。医院门诊收费员、住院处收费员、药房收费员、药品库房记账员、商场收费（银）员所从事的工作均不属于会计岗位。单位内部审计、社会审计、政府审计工作也不属于会计岗位。

对于会计档案管理岗位，在会计档案正式移交之前，属于会计岗位；正式移交档案管理部门之后，不再属于会计岗位。

四、主要会计岗位的描述

（一）会计主管岗位

1）按照会计制度及有关规定，结合本单位的具体情况，主持起草本单位具体会计制度及实施办法，科学地组织会计工作，并领导、督促会计人员贯彻执行；

2）参与经营决策，主持制定和考核财务预算；

3）经常研究工作，总结经验，不断改进和完善会计工作；

4）组织本单位会计人员学习业务知识，提高会计人员的素质，考核会计人员的能力，合理调配会计人员的工作。

（二）出纳岗位

1）办理库存现金收付；

2）办理银行结算，规范使用支票；

3）认真登日记账，保证日清月结，及时查询未达账项；

4）保管库存现金和各种有价证券，保管空白支票、收据和有关印章。

（三）资金管理岗位

1）掌握资金预算的执行及控制状况；

2）筹措及调度资金；

3）办理借贷款事项及其清偿；

4）办理投资业务。

（四）财产物资核算岗位

1）负责与生产部门协调、制定材料物资的管理和核算办法；

2）审查材料物资的采购计划和购货合同，制定、落实采购资金，办理采购资金的清算和报销业务，计算确定采购成本；

3）严格查核材料物资出入库凭证，进行材料物资明细核算；

4）进行固定资产购建、调拨、清理、报废核算；

5）协助有关部门建立固定资产管理制度，包括固定资产的重置、修理计划；

6）按规定计算固定资产折旧，进行固定资产明细核算。

（五）工资核算岗位

1）审核有关工资的原始单据，办理代扣款项（包括计算个人所得税、住房基金、劳保基金、失业保险金等）；

2）进行职工薪酬结算及明细核算；

3）分析职工薪酬计划执行情况，控制职工薪酬总额支出。

（六）成本费用核算岗位

1）编制成本、费用计划，拟定成本、费用管理和核算办法；

2）进行费用的归集、分配和成本的计算；

3）登记成本费用明细账；

4）检查分析成本费用计划执行情况，编制有关成本执行情况报表。

（七）财务成果核算岗位

1）制定收入、利润计划并组织实施；

2）预测销售情况，掌握营销状况，落实销售货款回收；

3）计算和缴纳税费，进行应收款、收入和利润的明细核算；

4）编制有关收入、利润方面的会计报表，并对其进行分析利用。

（八）往来结算岗位

1）办理暂收、暂付、应收、应付等债权债务及往来款项的结算；

2）负责备用金定额制定、管理和核算；

3）负责往来结算的明细核算。

（九）总账报表岗位

1）负责总账的登记；

2）编制会计报表；

3）进行财务状况和经营成果的分析，进行财务预测，制定财务计划，参与经营决策。

（十）稽核岗位

1）制定稽核工作职责，明确具体分工；
2）复核各种会计凭证；
3）复核会计账簿和财务报告。

（十一）会计电算化管理岗位

1）负责协调计算机及会计软件系统的运行工作；
2）掌握计算机的性能和财务软件的特点，负责财务软件的升级与开发；
3）对计算机的文件进行日常整理，对财务数据盘进行备份，妥善保管；
4）监督计算机及会计软件系统的运行，防止利用计算机进行舞弊；
5）经常进行杀病毒工作，保证计算机的正常使用。

（十二）档案管理岗位

1）制定本单位档案管理制度；
2）妥善保管会计档案及时提供会计档案的查阅。

五、会计人员的从业资格与会计专业技术职务

（一）会计人员的从业资格

《中华人民共和国会计法》规定："从事会计工作的人员，必须取得会计从业资格证书。担任单位会计机构负责人（会计主管人员）的，除取得会计从业资格证书外，还应当具备会计师以上专业技术职务资格或者从事会计工作 3 年以上经历。会计人员从业资格管理办法由国务院财政部规定。"

会计从业资格是指进入会计职业、从事会计工作的一种法定资质，是进入会计职业的"门槛"。在国家机关、社会团体、公司、企业、事业单位和其他组织从事会计工作的人员，必须取得会计从业资格，并注册登记。具体包括：
1）会计机构负责人（会计主管人员）。
2）出纳。
3）稽核。
4）资本核算、收入、支出、债权债务核算、工资、成本费用，财务成果核算。
5）财产物资的收发、增减核算。
6）总账、财务会计报告编制。
7）会计机构内会计档案管理。
在会计岗位的会计人员要取得会计从业资格证书。不属于会计岗位不需要取得资格。

小提示

会计从业资格的取得实行考试制度，考试科目为：财经法规与会计职业道德、会计基础、初级会计电算化（或者珠算五级）。

（二）会计人员的专业技术职务

1. 会计人员的专业技术职务的类型

会计人员的专业技术职务分为高级会计师、会计师、助理会计师和会计员四种。高级会计师为高级职称，会计师为中级职称，助理会计师和会计员为初级职称。会计人员必须获得专业技术职务的任职资格，然后由各单位根据会计工作需要和本人的实际工作表现聘任一定的专业职务。为了加强会计工作队伍的建设，更好地体现客观、公正的原则，从1992年8月份起，我国开始实行会计人员专业技术职务任职资格考试，即"以考代评"，以专业知识水平测试成绩作为确定会计人员专业职务任职资格的主要依据。

2. 对各种职称会计人员的基本要求

高级会计师必须较系统地掌握经济、财务会计理论和专业知识，具有较高的政策水平和丰富的财务会计工作经验，能担负一个地区、一个部门或一个系统的财务会计管理工作，较熟练地掌握一门外语；会计师必须较系统地掌握财务会计基础理论和专业知识，掌握并能正确贯彻执行有关的财经方针、政策和财务会计法规和制度，具有一定的财务会计工作经验，能担负一个单位或管理一个地区、一个部门、一个系统某方面的财务会计工作，掌握一门外语；助理会计师必须掌握一般的财务会计基础理论和专业知识，熟悉并能正确地执行有关的财经方针、政策和财务会计法规和制度，能担负一个方面或某个重要岗位的财务会计工作；会计员必须初步掌握财务知识和技能，熟悉并能按照要求执行有关会计法规和财务会计制度，能担负一个岗位的财务会计工作。

3. 会计专业技术资格报名条件

1）坚持原则，具备良好的职业道德品质；

2）认真执行《中华人民共和国会计法》和国家统一的会计制度，以及有关财经法律、法规、规章制度，无严重违反财经纪律的行为；

3）履行岗位职责，热爱本职工作；

4）具备会计从业资格，持有会计从业资格证书。

报名参加会计专业技术初级资格考试的人员，除具备上述所列基本条件外，还必须具备教育部门认可的高中毕业以上学历。

报名参加会计专业技术中级资格考试的人员，除具备上述所列基本条件外，还必须具备下列条件之一：

① 取得大专专科学历，从事会计工作满五年；

② 取得大学本科学历，从事会计工作满四年；

③ 取得双学士学位或研究生班毕业，从事会计工作满二年；

④ 取得硕士学位，从事会计工作满一年；

⑤ 取得博士学位。

基础会计

小提示

会计专业技术初级资格考试科目为经济法基础、初级会计实务;会计专业技术中级资格考试科目为财务管理、中级会计实务和经济法;会计专业技术高级资格考试科目为高级会计实务。

任务提炼 会计职业基本常识,如表 1-2-1 所示。

表 1-2-1　会计职业基本常识

会计职业	企业会计、政府与非盈利组织会计和会计师事务所的注册会计师
会计机构	独立会计机构、有关机关中的会计人员、代理记账
会计岗位	会计主管岗位、出纳岗位、资金管理岗位、财产物资核算岗、成本费用核算岗位、工资核算岗位、往来结算岗位、财务成果核算岗位、总账报表岗位、稽核岗位、会计电算化管理岗位、档案管理岗位
会计人员从业资格考试科目	《财经法规与会计职业道德》、《会计基础》、《初级会计电算化》(或者珠算五级)
会计专业技术资格考试科目	初级资格考试科目为《经济法基础》、《初级会计实务》;中级资格考试科目为《财务管理》、《经济法》、《中级会计实务》;高级会计师考试科目为《高级会计实务》

任务延伸 实际工作中会计是用什么方法记账?是用我们平时记"流水账"的方法吗?

本项目会计从业资格考试大纲

一、会计的概念及特征
(一)会计的概念
(二)会计的基本特征
1.会计以货币作为主要计量单位
2.会计拥有一系列专门方法
3.会计具有核算和监督的基本职能
4.会计的本质就是管理活动
二、会计的基本职能
(一)会计的核算职能
(二)会计的监督职能
(三)会计核算与监督职能的关系
三、会计对象
(一)会计对象的概念
(二)资金运动的过程
1.资金投入
2.资金运用
3.资金退出

20

四、会计核算的具体内容

（一）款项和有价证券的收付

（二）财物的收发、增减和使用

（三）债权、债务的发生和结算

（四）资本的增减

（五）收入、支出、费用、成本的计算

（六）财务成果的计算和处理

（七）需要办理会计手续、进行会计核算的其他事项

五、会计的基本假设

（一）会计主体

（二）持续经营

（三）会计分期

（四）货币计量

六、会计基础

（一）会计基础的概念

（二）会计基础的种类

1. 权责发生制

2. 收付实现制

项目 2
借贷记账法及其运用

项目介绍

　　在会计实务中，企业需要结合自身的业务特点，采用一定的记账方法，将企业发生的经济业务记录和反映出来。本项目通过确定会计要素与会计等式、设置会计科目与账户、掌握账户结构与记账规则和编制会计分录等任务，掌握运用借贷记账法来反映企业经济业务的基本方法。

学习目标

☆ 能力目标：能对简单经济业务进行分析，并正确选择与此相对应的会计科目；能用借贷记账法的基本原理编制会计分录。

☆ 知识目标：明确各会计要素的内涵及关系；熟练掌握常用会计科目的名称及所属类型；熟练掌握借贷记账法的原理及不同类型账户的结构。

☆ 社会目标：善于积极主动地积累记账方面的理论知识，为成为业务熟练、技术过硬会计人员奠定基础。

学习内容

1. 会计要素与会计等式。
2. 会计科目与会计账户。
3. 账户结构与记账规则。
4. 对应账户与会计分录。

> **导　入**
>
> 　　会计要记录单位发生的各项经济业务和事项，必须有一个科学的记账方法，这一方法是什么？学习这一方法需从何处着手呢？

任务1　确认会计要素与会计等式

　　提出任务　在会计工作中，作为一名会计从业人员要对会计主体的日常交易或事项进行确认、计量、记录、报告（即核算）。那么，如何能够有条理、专业化地进行核算，来帮助企业进行管理呢？我们首先要对这些交易或事项进行分类。

　　描述任务　会计是对资金运动过程的记录。企业的资金运动过程包括：资金筹集、资金运用、资金分配。筹集资金的形式包括负债和所有者权益两种，资金的具体表现形态和运用就形成了资产，资产消耗就形成了成本，同时会取得收入，收入超过成本的差额就是利润，有了利润就要给投资各方进行分配。所以，负债、所有者权益、资产、收入、费用、利润就是会计记录反映的具体对象，即称为会计要素。各会计要素之间存在一定的关系，这种关系表现为等式关系，形成会计等式。

任务演练1

确认企业的会计要素

　　资料　西安同仁有限公司 2011 年 10 月部分经济业务事项。

　　1. 1 日，取得现金 1 000 元。

　　2. 12 日，向银行借款 100 000 元。

　　3. 13 日，接受投资者投入 20 000 元。

　　4. 24 日，支付办公费用 500 元。

　　5. 25 日，销售产品取得收入 50 000 元。

　　6. 31 日，本月利润为 50 500 元。

　　要求　1. 说出以上每笔经济业务事项所体现的会计要素。

　　2. 确认公司下个月要买的空调，是否构成企业的资产？为什吗？

　　3. 确认公司仓库里储存的材料，已腐烂变质，还能作为企业的资产吗？

　　4. 确认公司向灾区的捐款是费用吗？企业收到的保险理赔是收入吗？

　　5. 确认公司计划下月向银行借款 50 000 元是负债吗？

23

相关知识

　　会计的目的是记录经济业务，而经济业务表现为资金运动。在实际生活中资金具体表现为各种实物和货币形态等——资产，而其来源又有不同的渠道——负债、所有者权益，资金的运动形成——收入、费用和利润，所以把会计核算的具体对象称会计要素，即资产、负债、所有者权益、收入、费用、利润。

　　其中，资产、负债和所有者权益——表现资金运动的相对静止状态，即反映企业的财务状况，是资产负债表的基本要素。收入、费用和利润——表现资金运动的显著变动状态，即反映企业的经营成果，是利润表的基本要素。

小提示

会计要素是会计对象的第二个层次。

一、反映企业财务状况会计要素的确认

（一）资产

1. 资产的定义

资产是指企业过去的交易或者事项形成的、由企业拥有或者控制的、预期会给企业带来经济利益的资源。

2. 资产的特征

1）资产是由于过去的交易或事项所形成的。资产必须是现实的资产，而不能是预期的资产，是由过去交易或事项所产生的结果。未来交易或事项以及尚未发生的交易或事项可能产生的结果，不能确认为资产。例如，企业上月购买的原材料应该确认为企业的资产，而企业计划将要购买的原材料则不能确认为企业的资产。

2）资产是企业拥有或者控制的。一项资源要确认为企业的资产，则该资源被企业所拥有或为企业所控制，否则不能确认为企业的资产。例如，企业临时租入的其他单位的物品，不能确认为本企业的资产；而租给其他单位的物品，仍作为本企业的资产。

小提示

企业以融资租赁方式租入的固定资产，企业虽对其不拥有所有权，但却能够实际控制，也应该确认为企业的资产。

3）资产预期会给企业带来经济利益。资产必须是能够直接或间接地给企业带来经济利益，如果某一资源预期不能给企业带来经济利益，那么就不能将其确认为企业的资产。例如，企业库存的原材料已过期变质，无法用于生产经营过程，在市场上也不能卖出价钱，不能给企业带来经济利益，就不能再作为企业的资产。

3. 资产的分类

按照不同标准，资产可以分为不同类别。

1）企业的资产按变现或耗用时间的长短，可分为流动资产和非流动资产（长期资产）。通常在一年或超过一年的一个营业周期内变现或耗用的资产，称为流动资产，如库存现金、银行存款、原材料等；流动资产以外的资产称为非流动资产，如固定资产、无形资产、长期股权投资等。

2）企业按是否有实体形态，可以分为有形资产和无形资产等。

（二）负债

1. 负债的定义

负债是指企业过去的交易或事项形成的，预期会导致经济利益流出企业的现时义务。

2. 负债的特征

1）负债是企业承担的现时义务。现时义务是指企业在现行条件下已承担的义务。例如，银行借款利息一般半年支付一次，但每月都要将应支付的利息作为一项负债确认。未来发生的交易或者事项形成的义务，不属于现时义务，不应当确认为负债。

2）负债的清偿预期会导致经济利益流出企业。负债将来要用库存现金、银行存款或商品偿还，会导致经济利益流出企业。

3）负债由企业过去的交易或事项形成的。将来发生的交易或事项不能确认为负债。例如，企业计划下个月向银行借款 10 万元购买设备，这个月不能将这 10 万元确认为企业的负债。

3. 负债的分类

负债按其偿还速度或偿还时间的长短划分流动负债和非流动负债（长期负债）。

（1）流动负债

流动负债是指将在一年或超过一年的一个营业周期内偿还的负债。包括应付票据、预收账款、应付账款、应交税费、应付利息、应付职工薪酬、短期借款等。

（2）长期负债

长期负债是指偿还期在一年或超过一年的一个营业周期以上的负债。包括长期借款、长期应付款等。

（三）所有者权益

1. 所有者权益的定义

所有者权益是指企业资产扣除负债后由所有者享有的剩余权益。股份有限公司的所有者权益又称股东权益。

2. 所有者权益的特征

1）所有者权益反映的是产权关系，即企业净资产归谁所有；

2）企业使用所有者投入的资本，一般情况下不需要支付费用；

3）一般情况下，投资者不得中途随意抽回资本，只有在企业清算时，清偿负债后，才能将净资产返还给投资者；

4）所有者权益的投资者可以参与企业的利润分配。

3. 所有者权益的分类

企业所有者权益通常划分为实收资本、资本公积、盈余公积和未分配利润。

（1）实收资本

企业的实收资本是指投资者按照企业章程，或合同、协议的约定，实际投入企业的资本，即企业的注册资本或股本。所有者向企业投入的资本，在一般情况下无需偿还，可以长期周转使用。

（2）资本公积

企业的资本公积是指企业投资者投入的超过其在注册资本中所占份额部分的资金等。它有其特定的来源，由所有投资者共同享有。

（3）盈余公积

企业的盈余公积是指按照国家规定企业从税后利润中按一定比例提取或形成的留存于企业内部的积累。

（4）未分配利润

企业的未分配利润是指企业历年来结存的尚未分配的税后利润。

二、反映企业经营成果会计要素的确认

（一）收入

1. 收入的定义

收入是指企业在日常活动中形成的，会导致所有者权益增加的、与所有者投入资本无关的经济利益的总流入。

2. 收入的特征

1）收入是在企业的日常活动中形成的。收入源于企业为完成其经营目标所从事的经常性活动，而不是从偶尔的交易或事项中产生的。以制造业为例，产品销售、原材料销售、固定资产出租等活动流入的经济利益，与日常活动有关，应该确认为企业的收入；但出售固定资产、无形资产等，由于不属于企业日常活动，其流入的经济利益不能确认为收入，在会计上称为利得。

2）收入与所有者投入的资本无关。收入会导致经济利益流入企业，但并非所有的经济利益的流入都是收入，如所有者投入的资本也会导致经济利益流入企业，但应计入所有者权益，而不能确认为收入。

3）收入只包括本企业的经济利益的流入，不包括为第三方或客户代收的款项。企业为第三方或客户代收的款项，如增值税、代收利息等，一方面增加企业的资产，另一方面增加企业的负债，因此不增加企业的所有者权益，不能作为本企业的收入。

4）收入能导致企业所有者权益的增加。收入会表现为企业资产的增加，或负债的减少，或两者兼而有之，但最终会导致所有者权益增加。

3. 收入的分类

1）收入按从事日常活动的性质不同，分为销售商品收入，提供劳务收入，如提供咨询服务、提供安装服务、提供运输等收入，让渡资产使用权收入如利息收入、出租收入等。

2）收入按企业经营业务主次不同，分为主营业务收入和其他业务收入。

主营业务收入是指企业通过主要生产经营活动所取得的收入。在制造业企业主要包括销售商品、对外提供劳务等所取得的收入等。

其他业务收入是指企业主营业务以外的，企业附带经营的业务所取得的收入。在制造业企业主要包括出售原材料、出租固定资产、出租包装物、出租无形资产等业务所取得的收入。

（二）费用

1. 费用的定义

费用是指企业在日常活动中发生的，会导致所有者权益减少的、与向所有者分配利润无关的经济利益的总流出。

2. 费用的特征

1）费用是在企业日常活动中发生的，而不是在偶尔的交易或事项中发生的。日常活动的界定与收入定义中涉及的日常活动是一致。例如，企业的广告费、宣传费、办公用品费等活动流出的经济利益，与日常活动有关，应该确认为企业的费用；但对外捐赠、自然灾害造成的损失、财产物资的短缺等，由于不属于企业日常活动，其流出的经济利益不能确认为费用，在会计上称为损失。

2）费用会导致所有者权益减少。费用可能表现为资产的减少或是负债的增加，或者或两者兼而有之，但最终会导致所有者权益减少。

3）费用与向所有者分配利润无关。费用会导致经济利益流出企业，但并非所有的经济利益的流出都属于费用，如向投资者分配利润、向银行归还借款等，这是所有者权益的兑现和负债的偿付，并不是费用的支出。

小提示

费用与收入是相对应的概念，是企业为取得收入而付出的代价。

3. 费用的分类

费用按照与收入的关系，可分为营业成本和期间费用。

（1）营业成本

营业成本是指所销售商品或是提供劳务的成本。营业成本按照其所销售商品或提供劳务在企业日常活动中所处的地位，可以分为主营业务成本和其他业务成本。

（2）期间费用

期间费用是指与会计期间相关，与产品生产无直接关系的费用，包括管理费用、销售费用和财务费用。管理费用是指行政管理部门为组织和管理生产经营活动而发生的各种费用。例如行政管理部门人员的工资费、福利费、固定资产折旧费、业务招待费、工会经费等；销售费用是指企业在销售商品和提供劳务等日常活动中发生的除营业成本以外的各项费用以及专设销售机构的各项费用。例如运输费、包装费、广告费等。财务费用是指企业为了筹集生产经营所需要的资金而发生的各项费用。例如借款手续费、利息支出等。

小提示

期间费用直接计入当期损益。

（三）利润

1. 利润的定义

利润是指企业在一定会计期间的经营成果。利润包括收入减去费用后的净额、直接计入当期利润的利得和损失等。

2. 利润的特征

从狭义角度看，利润是企业生产经营的目标，它表现为一定会计期间内收入与费用配比的结果，这个结果会使企业所有者权益增加。

3. 利润的分类

利润一般包括营业利润、利润总额、净利润。

营业利润是指企业的营业收入减去营业成本、营业税金、期间费用，加上投资收益后的余额；利润总额是指营业利润加营业外收入减去营业外支出后的部分；净利润是指利润总额减去所得税后的金额。

任务提炼 会计要素及其分类，见表 2-1-1 所示。

表 2-1-1　会计要素及其分类

会计要素名称	会计要素分类
资产	流动资产、非流动资产
负债	流动负债、长期负债
所有者权益	实收资本、资本公积、盈余公积、未分配利润
收入	主营业务收入、其他业务收入、营业外收入
费用	主营业务成本、其他业务成本、营业外支出、管理费用、销售费用、财务费用
利润	营业利润、利润总额、净利润

28

任务演练 2

计量企业的会计要素

资料 西安同仁有限公司 2011 年 10 月部分经济业务事项。

1. 上月以 200 元 / 千克的价格购入原材料 500 千克，则该材料的入账价值为 100 000 元。本月该材料价格涨为 220 元 / 千克，而其账面价值仍保持 100 000 元不变。
2. 财产清查时发现一台账外电脑，该电脑已使用了几年，现在若购买这种品牌的二手电脑，市场价格为 2 000 元。因此该电脑按 2 000 元的价值登记入账。

3. 月末库存产品 2 000 件的账面金额为 150 000 元，但按市场售价只能卖 130 000 元，并且还需支付销售费用 1 000 元，则编制资产负债表时按 129 000 元计量。

4. 从租赁公司租入设备 10 年，该设备作为固定资产的入账价值为未来每年租赁费 100 000 元折算为现在的价值 850 000 元。

5. 接受股东以专利权投资，该专利评估作价为 800 000 元，双方均认可，则该专利作为无形资产的入账价值为 800 000 元。

要求　说出以上每笔经济业务事项在确定会计要素金额时所采用的方法。

相关知识

会计计量是为了将符合确认条件的会计要素登记入账并列于财务报表而确定其金额的过程。企业应当按照规定的会计计量属性进行计量，确定相关金额。会计计量属性反映的是会计要素金额的确定基础，主要包括历史成本、重置成本、可变现净值、现值、公允价值。

一、历史成本

历史成本，又称为实际成本，就是取得或制造某项财产物资时所实际支付的现金或其等价物。历史成本计量，要求对企业资产、负债和所有者权益等项目的计量，应当基于经济业务的实际交易成本，而不考虑随后市场价格变动的影响。

在历史成本计量下，资产按照其购置时支付的现金或者现金等价物的金额，或者按照购置资产时所付出的对价的公允价值计量。负债按照其因承担现时义务而实际收到的款项或者资产的金额，或者承担现时义务的合同金额，或者按照日常活动中为偿还负债预期需要支付的现金或者现金等价物的金额计量。多用于会计要素基本的账面计量。

二、重置成本

重置成本，又称现行成本，是指按照当前市场条件，重新取得同样一项资产所需支付的现金或现金等价物金额。

在重置成本计量下，资产按照现在购买相同或者相似资产所需支付的现金或者现金等价物的金额计量；负债按照现在偿付该项债务所需支付的现金或者现金等价物的金额计量。

重置成本是现在时点的成本，它强调站在企业主体角度，以投入到某项资产上的价值作为重置成本。在实务中，重置成本多应用于盘盈固定资产的计量等。

三、可变现净值

可变现净值，是指在正常生产经营过程中，以预计售价减去进一步加工成本和预计销售费用以及相关税费的净值。

在可变现净值计量下，资产按照其正常对外销售所能收到现金或者现金等价物的金额扣减资产至完工时估计将要发生的成本、估计的销售费用以及相关税费后的金额计量。多用于存货价值的计量。

29

四、现值

现值是指用恰当的折现率对终值进行折现后的价值，是考虑资金时间价值的一种计量属性。

在现值计量下，资产按照预计从其持续使用和最终处置中所产生的未来净现金流入量的折现金额计量。负债按照预计期限内需要偿还的未来现金流出量的折现金额计量。多用于分期付款所购长期资产等的计量。

五、公允价值

公允价值是指在公平交易中，熟悉情况的交易双方自愿进行资产交换或者债务清偿的金额。

在公允价值计量下，资产和负债按照在公平交易中熟悉情况的交易双方自愿进行资产交换或者债务清偿的金额计量。多用于交易性金融资产等的计量。

任务提炼 会计要素计量的方法，见表 2-1-2 所示。

表 2-1-2　会计要素的计量方法

会计要素的计量属性	各计量属性的主要适用范围
历史成本	多用于会计要素基本的账面计量
重置成本	多用于盘盈资产的入账价值计量
可变现净值	多用于存货价值的计量
现值	多用于分期付款所购长期资产等的计量
公允价值	多用于交易性金融资产等的计量

任务演练 3

判断企业的经济业务类型

资料 西安同仁有限公司 2011 年 11 月部分经济业务事项。

1. 11 月 1 日，购回材料 60 000 元，货款尚未支付。
2. 11 月 3 日，收到追加投资款 300 000 元，款项已划入银行存款户。
3. 11 月 5 日，以银行存款 80 000 元偿还以前所欠货款。
4. 11 月 8 日，经批准减少资本 40 000 元，以银行存款退还投资者。
5. 11 月 10 日，购入价款 86 000 元的设备一台，款项已通过银行支付。
6. 11 月 15 日，从银行取得 8 个月的借款 80 000 元，偿还前欠供货单位的货款。
7. 11 月 20 日，经批准将资本公积 60 000 元转入资本。
8. 11 月 28 日，经研究利润分配，应付投资者利润 30 000 元，但款项尚未支付。
9. 11 月 24 日，将所欠红星公司的货款 680 000 元同意转作红星公司对本公司的投资。

要求 1. 确认每笔经济业务事项所属的会计要素类别。
2. 判断每笔经济业务里哪个会计要素增加，哪个会计要素减少？

相关知识

会计等式是指会计要素之间的内在关系，从本质上看，会计等式揭示了会计主体的产权关系、基本财务状况和经营成果。

一、会计恒等式

（一）反映会计主体产权关系的会计等式

$$资产＝权益$$

企业要从事生产经营活动，必须拥有或控制一定数额的资产。而这些资产要么来源于债权人，要么来源于投资人，会计上把债权人和投资人的权益合称为权益。资产表明企业拥有或控制的资源，权益表明这些资源的来源。二者相互依存，从数量上看，有一定数额的资产必然有一定数额的权益；反之，有一定数额的权益也必定有一定数额的资产。也就是说，一个企业有多少资产，就意味着有关方对这些资产有多大的权益，资产和权益是同一事物的两个方面。

（二）反映会计主体财务状况的会计等式

$$资产＝负债＋所有者权益$$

企业资产中来源于债权人提供的部分形成企业的负债，来源于投资人投入的部分形成企业的所有者权益。这是最基本的会计等式，是资金的静态表现。它是复式记账和编制资产负债表的基础。

（三）反映会计主体经营成果的会计等式

$$收入－费用＝利润$$

企业日常经营活动的主要目的是为了获取收入，实现盈利。企业在取得收入的同时，也必然要发生相应的费用。通常将收入与费用比较后，才能确定企业一定时期的盈利水平。即企业一定时期所获得的收入扣除所发生的各项费用后的余额，即表现为利润。

小提示

在实际工作中，日常活动取得的收入减去日常活动中产生的费用，还要加上相关的利得，减去相关的损失才是利润。

二、经济业务对会计恒等式的影响

企业在生产经营过程中，每天会发生多种多样、错综复杂的经济业务，从而引起各会计要素的增减变动，但并不影响资产与权益的恒等关系。资产与权益的恒等关系，是复式记账法的理论基础，也是编制资产负债表的依据。

（一）经济业务对"资产＝权益"等式的影响

经济业务的发生引起"资产＝权益"等式两边会计要素变动的方式，可以总结归纳为以下四种类型。

1. 资产与权益同时等额增加

$$资产（增加）＝权益（增加）$$

例如：企业将接受的追加投资款 10 000 元存入银行。

这笔经济业务的发生，引起了银行存款这项资产增加了 10 000 元，投资款这项所有者权益也增加 10 000 元，等式两边同时等额增加，使资产总额仍然等于权益总额。

2. 资产与权益同时等额减少

$$资产（减少）＝权益（减少）$$

例如：企业用银行存款 18 000 元，偿还前欠货款。

这笔经济业务的发生，引起银行存款这项资产减少了 18 000 元，应付账款这项债权人权益也减少了 18 000 元，等式两边同时等额减少，使资产总额仍然等于权益总额。

3. 资产方等额有增有减，权益不变

$$资产（增加、减少）＝权益$$

例如：企业从银行提取现金 5 000 元。

这笔经济业务的发生，引起了银行存款这项资产减少了 5 000 元，库存现金这项资产增加了 5 000 元，等式一边同时等额增减，使资产总额仍然等于权益总额。

4. 权益方等额有增有减，资产不变

$$资产＝权益（增加、减少）$$

例如：企业经银行同意将短期借款 30 000 元展期两年，变更为长期借款。

这笔经济业务使短期借款这项债权人权益减少了 30 000 元，长期借款这项债权人权益增加了 30 000 元，等式一边同时等额增减，使资产总额仍然等于权益总额。

（二）经济业务对"资产＝负债＋所有者权益"等式的影响

如果把权益分为负债和所有者权益两个会计要素，我们不难看出经济业务对会计等式"资产＝负债＋所有者权益"的影响，会扩展为九种类型变化。

1. 资产和负债要素同时等额增加

$$资产（增加）＝负债（增加）＋所有者权益$$

2. 资产和负债要素同时等额减少

$$资产（减少）＝负债（减少）＋所有者权益$$

3. 资产和所有者权益要素同时等额增加

　　　　资产（增加）＝负债＋所有者权益（增加）

4. 资产和所有者权益要素同时等额减少

　　　　资产（减少）＝负债＋所有者权益（减少）

5. 资产要素内部项目等额有增有减，负债和所有者权益要素不变

　　　　资产（增加、减少）＝负债＋所有者权益

6. 负债要素内部项目等额有增有减，资产和所有者权益要素不变

　　　　资产＝负债（增加、减少）＋所有者权益

7. 所有者权益要素内部项目等额有增有减，资产和负债要素不变

　　　　资产＝负债＋所有者权益（增加、减少）

8. 负债要素增加，所有者权益要素等额减少，资产要素不变

　　　　资产＝负债（增加)＋所有者权益（减少）

9. 负债要素减少，所有者权益要素等额增加，资产要素不变

　　　　资产＝负债（减少)＋所有者权益（增加）

　　综上所述，每一项经济业务的发生，都必然会引起会计等式的一方或双方会计要素相互联系的等量地变化，即当涉及会计等式的一方时，会计要素的数额发生相反方向等额变动；而当涉及会计等式的两方时，会计要素的数额必然会发生相同方向的等额变动，但始终不会打破会计等式的平衡关系。

做中学

分析西安同仁有限公司2011年11月份发生的九笔经济业务事项对会计等式的影响。

任务提炼　经济业务对会计等式"资产＝负债＋所有者权益"影响的九种类型，见表2-1-3所示。

表 2-1-3 济业务对会计等式"资产 = 负债 + 所有者权益"的影响类型

经济业务	资产	负债	所有者权益
第一种类型	增加	增加	
第二种类型	减少	减少	
第三种类型	增加		增加
第四种类型	减少		减少
第五种类型	增加、减少		
第六种类型		增加、减少	
第七种类型			增加、减少
第八种类型		增加	减少
第九种类型		减少	增加

任务延伸 如果我们掌握了企业拥有多少资产以后，还想知道企业拥有的是些什么资产？企业有无债务？企业债务是如何构成的等一些详细资料，应该怎么办？

任务 2　选择会计科目与设置账户

提出任务 企业每天会发生大量的经济业务事项，如购买原材料、向银行借款、支付电话费、销售产品等，这些经济业务的发生必然会引起各项会计要素发生增减变化。但是如果只按六大会计会计要素来提供变化过程及其结果，提供的信息就会过于笼统、概括。因此，会计必须在会计要素的基础上，对企业经济业务事项进行更进一步的分类记录。

描述任务 会计要素是对会计对象的基本分类，但这六项会计要素对于纷繁复杂的企业经济业务的反映仍显得过于粗略，难以满足各有关方面对会计信息的需要，我们必须对会计要素作进一步分类。即采用一定的形式，对每个会计要素所反映的具体内容进一步分门别类地划分，设置会计科目。而会计科目在会计账簿中所在的专页就是账户。

■ 任务演练

选择企业经济业务所属的会计科目

资料 西安同仁有限公司 2011 年 12 月经济业务事项。

1. 12 月 1 日，收到光华公司的追加投资款 500 000 元，款项已存入银行。
2. 12 月 1 日，从银行取得期限为 9 个月的借款 100 000 元，款项已划入银行存款户。
3. 12 月 10 日，购入不需要安装的设备一台并已交付使用，设备买价 8 000 元，增值税进项税 1 360 元，全部款项已通过银行支付。
4. 12 月 15 日，从红星公司购进甲材料 8 000 千克（15 元 / 千克）；乙材料 2 000 千克（10 元 / 千克）；购进丙材料 500 千克（55 元 / 千克），增值税进项税 28 475 元。上述材料均已验收入库，货款已通过银行支付。
5. 12 月 17 日，从红星公司购进甲材料 500 千克（15 元 / 千克）；购进乙材料 2 000 千克（10 元 / 千克），增值税进项税 4 675 元。材料均已验收入库，货款暂未支付。
6. 12 月 19 日，用银行存款偿还红星公司货款 32 175 元。
7. 12 月 20 日，本月共领用甲材料 69 000 元（4 600 千克），乙材料 15 000 元（1500 千克）。其中，生产 A 产品耗费 51 875 元，生产 B 产品耗费 20 625 元，生产车间一般耗费 7 000 元，行政管理部门耗费 4 500 元。
8. 12 月 21 日，计算本月应付工资，其中，生产 A 产品工人的工资 23 000 元，生产 B 产品工人的工资 25 000 元，车间管理人员的工资 13 000 元，厂部行政管理人员的工资 18 000 元。
9. 12 月 22 日，签发现金支票从银行提取现金 5 000 元，作为备用金。
10. 12 月 23 日，签发转账支票通过银行发放职工工资 79 000 元。
11. 12 月 23 日，用现金 500 元购买办公用品，其中，厂部管理部门领用 300 元的办公用品，生产车间领用 200 元办公用品。

12. 12月24日，管理部门张山出差预借差旅费3 000元，以现金支付。

13. 12月24日，用银行存款支付修理费，其中，生产车间修理费2 000元，厂部修理费1 500元。

14. 12月25日，用现金420元报刊费。

15. 12月25日，用银行存款支付本月电费7 800元，其中，生产车间电费6 500元，管理部门电费1 300元。

16. 12月27日，向庆安公司销售A产品900件（130元/件），货款共计117 000元，增值税销项税19 890元，全部款项已存入银行。

17. 12月27日，向秦都公司销售B产品1 800件（50元/件），货款计90 000元，增值税销项税15 300元，款项全部未收到。

18. 12月28日，向金星公司销售剩余的丙材料一批，价款5 400元，增值税销项税918元，全部款项已存入银行。

19. 12月28日，收到秦都公司部分欠货款87 750元，款项已存入银行。

20. 12月28日，预收前进公司购货款30 000元，款项已存入银行。

21. 12月28日，用银行存款支付广告费3 000元。

22. 12月31日，计提本月固定资产折旧费11 500元，其中，生产车间折旧费9 700元，管理部门折旧费1 800元。

23. 12月31日，将本月38 400元的制造费用进行分配，其中，A产品应负担18 400元，B产品应负担20 000元。

24. 12月31日，结转本月完工入库产品的生产成本，其中，A产品完工入库数量1 000件，生产成本为93 275元；B产品完工入库数量2 000件，生产成本为65 625元。

25. 12月31日，结转已售产品的实际生产成本，其中，A产品的实际生产成本为83 948元，B产品的实际生产成本为59 062元。

26. 12月31日，结转已售丙材料的实际成本4 000元。

27. 12月31日，计算出本月应交纳的城市维护建设税111.86元，教育费附加47.94元。

28. 12月31日，收到对公司职工安武因违反规定的罚款计现金500元。

29. 12月31日，经研究决定给希望小学捐款8 000元，款项已通过银行划转。

30. 12月31日，计算本月应负担的借款利息442.50元。

31. 12月31日，将本月损益类账户的余额全部结转至"本年利润"账户。其中主营业务收入207 000元，其他业务收入5 400元，营业外收入500元；主营业务成本143 010元，其他业务成本4 000元，营业税金及附加159.80元，销售费用3 000元，管理费用27 820元，财务费用442.50元，营业外支出8 000元。

32. 12月31日，计算出本月所得税费用6 616.93元。

33. 12月31日，结转本月所得税费用6 616.93元至"本年利润"账户。

34. 12月31日，结转本年净利润19 850.77元至"利润分配"账户。

要求 1. 将每笔经济业务事项用两个或两个以上的"关键词"进行概括。

2. 在会计科目表中找出"关键词"对应的会计科目并看看它们属于哪一类型。

相关知识

一、会计科目

（一）会计科目的定义

会计科目是对会计六要素的具体内容进行分类后的类别名称。会计科目是填制记账凭证和设置账户的依据，是编制会计报表的基础。

 小提示

会计科目是会计对象的第三个层次。

（二）会计科目的分类

1.按其归属的会计要素分类

企业会计科目按其所归属的会计要素不同，通常可以分为资产类、负债类、所有者权益类、成本类、损益类五大类。

（1）资产类科目

资产类科目是对资产要素的具体内容进行分类后的名称。按资产的流动性分为反映流动资产的科目和反映非流动资产的科目。

反映流动资产的科目有"库存现金"、"银行存款"、"原材料"、"应收账款"、"库存商品"等；反映非流动资产的科目有"长期股权投资"、"长期应收款"、"固定资产"、"无形资产"等。

（2）负债类科目

负债类科目是对负债要素的具体内容进行分类后的名称。按负债的偿还期限分为反映流动负债的科目和反映长期负债的科目。

反映流动负债的科目有"短期借款"、"应付账款"、"应付职工薪酬"、"应缴税费"等；反映长期负债的科目有"长期借款"、"应付债券"、"长期应付款"等。

（3）所有者权益类科目

所有者权益科目是对所有者权益要素的具体内容进行分类后的名称。按所有者权益的形成和性质可分为反映资本的科目和反映留存收益的科目。

反映资本的科目有"实收资本"（或"股本"）、"资本公积"等；反映留存收益的科目有"盈余公积"、"本年利润"、"利润分配"等。"本年利润"科目属于利润会计要素，由于企业实现利润会增加所有者权益，因而将其作为所有者权益类科目。

（4）成本类科目

成本类科目是对生产成本和劳务成本的构成要素的具体内容进行分类后的名称。按成本的不同内容和性质可分为反映制造成本的科目和反映劳务成本的科目。

反映制造成本的科目有"生产成本"、"制造费用"科目；反映劳务成本的科目有"劳务成本"等。成本类科目归属于资产要素，成本是企业生产产品、提供劳务所消耗的价值体现，为了单独计算产品成本、劳务成本、因此设置了成本类科目。

（5）损益类科目

损益类科目是对收入、费用要素具体内容进行分类后的名称。按损益的不同内容可以分为反映收入的科目和反映费用的科目。

反映收入的科目有"主营业务收入"、"其他业务收入"、"营业外收入"等；反映费用的科目有"主营业务成本"、"其他业务成本"、"管理费应"、"财务费用"、"销售费用"、"所得税费用"、"营业外支出"等。

2. 按其提供信息的详细程度及其统驭关系分类

会计科目按提供信息详细程度及其统驭关系，可以分为总分类科目和明细分类科目两大类。

（1）总分类科目

总分类科目又称一级科目或总账科目，它是对会计要素具体内容进行总括分类、提供总括信息的会计科目；总分类科目反映各种经济业务的概括情况，是进行总分类核算的依据。如"应收账款"、"应付账款"、"原材料"等。

（2）明细分类科目

明细分类科目又称明细科目，是对总分类科目做进一步分类、提供更详细和更具体会计信息的科目。对于明细科目较多的总分类科目，可在总分类科目与明细科目之间设置二级或多级科目，如设置二级明细科目（也称子目）、三级明细科目（也称细目）等。二级明细科目是对总分类科目进一步分类的科目，三级科目是对二级明细科目进一步分类的科目。如"应收账款"科目按债务人名称或姓名设置明细科目，反映应收账款的具体对象。

总分类科目与各级明细分类科目之间的关系，见表2-2-1所示。

表2-2-1　总分类科目与各级明细科目之间的关系

总分类科目 （一级科目）	明细分类科目	
	二级明细科目（子目）	三级明细科目（细目）
原材料	原材料及主要材料	甲材料
		乙材料
	辅助材料	润滑油
		油漆
	燃料	焦炭
		汽油
库存商品	家电类	电视机
		洗衣机
	食品类	饮料
		饼干
	洗涤用品类	肥皂
		洗衣粉

总分类科目和明细分类科目的关系是：总分类科目对其所属的明细分类科目具有统驭和控制的作用，而明细分类科目是对其所归属的总分类科目的补充和说明。总分类科目及其所属明细科目，共同反映经济业务既总括又详细的情况。

（三）会计科目的设置

会计科目的设置取决于企业的管理要求、管理水平、规模大小、业务繁杂。既不要过于复杂繁琐，增加不必要的工作量，又不要过于简单粗略，使各项会计要素混淆不清，不能满足会计信息使用者的需要。

1. 会计科目的设置原则

会计科目作为反映会计要素的构成及其变化情况，为投资者、债权人、企业经营管理者等提供会计信息的重要手段，在其设置过程中应努力做到科学、合理、适用。因此，会计科目在设置过程中应遵循下列原则。

（1）合法性原则

合法性是指所设置的会计科目应当符合国家统一的会计制度。

在我国，总分类科目原则上由财政部统一制定，主要是为了保证会计信息可比性。企业可以根据自身的生产经营特点，在不影响会计核算要求，以及对外提供统一的财务会计报表的前提下，自行增设、减少或合并某些会计科目。

（2）相关性原则

相关性是指所设置的会计科目应当为有关各方的会计信息使用者提供有用的信息资料，满足对外报告与对内管理的要求。

会计核算，既要为政府职能部门对国民经济进行宏观经济管理提供会计信息；又要为投资者、债权人了解企业财务状况、经营成果等，进行投资决策提供会计信息；还要为企业管理者的经营预测、决策和管理提供会计信息。因此，会计科目的设置，要便于为有关各方提供所需要的会计信息。例如，为了对外提供企业固定资产和资本金规模方面的信息，应设置"固定资产"、"实收资本"总分类科目，同时，还应按照固定资产类别、固定资产项目和投资人设置明细分类科目，以满足固定资产管理和资本金管理要求。

（3）实用性原则

实用性是指所设置的会计科目应符合单位自身特点，满足单位实际需要。

企业应根据国家统一会计制度的规定，设置和使用会计科目。同时，会计科目的设置还应符合企业自身的特点，以满足实际需要。例如，对于制造业，由于主要的经济活动是制造产品，因而需要设置反映生产耗费的科目，如"生产成本"；还需要设置反映生产成果的科目，如"库存商品"等。而对于流通企业而言，由于主要的经营活动是购进和销售商品，不进行产品生产，因而一般不需要设置"生产成本"科目，但需要设置反映商品采购、商品销售，以及在购、销、存等环节发生的各项费用的会计科目。

2. 常用会计科目

一般企业常用的会计科目表，见表 2-2-2 所示。

表 2-2-2 企业常用会计科目表

顺序号	编号	会计科目名称	顺序号	编号	会计科目名称
		一、资产类	34	2211	应付职工薪酬
1	1001	库存现金	35	2221	应交税费
2	1002	银行存款	36	2231	应付利息
3	1012	其他货币资金	37	2232	应付股利
4	1101	交易性金融资产	38	2241	其他应付款
5	1121	应收票据	39	2501	长期借款
6	1122	应收账款	40	2502	应付债券
7	1123	预付账款	41	2701	长期应付款
8	1131	应收股利			三、所有者权益类
9	1132	应收利息	42	4001	实收资本
10	1221	其他应收款	43	4002	资本公积
11	1231	坏账准备	44	4101	盈余公积
12	1401	材料采购	45	4103	本年利润
13	1402	在途物资	46	4104	利润分配
14	1403	原材料			四、成本类
15	1405	库存商品	47	5001	生产成本
16	1411	周转材料	48	5101	制造费用
17	1471	存货跌价准备	49	5201	劳务成本
18	1511	长期股权投资			五、损益类
19	1531	长期应收款	50	6001	主营业务收入
20	1602	固定资产	51	6011	其他业务收入
21	1602	累计折旧	52	6101	公允价值变动损益
22	1603	固定资产减值准备	53	6111	投资收益
23	1604	在建工程	54	6301	营业外收入
24	1605	工程物资	55	6401	主营业务成本
25	1606	固定资产清理	56	6402	其他业务成本
26	1701	无形资产	57	6403	营业税金及附加
27	1702	累计摊销	58	6601	销售费用
28	1801	长期待摊费用	59	6602	管理费用
29	1901	待处理财产损溢	60	6603	财务费用
		二、负债类	61	6701	资产减值损失
30	2001	短期借款	62	6711	营业外支出
31	2201	应付票据	63	6801	所得税费用
32	2202	应付账款	64	6901	以前年度损益调整
33	2203	预收账款			

会计科目表中的科目为总分类科目。会计科目的编号是为了方便应用会计软件进行会计电算化工作，我国对总账科目进行了统一编号。

二、账户

（一）账户的定义

账户是根据会计科目的名称设立的，具有一定格式和结构，用来反映由于经济业务的发生而引起会计要素的增减变动情况及其结果的载体。设置账户是会计核算的重要方法之一。

会计科目仅仅是对会计要素的具体内容进行分类的名称，它不能反映交易或事项的发生所引起的会计要素各项目的增减变动情况和结果，不能提供会计信息的具体数据资料，只有通过账户记录才能取得。因此，在设置会计科目后，还必须根据规定的会计科目开设账户，用来对各项交易或事项进行连续、系统地记录，以提供有用的会计信息。

（二）账户的分类

账户是根据会计科目开设的，所以会计科目所反映的经济内容也就是账户的核算内容。因此，账户和会计科目一样，也可以按反映的经济内容分类和按反映经济内容的详细程度分类。

1. 按反映的经济内容分类

账户按其所反映的经济业务内容不同，可分为资产类账户、负债类账户、所有者权益类账户、成本类账户和损益类账户。

（1）资产类账户

资产类账户是根据资产类会计科目设置的，用来记录企业资产的增减变动及结存情况的账户，包括反映流动资产的账户和反映非流动资产的账户两类。反映流动资产的账户主要有"库存现金"、"银行存款"、"应收账款"等账户；反映非流动资产的账户的账户主要有"长期股权投资"、"固定资产"、"无形资产"等账户。

（2）负债类账户

负债类账户是根据负债类会计科目设置的，用来记录企业负债的增减变动及结存情况的账户，包括反映流动负债的账户和反映长期负债的账户两类。反映流动负债的账户主要有"短期借款"、"应付账款"、"应付职工薪酬"等账户。反映长期负债的账户主要有"长期借款"、"应付债券"、"长期应付款"等账户。

（3）所有者权益类账户

所有者权益类账户是根据所有者权益类会计科目设置的，用来记录企业资产扣除负债后由所有者享有的剩余权益的增减变动及结余情况的账户，包括反映投入资本的账户和反映资本积累的账户两类。反映投入资本的账户主要有"实收资本"、"资本公积"等账户；反映资本积累的账户主要有"盈余公积"、"本年利润"、"利润分配"等账户。

（4）成本类账户

成本类账户是根据成本类会计科目设置的，用来记录和归集企业的生产费用，据以计算产品成本的账户，主要包括"生产成本"、"制造费用"等账户。

（5）损益类账户

损益类账户是根据损益类会计科目设置的，用来记录企业实现的收入和发生的相关费用以及直接计入利润的利得和损失，并计算当期损益的账户。反映收入的账户主要有"主营业务收入"、"营业外收入"等账户；反映费用的账户主要由"主营业务成本"、"营业外支出"、"管理费用"等账户。

2. 按反映的经济内容的详细程度分类

账户按反映经济内容的详细程度分类与会计科目按其分类相同，也可分为总分类账户和明细分类账户两类。

总分类账户是根据总分类科目设置的，以货币为计量单位，用于对会计要素具体内容进行总括分类核算的账户，简称总账。

明细分类账户是根据明细分类科目设置的，以货币、实物等为计量单位，用于对会计要素具体内容进行明细分类核算的账户，简称明细账。

总账和明细账之间的关系是统驭与被统驭、制约与被制约的关系，前者统驭后者，后者对前者起补充说明的作用，从属于前者。

小提示

与会计科目一样，并不是所有的账户都必须设置明细分类账户，应该根据企业的实际情况决定是否设置或者如何设置明细分类账户。

（三）账户的基本结构

账户的结构是指账户用来记录交易或事项的具体格式。由于交易或事项的发生所引起的会计要素具体内容的变动，从数量上不外乎表现为增加和减少两种情况。因此，账户的基本结构应该包括增加和减少两部分，相应地，账户也应固定分为左、右两个方向，一方登记增加，另一方登记减少。至于哪一方登记增加，哪一方登记减少，则取决于所记录交易或事项的内容和账户的性质。

账户的基本结构见表2-2-3所示，具体包括以下内容：

1）账户的名称（即会计科目）；

2）日期（记录经济业务的日期）；

3）凭证编号（账户所依据的记账凭证日期）；

4）摘要（概括说明经济业务的内容）；

5）金额（增加金额、减少金额和余额）。

表 2-2-3

总页号	分页号

账 户 名 称

一 级 科 目 _____

子目或户名 _____

日	凭证		摘 要	借 方											核对	贷 方											核对	借或贷	余 额											核对
	种类	号数		亿	千	百	十	万	千	百	十	元	角	分		亿	千	百	十	万	千	百	十	元	角	分			亿	千	百	十	万	千	百	十	元	角	分	

为了叙述方便，上述账户的基本结构，可以简化为"T"字型，称为"T"型账户。如图 2-2-1 所示。

左方　　账户名称　　右方

图 2-2-1 "T"型账户示意图

三、会计科目与账户的关系

（一）会计科目与账户的联系

1）会计科目是账户的名称，也是设置账户的依据；账户则是会计科目的具体运用，所以会计科目的名称与账户的名称是一致的。

2）会计科目的核算内容决定了账户的核算内容，会计科目的分类决定了账户的分类，都分为资产类、负债类、所有者权益类、成本类和损益类等。

3）没有会计科目，账户便失去了设置的依据；没有账户，会计科目就无法发挥作用。

（二）会计科目与账户的区别

1）会计科目只是账户的名称，不存在结构；而账户则具有一定格式和结构。

2）会计科目仅反映会计核算的经济内容是什么，而账户不仅反映会计核算的经济内容是什么，而且能系统地核算和监督其增减变化及结余情况。

3）会计科目主要为开设账户、填制凭证所用；而账户主要为提供某一具体会计对象的会计资料，为编制财务报表所运用。

 小提示

在实际工作中，账户和会计科目这两个概念已不加严格区别，往往是互相通用。

四、经济业务事项所属会计科目及类型的示范

经济业务事项所属会计科目及类型的示范操作，见表 2-2-4 所示。

表2-2-4 西安同仁有限公司 2011 年 12 月经济业务事项涉及的会计科目及所属类型

经济业务序号	涉及的会计科目及所属类型
业务 1	银行存款（资产类）、实收资本（所有者权益类）
业务 2	银行存款（资产类）、短期借款（负债类）
业务 3	固定资产（资产类）、银行存款（资产类）
业务 4	原材料（资产类）、银行存款（资产类）
业务 5	原材料（资产类）、应付账款（负债类）
业务 6	应付账款（负债类）、银行存款（资产类）
业务 7	原材料（资产类）、生产成本（成本类）、制造费用（成本类）、管理费用（损益类）
业务 8	生产成本（成本类）、制造费用（成本类）、管理费用（损益类）、应付职工薪酬（负债类）
业务 9	银行存款（资产类）、库存现金（资产类）
业务 10	应付职工薪酬（负债类）、银行存款（资产类）
业务 11	管理费用（损益类）、制造费用（成本类）、库存现金（资产类）
业务 12	其他应收款（资产类）、库存现金（资产类）
业务 13	银行存款（资产类）、主营业务收入（损益类）、应交税费（负债类）、库存商品（资产类）
业务 14	应收账款（资产类）、主营业务收入（损益类）、应交税费（负债类）、库存商品（资产类）
业务 15	银行存款（资产类）、其他业务收入（损益类）、应交税费（负债类）、原材料（资产类）
业务 16	应收账款（资产类）、银行存款（资产类）
业务 17	预收账款（负债类）、银行存款（资产类）
业务 18	销售费用（损益类）、银行存款（资产类）

 小提示

其余经济业务所涉及的会计科目及所属类型的选择方法与本任务中所展示的方法相同，故不再重复，由学生独立完成。

 小思考

1. 一个总分类科目下面设置的明细分类科目，是不是越多越好？
2. 把会计对象划分为会计要素后，又为什么划分为了会计科目，有了会计科目为什么还要设置账户呢？

43

任务提炼 会计科目的分类，如图 2-2-2 所示。

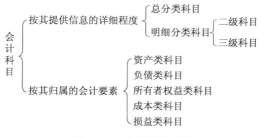

图 2-2-2 会计科目分类

　　任务延伸　我们学会了设置账户，那么在实际工作中，会计用什么方法在账户中记录经济业务的情况呢？

任务3　掌握借贷记账法的账户结构与记账规则

　　提出任务　企业发生的任何经济业务事项，都会引起企业资金发生增减变化。你知道会计人员是如何记录资金增减变化及其结果吗？这需要借助于专门的记账工具和记账方法。

　　描述任务　借贷记账法，是以"借"、"贷"作为表示会计要素增加、减少的符号，用来记录经济业务的一种复式记账方法。在借贷记账法下，账户分为借、贷两方，分别记录增加或减少。但在不同类型的账户中，"借"、"贷"表示的含义不同，这就必须明确每一类账户中借、贷的含义，即账户的结构。明确了账户结构后，就可以用"借"、"贷"记录所有经济业务引起的会计要素的增、减变化，由此就可以总结出借贷记账法的记账规则。

■ 任务演练

根据企业经济业务事项选择账户类型与记账规则

　　资料　沿用本项目任务2中西安同仁有限公司2011年12月份经济业务事项。
　　要求　1.判断每笔经济业务事项中哪个账户是增加哪个账户是减少。
　　　　　　2.在借贷记账法下，哪一类账户增加用"借"，哪一类账户增加用"贷"表示。

■ 相关知识

　　企业进行会计核算，除了设置会计科目和账户外，还必须采用一定的记账方法。记账方法就是在账簿中登记经济业务的方法。按其记录经济业务的方式不同，记账方法可分为单式记账方法和复式记账方法两种。本教材主要介绍复式记账法。

44

一、复式记账法

　　复式记账法是以会计等式资产与权益平衡关系作为记账基础，对于每一笔经济交易或事项，都以相等的金额在两个或两个以上相互联系的账户中进行连续登记的一种记账方法。

　　例如，用银行存款20 000元购买一批原材料，该业务发生后，一方面在"银行存款"账户中记录银行存款减少200 00元；另一方面在"原材料"账户中记录原材料增加20 000元。这样登记的结果能清晰地反映一项经济业务的来龙去脉，即资金从何处来，往何处去。

　　由此可见，复式记账法是对全部经济交易与事项均进行完整且相互联系的记录的一种记账方法。目前，世界上普遍采用的复式记账方法是借贷记账法。

二、借贷记账法

（一）借贷记账法的定义

借贷记账法是以借和贷作为记账符号的复式记账法，即将发生的经济交易与事项所引起会计要素的增减变动以相等的金额，同时在相互关联的两个或者两个以上的账户中进行相互联系、相互制约地记录。

（二）借贷记账法的记账符号

资金在运动过程中其变动状态有两大类，即增加和减少，因此，将账户分为了两个基本部位：左方和右方，以此来分别反映某类经济业务事项所引起企业资金的增加或减少。借贷记账法用"借"、"贷"作为记账符号，将账户左方称为借方，右方称为贷方。采用借贷记账法，所有账户的借方和贷方按相反方向记录，即一方登记增加额，另一方就登记减少额。至于"借"表示增加还是"贷"表示增加，则由账户所反映的经济内容，即账户的性质决定的。

（三）借贷记账法的账户结构

在借贷记账法下，账户的基本结构是：左方为借方，右方为贷方。其简化的账户格式如图 2-3-1 所示。

图 2-3-1　借贷记账法账户简单结构图

1. 资产类账户结构

资产类账户主要是根据资产类会计科目所设置的账户，用来登记企业资产的增减变动和期初、期末余额。资产类账户的借方表示增加，贷方表示减少，期初、期末余额一般在借方。即当资产类账户发生增加额时，登记在该账户的借方，发生减少额时登记在该账户的贷方，其余额一般在账户的借方。该类账户的具体结构，如图 2-3-2 所示。

借方		资产类账户	贷方	
期初余额	×××			
本期增加发生额	×××	本期减少发生额	×××	
	×××		×××	
	...		...	
本期借方发生额合计	×××	本期贷方发生额合计	×××	
期末余额	×××			

图 2-3-2　资产类账户结构图

资产类账户的期末余额计算公式如下：

期末余额（借方）＝期初余额（借方）＋本期借方发生额－本期贷方发生额

2. 负债及所有者权益类账户结构

负债及所有者权益类账户主要是根据负债类会计科目和所有者权益类会计科目设置的，用来登记企业负债和所有者权益的增减变动和期初、期末余额。负债及所有者权益类账户的贷方表示增加，借方表示减少，期初期末余额一般在贷方。即当负债及所有者权益类账户发生增加额时，登记在该账户的贷方，发生减少额时登记在该账户的借方，其余额一般在账户的贷方。该类账户的具体结构，如图2-3-3所示。

借方	负债及所有者权益类账户		贷方
		期初余额	×××
本期减少发生额 ×××		本期增加发生额	×××
	×××		×××
			…
本期借方发生额合计 ×××		本期贷方发生额合计	×××
		期末余额	×××

图 2-3-3　负债及所有者权益类账户结构图

负债及所有者权益账户的期末余额计算公式如下：

期末余额（贷方）＝期初余额（贷方）＋本期贷方发生额－本期借方发生额

3. 成本类账户结构

成本类账户是根据成本类会计科目设置的，用来登记企业成本的发生额。企业在一定时期内为生产一定种类、一定数量的产品所支出的各种费用的总和，就是这些产品的成本。企业生产的产品，是企业资产的一种存在形态，也就是说，属于资产范畴。由此可知，成本类账户的结构与资产类账户的结构一致。即成本类账户的借方登记成本的增加额，贷方登记成本的减少额，期末若有余额应在借方。该类账户的具体结构，如图2-3-4所示。

借方	成本类账户		贷方
期初余额	×××		
本期增加发生额	×××	本期减少发生额	×××
	×××		×××
	…		…
本期借方发生额合计	×××	本期贷方发生额合计	×××
期末余额	×××		

图 2-3-4　成本类账户结构图

成本账户的期末余额计算公式如下：

期末余额（借方）＝期初余额（借方）＋本期借方发生额－本期贷方发生额

4. 损益类账户结构

损益类账户包括收入类账户和费用类账户。收入和费用的发生，最终会导致所有者权益发生变化。收入的增加是所有者权益增加的因素，费用的增加是所有者权益减少的因素。这就决定了收入类账户的结构与所有者权益类账户的结构基本相同，费用类账户的结构与所有者权益类账户的结构相反，即与资产类账户的结构类似。损益类账户是为了计算损益而开设的，因而会计期末，应将收入、费用全额转出，计算利润。收入、费用转出后，损益类账户期末一般没有余额。

（1）收入类账户的结构

收入类账户的贷方登记收入的增加额，借方登记收入的减少额，期末本期发生的收入增加额减去本期发生的减少额的差额转入所有者权益类的"本年利润"账户，期末无余额。该类账户的结构如图2-3-5所示。

借方	收入类账户	贷方
本期减少或转销额　×××		本期增加发生额　×××
本期借方发生额合计　×××		本期贷方发生额合计　×××

图 2-3-5　收入类账户结构图

（2）费用类账户结构

费用类账户的借方登记费用的增加额，贷方登记费用的减少额，期末本期发生的费用增加额减去本期发生的减少额的差额转入所有者权益类的"本年利润"账户，期末无余额。该类账户的结构如图2-3-6所示。

借方	费用类账户	贷方
本期增加发生额　×××		本期减少或转销额　×××
本期借方发生额合计　×××		本期贷方发生额合计　×××

图 2-3-6　费用类账户结构图

（四）借贷记账法记账规则

所谓记账规则，就是指记录经济交易或事项时所应遵循的规则。借贷记账法的记账规则是"有借必有贷，借贷必相等"。即当发生经济交易或事项时，企业必须按照相同的金额，一方面记入一个账户的借方，另一方面同时记入一个或几个账户的记贷方，反之亦然，且借方金额合计与贷方金额合计必然相等。

运用借贷记账法的记账规则登记经济业务时，一般按照以下步骤进行：

首先，分析经济业务事项中涉及的账户名称，并判断账户的性质；其次，判断账户中所涉及的资金数量是增加还是减少；最后，根据账户的结构确定记入账户的方向。

下面举例说明借贷记账法记账规则的运用。

例1：企业将接受的追加投资款100 000元存入银行。

这笔经济业务的发生，使"银行存款"这项资产增加了100 000元，应记入该账户的借方；"实收资本"这项所有者权益也增加100 000元，应记入该账户的贷方。有借有贷，借贷金额相等。

例2：企业用银行存款18 000元，偿还前欠货款。

这笔经济业务的发生，使"应付账款"这项负债减少了18 000元，应记入该账户的借方；"银行存款"这项资产也减少了18 000元，应记入该账户的贷方。有借有贷，借贷金额相等。

例3：企业从银行提取现金5 000元。

这笔经济业务的发生,使"库存现金"这项资产增加了 5 000 元,应记入该账户的借方;"银行存款"这项资产也减少了 5 000 元,应记入该账户的贷方。有借有贷,借贷金额相等。

例4: 企业经银行同意将短期借款 30 000 元展期两年,变更为长期借款。

这笔经济业务使"短期借款"这项负债减少了 30 000 元,应记入该账户的借方;"长期借款"这项负债增加了 30 000 元,应记入该账户的贷方。有借有贷,借贷金额相等。

如图 2-3-7 列示了上述四项经济交易或事项的账户记录结构。

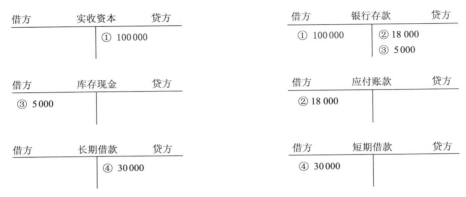

图 2-3-7 借贷记账法下账户记录结果简例

小提示

1. "借"和"贷"只是一种记账符号,仅仅表示增加或者减少,没有任何字面意义。
2. 熟记"资产、成本、费用增加在借方,负债、所有者权益、收入增加在贷方"。

做 中 学

1. 平常我们自己如果记账,只记收了多少,花了多少,那是我们通常说的"流水账"。现在学习了借贷记账法,要双向记账。用钱买了衣服:现金减少,资产增加;自己打工挣了钱:现金增加,收入增加。请根据自己实际收入与开支用借贷记账法的原理说一说。
2. 一组同学给出经济业务,另一组同学画"T"型账户。

任务提炼 各类账户的基本结构见表 2-3-1 所示。

表 2-3-1 各类账户的基本结构

账户类别	借方	贷方	期初、期末余额方向
资产类	增加	减少	借方
成本类	增加	减少	借方
费用类	增加	减少(转销)	无余额
负债类	减少	增加	贷方
所有者权益类	减少	增加	贷方
收入类	减少(转销)	增加	无余额

任务延伸 懂得了借贷记账法,就可以记录经济业务引起的会计要素的增、减变化,但记录的具体格式是什么呢?

任务4 运用借贷记账法编制会计分录

提出任务 企业发生经济业务事项后，会涉及账户的名称、借贷的方向和具体的金额，会计可以用借贷记账法来做基本的分析和记录。

描述任务 记录经济业务事项引起的会计要素增、减变化的具体格式就是会计分录，即写明某项经济业务事项应登记的账户名称及其记入"借"、"贷"方向及其金额的记录。会计分录就是记账的方案，编制会计分录是会计工作的关键环节。

▌任务演练

根据企业经济业务事项编制会计分录

资料 沿用本项目任务2中西安同仁有限公司2011年12月份经济业务事项。

要求 1. 运用借贷记账法，分析每笔经济业务的性质和内容，确认其所涉及的账户名称及记账方向。

2. 将每笔经济业务应借、应贷账户名称及其金额记录下来。

▌相关知识

一、对应账户

会计账户的对应关系，是指按照借贷记账法的记账规则记录经济业务时，在两个或两个以上有关账户之间形成的应借、应贷的相互对照关系。具有对应关系的账户，称为对应账户。

例如，购入原材料10 000元，已用银行存款支付6 000元，另4 000元货款暂欠。这项经济业务的发生，使资产中的"原材料"增加，记借方，"银行存款"减少，记贷方，同时负债中的"应付账款"增加，记贷方，借贷双方的金额相等。这样，在"原材料"账户与"银行存款"、"应付账款"账户之间就形成了应借、应贷的对应关系，但是这种对应关系只是存在于"原材料"账户（借方）与"银行存款"、"应付账款"账户（贷方）之间，而同为贷方科目的"银行存款"与"应付账款"之间则不存在对应关系。

二、会计分录

（一）会计分录的定义

会计分录是指对某项经济交易或事项标明其应借应贷账户及其金额的记录，简称分录。

为了保证账簿记录的正确性，在经济交易或事项登记入账前，应先对每项经济交易或事项进行分析，确定应登记的账户的名称、应登记账户的方向及应借应贷金额，也是将经济交易或事项记入会计账户前的一项准备工作。通过编制会计分录还可以根据分录中各账户的对应关系以及借、贷金额的平衡来检验并保证其所进行的账簿记录的完整性与正确性。在我国，会计分录习惯通过编制记账凭证进行。

（二）会计分录的格式

会计分录的内容包括借、贷符号，应借、应贷账户名称，借、贷金额三部分。编制会计分录的格式是先借后贷、借贷分行，借方在上，贷方在下；"贷"字应对齐借方会计科目的第一个字，金额也要错开写。

如前述四个简例的会计分录分别为：

例1：企业将接受的追加投资款100 000元存入银行。

借：银行存款　　　　　　　　　　　　　　　　　　　　　　　　100 000
　　贷：实收资本　　　　　　　　　　　　　　　　　　　　　　100 000

例2：企业用银行存款18 000元，偿还前欠货款。

借：应付账款　　　　　　　　　　　　　　　　　　　　　　　　18 000
　　贷：银行存款　　　　　　　　　　　　　　　　　　　　　　18 000

例3：企业从银行提取现金5 000元。

借：库存现金　　　　　　　　　　　　　　　　　　　　　　　　5 000
　　贷：银行存款　　　　　　　　　　　　　　　　　　　　　　5 000

例4：企业经银行同意将短期借款30 000元展期两年，变更为长期借款。

借：短期借款　　　　　　　　　　　　　　　　　　　　　　　　30 000
　　贷：长期借款　　　　　　　　　　　　　　　　　　　　　　30 000

（三）会计分录的种类

根据账户对应关系的不同情况，会计分录可以划分为简单分录与复合分录两种。其中简单分录只涉及两个账户，又称一借一贷分录。复合分录至少涉及三个账户，即一借多贷分录，一贷多借分录，多借多贷分录。编制复合分录时账户之间的对应关系要明确，禁止把无联系的简单分录合并成复合分录。

如前述，企业购入原材料10 000元，已用银行存款支付6 000元，另4 000元货款暂欠。此笔业务涉及的账户有三个：原材料、银行存款、应付账款，应作的会计分录为"一借两贷"的复合分录：

借：原材料　　　　　　　　　　　　　　　　　　　　　　　　　10 000
　　贷：银行存款　　　　　　　　　　　　　　　　　　　　　　6 000
　　　　应付账款　　　　　　　　　　　　　　　　　　　　　　4 000

应注意的是，"多借多贷"复合分录的对应关系应从总体上实现借方和贷方的金额相等。一般只能是在一笔经济交易或事项客观存在复杂关系时，才需要编制多借多贷的复合会计分录；不允许将不同类型的交易或事项合并编制多借多贷的会计分录。

 小提示

实际工作中，会计分录是填写在记账凭证上的。

（四）编制会计分录的示范

编制会计分录的示范操作，见表 2-4-1 所示。

表 2-4-1　编制会计分录示范操作

经济业务序号	分析借贷方向	会计分录
业务 1	银行存款属资产类账户其增加记借方；实收资本属所有者权益类账户其增加记贷方	借：银行存款　　　　　　　　　　500 000 　贷：实收资本——兴华公司　　　　500 000
业务 2	银行存款属资产类账户其增加记借方；短期借款属负债类账户其增加记贷方	借：银行存款　　　　　　　　　　100 000 　贷：短期借款　　　　　　　　　100 000
业务 3	固定资产属资产类账户其增加记借方；应交增值税（进项税）应从应交增值税（销项税）中抵扣，即应交增值税减少记借方；银行存款属资产类账户其减少记贷方	借：固定资产　　　　　　　　　　　8 000 　　应交税费——应交增值税（进项税额）　1 360 　贷：银行存款　　　　　　　　　　9 360
业务 4	原材料属资产类账户其增加记借方；应交增值税（进项税）应从应交增值税（销项税）中抵扣，即应交增值税减少记借方；银行存款属资产类账户其减少记贷方	借：原材料——甲材料　　　　　　120 000 　　　　——乙材料　　　　　　　20 000 　　　　——丙材料　　　　　　　27 500 　　应交税费——应交增值税（进项税额）　28 475 　贷：银行存款　　　　　　　　　195 975
业务 5	原材料属资产类账户其增加记借方；应交增值税（进项税）应从应交增值税（销项税）中抵扣，即应交增值税减少记借方；应付账款属负债类账户其增加记贷方	借：原材料——甲材料　　　　　　　7 500 　　　　——乙材料　　　　　　　20 000 　　应交税费——应交增值税（进项税额）　4 675 　贷：应付账款——红星公司　　　　32 175
业务 6	应付账款属负债类账户其减少记借方，银行存款属资产类账户其减少记贷方	借：应付账款——红星公司　　　　　32 175 　贷：银行存款　　　　　　　　　　32 175
业务 7	生产成本、制造费用属成本类账户其增加记借方；管理费用属费用类账户其增加记借方；原材料属资产类账户其减少记贷方	借：生产成本——A产品　　　　　　51 875 　　　　　——B产品　　　　　　20 625 　　制造费用——耗用材料　　　　　7 000 　　管理费用——耗用材料　　　　　4 500 　贷：原材料——甲材料　　　　　　69 000 　　　　——乙材料　　　　　　　15 000
业务 8	生产成本、制造费用属成本类账户其增加记借方；管理费用属费用类账户其增加记借方；应付职工薪酬属负债类账户其增加记贷方	借：生产成本——A产品　　　　　　23 000 　　　　　——B产品　　　　　　25 000 　　制造费用——工资　　　　　　13 000 　　管理费用——工资　　　　　　18 000 　贷：应付职工薪酬——工资　　　　79 000
业务 9	库存现金属资产类账户其增加记借方；银行存款属资产类账户其减少记贷方	借：库存现金　　　　　　　　　　　5 000 　贷：银行存款　　　　　　　　　　5 000
业务 10	应付职工薪酬属负债类账户其减少记借方，银行存款属资产类账户其减少记贷方	借：应付职工薪酬——工资　　　　　79 000 　贷：银行存款　　　　　　　　　　79 000
业务 11	管理费用属费用类账户其增加记借方；制造费用属成本类账户其增加记借方；库存现金属资产类账户其减少记贷方	借：管理费用——办公用品费　　　　　300 　　制造费用——办公用品费　　　　　200 　贷：库存现金　　　　　　　　　　　500
业务 12	其他应收款属资产类账户其增加记借方，库存现金属资产类账户减少记贷方	借：其他应收款——张山　　　　　　3 000 　贷：库存现金　　　　　　　　　　3 000
业务 13	制造费用属成本类账户其增加记借方；管理费用属费用类账户其增加记借方；银行存款属资产类账户其减少记贷方	借：制造费用——修理费　　　　　　2 000 　　管理费用——修理费　　　　　　1 500 　贷：银行存款　　　　　　　　　　3 500
业务 14	管理费用属费用类账户其增加记借方；库存属资产类账户减少记贷方	借：管理费用——报刊费　　　　　　　420 　贷：库存现金　　　　　　　　　　　420
业务 15	制造费用属成本类账户其增加记借方；管理费用属费用类账户其增加记借方；银行存款属资产类账户其减少记贷方	借：制造费用——电费　　　　　　　6 500 　　管理费用——电费　　　　　　　1 300 　贷：银行存款　　　　　　　　　　7 800
业务 16	银行存款属资产类账户其增加记借方；主营业务收入属收入类账户其增加记贷方；应交税费属负债类账户其增加记贷方	借：银行存款　　　　　　　　　　136 890 　贷：主营业务收入——A产品　　　117 000 　　　应交税费——应交增值税（销项税额）　19 890
业务 17	应收账款属资产类账户其增加记借方；主营业务收入属收入类账户其增加记贷方；应交税费属负债类账户其增加记贷方	借：应收账款——秦都公司　　　　105 300 　贷：主营业务收入——B产品　　　90 000 　　　应交税费——应交增值税（销项税额）　15 300

经济业务序号	分析借贷方向	会计分录	
业务18	银行存款属资产类账户其增加记借方；主营业务收入属收入类账户其增加记贷方；应交税费属负债类账户其增加记贷方	借：银行存款 　贷：其他业务收入 　　　应交税费——应交增值税（销项税额）	6 318 5 400 918
业务19	银行存款属资产类账户其增加记借方；应收账款减少属资产类账户其减少记贷方	借：银行存款 　贷：应收账款——秦都公司	87 750 87 750
业务20	银行存款属资产类账户其增加记借方；预收账款属负债类账户其增加记贷方	借：银行存款 　贷：预收账款——前进公司	30 000 30 000
业务21	销售费用属费用类账户其增加记借方，银行存款属资产类账户其减少记贷方	借：销售费用——广告费 　贷：银行存款	3 000 3 000
业务22	制造费用属成本类账户其增加记借方；管理费用属费用类账户其增加记借方；累计折旧属资产类账户是固定资产的备抵账户其减少记贷方	借：制造费用——折旧费 　　管理费用——折旧费 　贷：累计折旧	9 700 1 800 11 500
业务23	生产成本属成本类账户其增加记借方；制造费用属费用类账户其减少记贷方	借：生产成本——A产品 　　　　　——B产品 　贷：制造费用	18 400 20 000 38 400
业务24	库存商品属资产类账户其增加记借方；生产成本属成本类账户其减少记贷方	借：库存商品——A产品 　　　　　——B产品 　贷：生产成本——A产品 　　　　　——B产品	93 275 65 625 93 275 65 625
业务25	主营业务成本属费用类账户其增加记借方；库存商品属资产类账户其减少记贷方	借：主营业务成本——A产品 　　　　　　——B产品 　贷：库存商品——A产品 　　　　　——B产品	93 948 59 062 93 948 59 062
业务26	营业税金及附加属于费用类账户其增加记借方；应交税费属负债类账户其增加记贷方	借：营业税金及附加 　贷：应交税费——城市维护建设税 　　　　　——教育费附加	159.80 111.86 47.94
业务27	库存现金属资产类账户其增加记借方；营业外收入属收入类账户其增加记贷方	借：库存现金 　贷：营业外收入——罚款收入	500 500
业务28	营业外支出属费用类账户其增加记借方；银行存款属资产类账户其减少记贷方	借：营业外支出——希望小学捐款 　贷：银行存款	8 000 8 000
业务29	财务费用属费用类账户其增加记借方；应付利息属负债类账户其增加记贷方	借：财务费用——利息支出 　贷：应付利息	442.50 442.50
业务30（1）	各项收入属收入类账户其月末结转记借方；本年利润属所有者权益类账户其贷方登记月末结转来的各项收入	借：主营业务收入 　　其他业务收入 　　营业外收入 　贷：本年利润	207 000 5 400 500 212 900
业务30（2）	各项费用属费用类账户其月末结转记贷方；本年利润属所有者权益类账户其借方登记月末结转来的各项费用	借：本年利润 　贷：主营业务成本 　　　营业税金及附加 　　　销售费用 　　　管理费用 　　　财务费用 　　　其他业务成本 　　　营业外支出	186 432.30 143 010 159.80 3 000 27 820 442.50 4 000 8 000
业务31	所得税费用属费用类账户其增加记借方；应交税费属负债类账户其增加记贷方	借：所得税费用 　贷：应交税费——应交所得税	6 616.93 6 616.93
业务32	所得税费用结转时记本账户的贷方和本年利润账户的借方	借：本年利润 　贷：所得税费用	6 616.93 6 616.93
业务33	本年利润结转时记本账户的借方和本年利润账户的贷方	借：本年利润 　贷：利润分配——未分配利润	19 850.77 19 850.77

任务提炼 会计分录的编制步骤，如表2-4-2所示。

表 2-4-2   会计分录的编制步骤

编制步骤	具体内容
第一步	分析经济交易或事项涉及的账户
第二步	确定涉及哪些账户，是增加，还是减少
第三步	确定哪个（或哪些）账户记借方，哪个（或哪些）账户记贷方
第四步	确定应借应贷账户是否正确，借贷方金额是否相等

任务延伸   在实际工作中，会计分录写在什么地方？

本项目会计从业资格考试大纲

一、会计要素的确认

（一）资产

1.资产的定义

2.资产的分类

（二）负债

1.负债的定义

2.负债的分类

（三）所有者权益

1.所有者权益的定义

2.所有者权益的分类

（四）收入

1.收入的定义

2.收入的分类

（五）费用

1.费用的定义

2.费用的分类

（六）利润

1.利润的定义

2.利润的分类

二、会计要素的计量

（一）历史成本

（二）重置成本

（三）可变现净值

（四）现值

（五）公允价值

三、会计等式

（一）资产＝负债＋所有者权益

1.会计恒等式

资产＝权益

资产＝负债＋所有者权益

2.经济业务对会计恒等式的影响

（1）对"资产＝权益"等式的影响

①资产与权益同时等额增加

②资产方等额有增有减，权益不变

③资产与权益同时等额减少

④权益方等额有增有减，资产不变

（2）对"资产＝负债＋所有者权益"等式的影响

①资产和负债要素同时等额增加

②资产和负债要素同时等额减少

③资产和所有者权益要素同时等额增加

④资产和所有者权益要素同时等额减少

⑤资产要素内部项目等额有增有减，负债和所有者权益要素不变

⑥负债要素内部项目等额有增有减，资产和所有者权益要素不变

⑦所有者权益要素内部项目等额有增有减，资产和负债要素不变

⑧负债要素增加，所有者权益要素等额减少，资产要素不变

⑨负债要素减少，所有者权益要素等额增加，资产要素不变

（二）收入－费用＝利润

四、会计科目

（一）会计科目的概念

（二）会计科目的分类

1.按其归属的会计要素分类

（1）资产类科目：按资产的流动性分为反映流动资产的科目和反映非流动资产的科目。

（2）负债类科目：按负债的偿还期限分为反映流动负债的科目和反映长期负债的科目。

（3）所有者权益类科目：按所有者权益的形成和性质可分为反映资本的科目和反映留存收益的科目。

（4）成本类科目：按成本的不同内容和性质可以分为反映制造成本的科目和反映劳务成本的科目。

（5）损益类科目：按损益的不同内容可以分为反映收入的科目和反映费用的科目。

2.按提供信息的详细程度及其统驭关系分类

（1）总分类科目，又称一级科目或总账科目，它是对会计要素具体内容进行总括分类、提供总括信息的会计科目；总分类科目反映各种经济业务的概括情况，是进行总分类核算的依据。

（2）明细分类科目，又称明细科目，是对总分类科目作进一步分类、提供更详细和更具体会计信息的科目。

（3）总分类科目和明细分类科目的关系是：总分类科目对其所属的明细分类科目具有统驭和控制的作用，而明细分类科目是对其所归属的总分类科目的补充和说明。

（三）会计科目的设置

1.会计科目的设置原则

（1）合法性原则：指所设置的会计科目应当符合国家统一的会计制度的规定。

（2）相关性原则：指所设置的会计科目应当为提供有关各方所需要的会计信息服务，满足对外报告与对内管理的要求。

（3）实用性原则：指所设置的会计科目应符合单位自身特点，满足单位实际需要。

2.常用会计科目

五、复式记账

（一）复式记账法

（二）借贷记账法

1.借贷记账法的定义

2.借贷记账法的记账符号

3.借贷记账法的账户结构

（1）资产类账户的结构

（2）负债及所有者权益类账户的结构

（3）成本类账户的结构

（4）损益类账户的结构

①收入类账户的结构

②费用类账户的结构

4.借贷记账法的记账规则

5.账户的对应关系和会计分录

（1）账户的对应关系

（2）会计分录

项目 *3*
会计凭证的填制与审核

项目介绍

　　会计凭证是会计工作循环的起始环节，是日常会计工作的重要内容，也是登记账簿的依据，在会计核算工作中具有非常重要的作用。所以会计凭证的填制与审核是会计核算的基本方法之一。本项目通过认识会计凭证、填制和审核会计凭证等任务，正确掌握会计凭证填制和审核的具体方法，为登记账簿提供依据。

学习目标

☆　能力目标：能够规范地填制和审核常用原始凭证；能够初步分析已取得的原始凭证所体现的经济业务或事项的内容；能根据审核无误的原始凭证，运用借贷记账法熟练地编制记账凭证。

☆　知识目标：认知和理解会计凭证的含义和主要分类；识别会计凭证的所属类型；掌握各种会计凭证的编制和审核方法。

☆　社会目标：养成严谨、规范、细致的会计职业习惯；具备客观公正、坚持准则、诚实守信的会计职业道德。

学习内容

1. 会计凭证的概念和种类。
2. 原始凭证的填制和审核。
3. 记账凭证的填制和审核。

┌─ **导 入** ─────────────────────────────────

在前面的学习过程中，我们接触了企业各种不同的经济业务事项，例如：2011年12月23日用现金500元购买办公用品。在实际生活和工作中是用什么来记录和证明这笔经济业务的发生或完成情况呢？

任务1 认识会计凭证

提出任务 企业在日常生产经营活动中会发生许多经济业务事项，如采购材料、领用材料和结算货款等。这些经济业务事项发生及完成时，有关人员会取得或填制相应的书面凭证，以证明经济业务事项的发生及完成情况，如发票、领料单和转账支票。作为企业会计人员，日常该如何填制和审核这些书面凭证呢？

描述任务 在会计实务中，经济业务的内容要通过合法、有效的会计凭证进行记录和反映。作为企业的会计人员，要能正确区分会计凭证与非会计凭证。

任务演练

寻找身边的会计凭证

资料 在日常生活中，会计凭证的种类繁多，形式多样。例如，在购买商品时商场所开具的发票；在交纳学杂费时学校所开具的行政事业单位发票；在外出时所取得的车票、船票、飞机票、的士票，甚至住宿发票等以及学校给大家发放的账表袋内的许多会计凭证等。

要求 1. 举例说出日常生活中所接触过的会计凭证。

2. 分小组对找到的会计凭证进行基本归类。

3. 说一说每类会计凭证有什么不同？

相关知识

57

一、会计凭证的概念

会计凭证是记录经济业务，明确经济责任的书面证明，是登记账簿的依据。因此，企业、行政事业单位在处理任何一项经济业务时，都必须及时取得或填制真实、准确的书面证明。

二、会计凭证的种类

在实际经济活动中，会计凭证多种多样，会计凭证按其填制程序与用途不同分为两类，即原始凭证和记账凭证。

基 础 会 计

（一）原始凭证

原始凭证是在经济业务事项发生或完成时取得或填制的，用以记录和证明经济业务的发生或完成情况，明确经济责任的文字凭据，是作为记账原始依据的一种会计凭证。原始凭证按取得的来源不同可以分为，外来原始凭证（见图 3-1-1）和自制原始凭证（见表 3-1-1）两种。

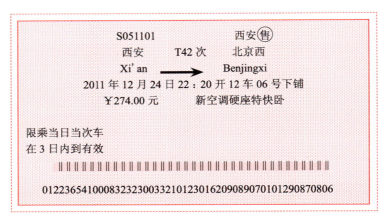

图 3-1-1　火车票

表 3-1-1　借款单

借　款　单

2011年12月23日

部门	管理部门	姓名	张山	借款用途	预借差旅费
借款金额	人民币（大写）叁仟元整		￥3 000		
实际报销金额		节余金额		负责人审核意见	同意 刘小明
		超支金额			
备注				结账日期　年　月　日	
财务主管：索云		会计：索云	出纳：万千		借款人签章：张山

58

（二）记账凭证

记账凭证是由会计人员对审核无误的原始凭证或汇总原始凭证，按其经济业务的内容加以归类整理，并据以确定会计分录后填制的会计凭证。它具有分类归纳原始凭证和据以登记会计账簿的作用。记账凭证可以分为专用记账凭证和通用记账凭证。而专用记账凭证又可分为收款凭证、付款凭证、转账凭证，见表 3-1-2 ～表 3-1-4 所示。通用记账凭证见表 3-1-5 所示。

表 3-1-2　收款凭证

收 款 凭 证

借方科目：　　　　　　　　　年　月　日　　　　　　　字第___号第___页

摘　要	贷方科目		√	金　额										
	总账科目	明细科目		亿	千	百	十	万	千	百	十	元	角	分
合　计														

附件　　张

会计主管　　　　记账　　　　出纳　　　　复核　　　　制单

表 3-1-3　付款凭证

付 款 凭 证

贷方科目：　　　　　　　　　年　月　日　　　　　　　字第___号第___页

摘　要	借方科目		√	金　额										
	总账科目	明细科目		亿	千	百	十	万	千	百	十	元	角	分
合　计														

附件　　张

会计主管　　　　记账　　　　出纳　　　　复核　　　　制单

表 3-1-4　转账凭证

转 账 凭 证

年　月　日　　　　　　　字第_____号第_____页

摘　要	总账科目	明细科目	√	借方余额											√	贷方余额										
				亿	千	百	十	万	千	百	十	元	角	分		亿	千	百	十	万	千	百	十	元	角	分
合　计																										

附件　　张

会计主管　　　　记账　　　　出纳　　　　复核　　　　制单

表 3-1-5　记账凭证

记 账 凭 证

会 字 第＿＿＿号
记 字 第＿＿＿号

摘　要	借　方	子　目	借　方										√	贷方金额										√	
			亿	千	百	十	万	千	百	十	元	角	分		亿	千	百	十	万	千	百	十	元	角	分	
																										附件
																										张
合　计																										

会计主管　　　　记账　　　　出纳　　　　复核　　　　制单

小提示

在实际工作中，会计分录是通过填制记账凭证来完成的。

三、会计凭证的作用

（一）记录经济业务，提供记账依据

每个会计主体在生产经营过程中，会发生大量的、各种各样的经济业务。每当发生经济业务时，必须正确、及时地填制相应的会计凭证。一般地说，经济业务发生在哪里，会计凭证就在哪里填制。随着经济业务的执行和完成，记载经济业务执行和完成情况的会计凭证就按规定的流转程序最终汇集到财务部门，成为记账的基本依据。

（二）明确经济责任，强化内部控制

任何一项经济业务活动，都要由经管人员填制凭证并由有关人员签字盖章，以便于划清职责，加强责任感，从而促进各单位内部分工协作，同时互相牵制，强化内部控制。

（三）监督经济活动，控制经济运行

会计凭证的审核，可以监督各项经济业务的真实性、合法性、合理性，检查经济业务是否真实发生；是否符合国家的有关法律、法规和会计制度；是否符合会计主体目标和财务计划。通过会计凭证的审核，能够及时发现问题，加以制止和纠正，提高会计信息质量，改善经营管理，提高经济效益。

任务提炼 会计凭证的种类，如图 3-1-2 所示。

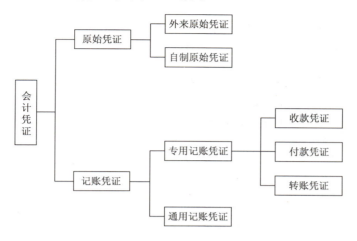

图 3-1-2 会计凭证的种类

任务延伸 企业涉及的原始凭证的种类繁多，形式不一，来源不同，你会识别、填制和审核它们吗？

任务 2 填制与审核原始凭证

提出任务 作为企业会计人员，随着企业经济业务事项的发生，要会填制有关原始凭证，并能对填制好的原始凭证进行审核，这样才能保证会计信息的真实性和正确性。

描述任务 要完成原始凭证的填制与审核工作，必须了解原始凭证的种类、熟悉原始凭证的内容、掌握原始凭证的填制与审核方法。

■ 任务演练 1

识别原始凭证的身份

资料 请对我们收集到的购货发票、公交车票、电话账单、餐饮发票、购销合同、购房计划银行对账单、收据等票据，进行仔细观察，讨论它们的相同与不同处，判断它们是否都是原始凭证。

要求 1.简单总结原始凭证的概念。

2.想想会计岗位所接触到的原始凭证的种类有哪些？

3.观察一张原始凭证，归纳其基本内容。

相关知识

一、原始凭证的概念

任何一项经济业务的发生或完成都要取得相应的凭证。原始凭证就是在经济业务事项发生或完成时取得或填制的，用以记录和证明经济业务的发生或完成情况，明确经济责任，具有法律效力的文字凭据。原始凭证是反映经济业务的原始资料，是会计核算的起点，也是会计核算的基本环节。

 小提示

> 凡是不能证明经济业务发生或完成情况的各项单据，如购货申请单、购销合同、计划、银行对账单，不能作为原始凭证。

尽管原始凭证的种类和格式多种多样，但都有其共同的构成要素和基本内容。

二、原始凭证的种类

（一）按取得原始凭证的来源不同可以分为，外来原始凭证和自制原始凭证两种

1.外来原始凭证

外来原始凭证是指本企业在同外单位或个人发生经济业务往来过程中，当经济业务发生或完成时，从外单位或个人手中取得的原始凭证。如购物时收到的普通发票、增值税专用发票；企业送交款时，收到的收款收据；银行开出的收款、付款的结算凭证；各种车票、机票等，见表 3-2-1 所示。

表 3-2-1　车辆通行费票证

陕西省高速公路车辆通行费票证

发票代码：261900810181

入口站	姜沟	出口站	灞桥
车型	1客	金额	10元
收费员：	0010000028	时间	11-12-31　11:59

发票号：08007917

小提示

外来原始凭证一般由税务局等部门统一印制，或经税务部门批准由经营单位印制，在填制时加盖出具单位公章方可。

2. 自制原始凭证

自制原始凭证是指在经济业务发生或完成时，由单位业务经办部门或个人填制的、仅供本单位内部使用的原始凭证。如购入材料验收入库时，由仓库保管人员按照规定手续填制收料单，如表3-2-2所示；出差人员填报的差旅费报销单，工资结算的工资单等。

表3-2-2　收料单

收　料　单

供货单位：红星公司　　　　　2011年12月15日　　　　　凭证编号：1
发票号码：03145678　　　　　　　　　　　　　　　　收料仓库：1号库

材料编号	材料名称及规格	计量单位	数量		金额	
			送验	实收	单价	金额
001	甲材料	千克	800.00	800.00	15.00	12 000.00
002	乙材料	千克	2 000.00	2 000.00	10.00	20 000.00
003	丙材料	千克	500.00	500.00	55.00	27 500.00
合计			10 500.00	10 500.00		59 500.00

仓库负责人：柳青　　　材料会计：　　　收料人：李广　　　经办人：　　　制单：王红

（二）按填制原始凭证的方法不同分为，一次原始凭证、累计原始凭证和汇总原始凭证三种

1. 一次原始凭证

一次原始凭证即一次凭证，是指一次填制完成，在一张凭证上只记录一笔经济业务的原始凭证，见表3-2-3所示。

 小提示

外来原始凭证和大多数自制原始凭证都是一次凭证。如发货票、银行结算单、借款单和车票等。

表 3-2-3　普通发票

陕国税西字（08）商零四联　　　　　　　　　　　　　　发票代码：161010622400

开票日期：2011-12-25　站别：电子城站　班组：　　　　　发票号码：00957314

订阅单位／人	名称	西安同仁有限公司				
	地址	西安市人民路 212 号				
内　容		华商报	数量	2	起止期限	2012-01-01 2012-12-31
单价／元	17.5/月	金额	420.00		人民币肆佰贰拾元整	
征订 单位	名称	华商报社		纳税人识别号	610103435200773	
	地址	西安市含光北路 156 号		电　话	029-96128	

第二联　发票联

2. 累计原始凭证

累计原始凭证，即累计凭证，它是指在一张凭证上连续登记一定时期内发生的相同经济业务的原始凭证，随时结出累计数和结余数，并按照费用限额进行费用控制，期末按实际发生额记账，见表 3-2-4 所示。

小提示

累计原始凭证比较有代表性的就是"限额领料单"，当然它也是自制原始凭证。

表 3-2-4　限额领料单

限 额 领 料 单

仓库：生产车间　　　　　　　　2011 年 12 月　　　　　　　领料单编号：1

用途：加工 A 产品　　　　　　　　　　　　　　　　　　　发料仓库：1号库

编号	材料名称	计量单位	规格	领用限额	实　发		
					数量	实际（计划）单价	金额
001	甲材料	千克		3 500	3 000	15.00	45 000.00

日期	领用			退料			限额结余
	数量	领料	发料	数量	退料人	收料人	
2 日	1500	张三	李四				2 000
8 日	1000	张三	李四				1 000
12 日	500	张三	李四				500
合　　计							500

生产计划部门负责人：李辉　　　　　供应部门负责人：董伟　　　　仓库负责人：柳青

小提示

"限额领料单"不仅起到事先控制领料的作用，而且可以减少原始凭证的数量和简化填制凭证的手续。

3.汇总原始凭证

汇总原始凭证，又称原始凭证汇总表，是指将一定时期内若干张同类经济业务的原始凭证，经过汇总编制完成的凭证。如发出材料汇总表（如表3-2-5所示）、工资结算汇总表、差旅费报销单等。

小提示

汇总原始凭证在大中型企业中使用得非常广泛，因为它可以简化核算手续，提高核算工作效率。但它只能将同类内容的经济业务汇总在一起、填列在一张汇总凭证上，不能将两类或两类以上的经济业务汇总在一起、填列在一张汇总原始凭证上。

表3-2-5 发出材料汇总表

发出材料汇总表

2011 年 12 月 20 日

会计科目（用途）	领料部门	甲材料	乙材料	合计
生产成本	A 产品生产车间	45 000	6 875	51 875
	B 产品生产车间	15 000	5 625	20 625
	小 计	60 000	12 500	72 500
制造费用	车间一般耗用	6 000	1 000	7 000
管理费用	管理部门耗用	3 000	1 500	4 500
合 计		69 000	15 000	84 000

会计主管：　　　　　复核：　　　　　　　制表：王红

小提示

"发料凭证汇总表"是由会计根据各部门到仓库领用材料时填制的领料单按旬汇总，每月编制一份。

（三）按照原始凭证的格式不同分为，通用原始凭证和专用原始凭证两种

1.通用原始凭证

通用原始凭证，是指由有关部门统一印制、在一定范围内使用的具有统一格式和使用方法的原始凭证。如车票、银行转账结算凭证。

基础会计

小提示

通用原始凭证的使用范围，可以是全国，也可以是某一地区或某一行业。如全国统一的异地银行结算凭证、税务部门统一印制的发票等。

2. 专用原始凭证

专用原始凭证，是指由单位自行印制、仅在本单位内部使用的原始凭证。如前说述的差旅费报销单、收料单、固定资产折旧计算表等。

提炼任务 原始凭证的种类，如图 3-2-1 所示。

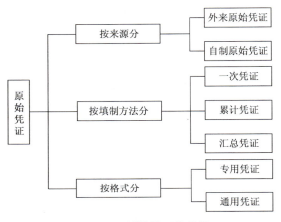

图 3-2-1 原始凭证的种类

任务演练 2

为企业填制并审核原始凭证

资料 1. 西安同仁有限公司 2011 年 12 月发生的部分经济业务。

（1）12 月 15 日，从红星公司购进甲材料 8 000 千克（15 元 / 千克）；乙材料 2 000 千克（10 元 / 千克）；购进丙材料 500 千克（55 元 / 千克），增值税进项税 28 475 元（发票号码是 03319089）。上述材料均已验收入库，货款已通过银行支付。

（2）12 月 20 日，基本生产车间为生产 B 产品填制限额领料单，向仓库领用甲材料，领用限额 1 500 千克，本月 2 日领用 500 千克，8 日领用 600 千克，12 日领用 300 千克。

（3）12 月 24 日，管理部门张山出差预借差旅费 3 000 元现金。

（4）12 月 27 日，向庆安公司销售 A 产品 900 件（130 元 / 件），货款共计 117 000 元，增值税销项税 19 890 元，全部款项已存入银行。庆安公司信息（纳税人识别号：610103732368986、地址：西安市西城区 2 号、电话：029-85241518、开户行：工行西城支行 3700019002960088888）。

（5）12 月 31 日，收到对公司职工安武因违反规定的罚款计现金 500 元。

根据不同经济业务正确选择并填制原始凭证，见表 3-2-6～表 3-2-10 所示。

表 3-2-6 借款单

借 款 单

借款日期			年 月 日		
单位或部门			借款事由		
申请借款金额	金额（大写）		￥		
批准金额	金额（大写）				
领导批示		财务主管		借款人	

表 3-2-7 增值税专用发票

6100051249　　　　陕西增值税专用发票　　　　No 01306416

发票联

开票日期：年 月 日

购货单位	名　　称： 纳税人识别号： 地址、电话： 开户行及账号：				密码区		第一联 发票联 购货方记账凭证
	货物或应税劳务名称 合　计	规格型号	单位	数量	单价	金额	税率	税额
价税合计（大写）	⊗		（小写）￥				
销货单位	名　　称：西安同仁有限公司 纳税人识别号：610102732358988 地址、电话：西安市人民路212号 029-86524516 开户行及账号：工行朝阳支行 3700019002960021158				备注		

收款人：　　　　复核：　　　　　开票人：

表 3-2-8 收款收据

收 款 收 据

年 月 日　　　　第 号

交款单位		收款方式	
人民币（大写）		￥	
收款事由			

年 月 日

单位盖章：　财务主管：　记账：　出纳：　审核：　经办：

67

表3-2-9　限额领料单

限 额 领 料 单

仓库：　　　　　　　　　　　　　年　月　　　　　　　　　　　　　领料单编号：

用途：　　　　　　　　　　　　　　　　　　　　　　　　　　　　　　发料仓库：

编号	材料名称	计量单位	规格	领用限额	实　发		
					数量	实际（计划）单价	金额

日期	领用			退料			限额结余
	数量	领料	发料	数量	退料人	收料人	
合　计							

生产计划部门负责人：李辉　　　　　　供应部门负责人：董伟　　　　　　仓库负责人：柳青

表3-2-10　收料单

收 料 单

供货单位：　　　　　　　　　　　　年　月　日　　　　　　　　　　凭证编号：

发票号码：　　　　　　　　　　　　　　　　　　　　　　　　　　　收料仓库：　号库

材料编号	材料名称及规格	计量单位	数量		金额	
			送验	实收	单价	金额

仓库负责人：　　　　　材料会计：　　　　　收料人：　　　　　经办人：　　　　　制单：

2. 西安同仁有限公司 2011 年 12 月所取得和填制的部分原始凭证，见表 3-2-11 ～ 表 3-2-14 所示。

表3-2-11　商业零售普通发票

表3-2-12 费用报销单

费 用 报 销 单

报销日期：2011 年 12 月 23 日　　　　　　　　　附件 1

费用项目	类别	金额	负责人（签章）	明刘 小
办公用品		500.00	审查意见	同意 王强
			报销人	
报销金额合计		500.00		
核实金额（大写）：伍佰元整				
借款数　　应退数　　应补金额				

审核　索云　　　　　　　　　　　　　　　出纳　万千

表3-2-13 委托收款凭证

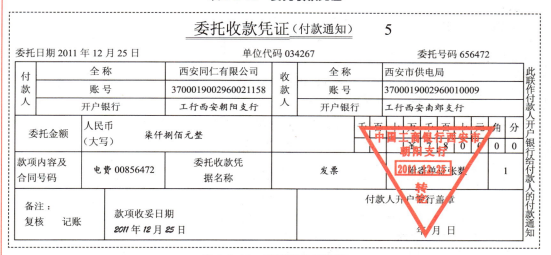

委托收款凭证（付款通知）　5

委托日期 2011 年 12 月 25 日　　　　单位代码 034267　　　　委托号码 656472

付款人	全称	西安同仁有限公司	收款人	全称	西安市供电局
	账号	3700019002960021158		账号	3700019002960010009
	开户银行	工行西安朝阳支行		开户银行	工行西安南郊支行

委托金额	人民币（大写）	柒仟捌佰元整		千百十万千百十元角分 7 8 0 0 0
款项内容及合同号码	电费 00856472	委托收款凭据名称	发票	1

备注：复核　记账　　款项收妥日期 2011 年 12 月 25 日

付款人开户银行盖章

此联作付款人开户银行给付款人的付款通知

(中国工商银行西安市朝阳支行 2011.12.25 转)

表3-2-14 增值税专用发票

陕西增值税专用发票

6100051249　　　　　　　　　　　　　　　No 01306416

记 账 联

开票日期：2011 年 12 月 27 日

购货单位	名　称：陕西秦都有限公司 纳税人识别号：610103732368887 地址、电话：西安市南城区 3 号 029-8523579 开户行及账号：工行南城支行 3700019002960099999	密码区：310-*2>543**44+/加密版本 015+851-8 >*4302-58>452 6100051249362/48-70*01*334 *2/<3*01306416*5-70564658-1+>*//>3 陕西

货物或应税劳务名称	规格型号	单位	数量	单价	金额	税率	税额
A 产品		件	1 800	50	90 000.00	17%	15 300.00
合　计					￥90 000.00		￥15 300.00

价税合计（大写）	⊗拾万零伍仟叁佰元整	（小写）￥105 300.00

销货单位	名　称：西安同仁有限公司 纳税人识别号：610102732358988 地址、电话：西安市人民路 212 号 029-86524516 开户行及账号：工行朝阳支行 3700019002960021158	备注

收款人：　　复核　徐丽　　开票人　万千　　销货单位（发票专用章）

西安同仁有限公司 税号 610102732358988 发票专用章　银行收讫

第二联 记账联 销货方记账凭证

> **要求**　1. 审核已取得或填制的原始凭证，找出其错误之处。
>
> 　　　　2. 对不同错误的原始凭证进行处理。

相关知识

一、原始凭证的内容

　　原始凭证是会计核算的起点和基础，是记账的原始依据。因此，原始凭证必须真实、准确和完整地记录每项经济业务，为以后的进一步核算提供原始的书面资料。在企业、行政事业单位经济活动中，各种各样的经济业务都会发生，记录经济业务的原始凭证来源四面八方，原始单据的内容、格式也不尽相同。但是，任何一张原始凭证都必须同时具备一些相同的内容，这些内容被称为原始凭证的基本内容或基本要素。

> **做 中 学**
>
> 　　拿一张原始凭证，见表 3-2-15 所示，看它具备几项内容？
>
> **表 3-2-15　景点门票专用发票**
>
>

（一）原始凭证的基本内容

1）原始凭证的名称及编号，如发票，No.0026547。

2）填制凭证的日期和经济业务发生日期，如 2011 年 12 月 31 日。

3）填制凭证单位的名称及公章或专用章。

4）经济业务的内容，如门票。

5）经济业务的数量、计量单位、单价和金额。

6）接受凭证单位的名称，如西安同仁有限公司。

7）经办人员或责任人的签名或盖章。

（二）原始凭证应当符合的要求

1. 外来原始凭证

从外单位取得的原始凭证，必须盖有填制单位的公章；对外开出的原始凭证，必须加盖本单位公章。从个人取得的原始凭证，必须有填制人员的签名或者盖章。这里所说的"公章"，是指具有法律效力和特定用途，能够证明单位身份和性质的印鉴，包括业务公章、财务专用章、发票专用章和结算专用章等。

2. 自制原始凭证

自制原始凭证，必须有经办单位的领导人或者由单位领导人制定的人员签名或者盖章。

3. 购买实物原始凭证

购买实物的原始凭证，必须有验收证明，目的是为了明确经济责任，保证账物相符，防止盲目采购，避免物资短缺和流失。实物验收工作由经管实物的人员负责办理，会计人员通过有关的原始凭证进行监督检查。需要入库的实物，必须填写入库验收单，由实物保管人员验收后在入库单上如实填写实收数额，并加盖印章；不需要入库的实物，除经办人员在凭证上签章外，必须交给实物保管人员或者使用人员进行验收后在凭证上签章。总之，必须由购买人以外的第三者查证核实后，会计人员才据以入账。

4. 支付款项原始凭证

支付款项的原始凭证，必须有收款单位和收款人的收款证明，不能仅以支付款项的有关凭证如银行汇款凭证等代替。其目的是为了防止舞弊行为的发生。

5. 销货退回原始凭证

发生销货退回的，除填制退货发票外，还必须有退货验收证明；退款时，必须取得对方的收据或者汇款银行的凭证，不得以退货发票代替收据。在实际工作中，有些单位发生销售退回，收到的退货没有验收证明，造成退货流失；在办理退款时，开出红字发票，并以红字发票副本作为本单位付款的原始凭证，既不经对方单位盖章收讫，也不附对方单位收到退款的收据。这种做法容易发生舞弊行为，漏洞很大。因此，发生销货退回及退还款项时，必须填制退货发票并附有退货验收证明和对方的收款收据。如果由于特殊情况，可先用银行的有关凭证能作为临时收据，待收到收款单位的收款证明后，再将其附在原付款凭证之后，作为正式原始凭证。

6. 职工公出借款原始凭证

职工公出借款凭据，必须附在记账凭证之后。收回借款时，应当另开收据或者退还借款副本，不得退还原借款收据。因为借款和还回借款是互有联系的两项经济业务，在借款和还回借款发生时，必须分别在会计账目上独立反映出来，因此，不得将原借款收据退还借款人，否则，将会使会计资料失去完整性。

7. 批准文件原始凭证

上级有关部门批准的经济业务，应当将批准文件作为原始凭证附件。如果批准文件需要单独归档的，应当在凭证上注明文件的批准机关名称、日期和文号，以便确认经济业务的审批情况和查阅。

二、原始凭证的填制要求

（一）原始凭证填制的基本要求

1. 记录要真实

原始凭证所填列的经济业务内容和数字必须合法与真实，符合实际情况。

2. 内容要完整

原始凭证所填列的项目必须逐项填写齐全，不得遗漏和省略。

3. 书写要清楚、规范

原始凭证的书写必须文字简洁，字迹清楚，易于辨认，不得使用未经国务院公布的简化汉字，大小写金额必须相符且填写规范。大写金额用汉字壹、贰、叁、肆、伍、陆、柒、捌、玖、拾、佰、仟、万、亿、元、角、分、零、整等，一律用正楷或行书书写。大写金额前未印有"人民币"字样的，应加写"人民币"三个字，并且在"人民币"字样和大写金额之间不得留有空白。大写金额到元为止的，后面要写"整"或"正"字，到角的，可以不写"整"或"正"字，有分的，不写"整"或"正"字。如小写金额为￥1008.00，大写金额应写成"壹仟零捌元整"。小写金额用阿拉伯数字逐个书写，不得连写，在金额前要填写人民币符号"￥"，并且在人民币符号与阿拉伯数字间不得留有空白。金额数字一律填写到角、分，无角、分的，写成"00"或"–"；有角无分的，分位写"0"，不得用符号"–"。

4. 手续要完备

原始凭证取得的手续要完备，必须用签名和盖章来明确责任。

5. 编号要连续

如果原始凭证已预先印定编号，在写错作废时，应加盖"作废"戳记，妥善保管，不得撕毁。

6. 正确修改

原始凭证不得随意涂改、刮擦、挖补。原始凭证有错误，必须由出具单位重开或更正，更正处要加盖出具单位印章。如果是原始凭证金额有错误，必须由出具单位重开，不得在原始凭证上更正。

7. 填制及时

原始凭证在经济业务发生后要及时填写，并按规定程序送交会计机构。

小提示

　　原始凭证要用水笔（蓝色或黑色）或专用笔填写，对于一式多联的原始凭证必须用复写纸套写。

（二）自制原始凭证的填制要求

1. 一次凭证的填制

　　一次凭证的填制手续是在经济业务发生或完成时，由经办人员填制，一般只反映一项经济业务，或者同时反映若干同类性质的经济业务。下面用"收料单"和"领料单"的填制方法来说明一次凭证的填制要求。

　　1）"收料单"是企业购进材料验收入库时，由仓库保管人员根据购入材料的实际验收情况，填制的一次性原始凭证，见表3-2-2所示。企业外购材料，都应履行入库手续，由仓库保管人员根据供应单位开来的发票账单，严格审核，对运达入库的材料认真计量，并按实际数量认真填制"收料单"。收料单一式三联：一联留仓库，据以登记材料物资明细账和材料卡片；一联与发票账单到会计处报账；一联交采购人员存查。

　　2）"领料单"的填制手续是在经济业务发生或完成时，由经办人员填制的，一般只反映一项经济业务，或者同时反映若干同类性质的经济业务。如企业、车间或部门从仓库中领用各种材料，都应履行出库手续，由领料经办人根据需要材料的情况填写领料单，并经该单位主管领导批准到仓库领用材料。仓库保管人员根据领料单，审核其用途，认真计量发放材料，并在领料单上签章。"领料单"一式三联：一联留领料部门备查；一联留仓库，据以登记材料物资明细账和材料卡片；一联转会计部门或月末经汇总后转会计部门据以进行总分类核算。

2. 累计凭证的填制

　　累计凭证是在一定时期不断重复地反映同类经济业务的完成情况，它是由经办人于每次经济业务完成后在其上面重复填制而成的，下面用"限额领料单"的填制方法来说明累计凭证的填制方法。

　　"限额领料单"是多次使用的累计领发料凭证，见表3-2-4。在有效期间内（一般为一个月），只要领用数量不超过限额就可以连续使用。"限额领料单"是由生产部门根据下达的生产任务和材料消耗定额按每种材料用途分别开出，一料一单，一式两联，一联交仓库据以发料，一联交领料部门据以领料。领料单位领料时，在该单内注明请领数量，经负责人签章批准后，持往仓库领料。仓库发料时，根据材料的品名、规格在限额内发料，同时将实发数量及限额余额填写在限额领料单内，领发料双方在单内签章。月末在此单内结出实发数量和金额转交会计部门，据以计算材料费用，并做材料减少的核算。使用限额领料单领料，全月不能超过生产计划部门下达的全月领用限额量。由于增加生产量而需追加限额时，应经生产计划部门批准，办理追加限额的手续。由于浪费或其他原因超限额用料需追加限额，应由用料部门向生产计划部门提出申请，经批准后追加限额。

小提示

　　在用另一种材料代替限额领料单内所列材料时，应另填一次"领料单"，同时相应地减少限额余额。

　　3. 汇总原始凭证的填制

　　汇总原始凭证是指在会计的实际工作日，为了简化记账凭证的填制工作，将一定时期若干份记录同类经济业务的原始凭证汇总编制一张汇总凭证，用以集中反映某项经济业务的完成情况。汇总原始凭证是有关责任者根据经济管理的需要定期编制的。下面用"发出材料凭证汇总表"的填制方法来说明汇总原始凭证的填制要求，见表3-2-5所示。

　　"发出材料凭证汇总表"是由材料会计根据各部门到仓库领用材料时填制的领料单按旬汇总，每月编制一份，送交会计部门做账务处理。

 小提示

　　汇总原始凭证只能将同类内容的经济业务汇总在一起、填列在一张汇总凭证上，不能将两类或两类以上的经济业务汇总在一起，填列在一张汇总原始凭证上。

　　（三）外来原始凭证的填制要求

　　外来原始凭证是在企业同外单位发生经济业务时，由外单位的经办人员填制的，因此，会计人员在记录经济业务时，应注意外来原始凭证的填制内容是否完整有效。外来原始凭证一般由税务局等部门统一印制，或者税务部门批准由经管单位印制，在填制时加盖出具凭证单位公章方有效，见表3-2-3所示。

 小提示

　　对于一式多联的原始凭证必须用复写纸套写。

三、原始凭证的审核

　　（一）原始凭证的判断标准

　　要成为原始凭证，除具备基本要素外，最主要的一点是看其是否能够证明经济业务的发生或完成。若能证明，则是原始凭证，若不能证明，则不是原始凭证。如对账单、银行存款余额调节表、经济合同等。

　　（二）原始凭证的审核内容

　　原始凭证必须经过会计主管人员或指定人员进行认真严格的、逐项审查核实后，方能作为编制记账凭证登记账簿的依据。审核原始凭证从以下六个方面进行。

1. 真实性

审核原始凭证的日期、业务内容、数据是否真实等。审核外来原始凭证是否盖有填制单位的公章；自制原始凭证，是否有相关人员的签名或盖章。通用原始凭证是否假冒。

2. 合法性

审核原始凭证的经济业务是否符合国家有关政策、法规、制度的规定，是否有违法行为。

3. 合理性

审核原始凭证的经济业务是否符合会计主体经济活动的需要、是否符合有关的计划和预算等。

4. 完整性

审核原始凭证的内容是否齐全，是否有漏记、是否清晰、是否工整、是否有签章、是否有凭证联次短缺等。

5. 正确性

审核原始凭证各项金额的计算及填写是否正确，是否阿拉伯数字连写、是否大小写不一致、是否有刮擦或涂改和挖补的痕迹等。

6. 及时性

审核原始凭证的填制日期，尤其是支票、银行汇票、银行本票等时效性较强的原始凭证，更应仔细验证其签发日期。

 小提示

内容更改的原始凭证即为无效凭证。

（三）原始凭证审核后的处理

原始凭证的审核，是一项严肃而细致的工作，会计人员必须坚持制度，履行会计人员的职责。一旦发现问题要按规定及时进行处理。

1. 完全符合要求的原始凭证

对于完全符合要求的原始凭证，应及时据以编制记账凭证入账。

2. 不合法和伪造的原始凭证

对不合法和伪造的原始凭证，会计机构和会计人员有权不予受理，并向单位负责人报告。

3. 不完整、不准确的原始凭证

对于记载不完整、不准确的原始凭证，应予以退回，并按要求补充、更正后再做处理。

4. 重要项目有错误的原始凭证

对有重要项目（如数量、单价、金额）有错误的原始凭证，只能退回出具单位，重新填制，不能更正。

5. 次要项目有错误的原始凭证

对次要项目（例如名称，日期等）有错误的原始凭证，可由开具人直接更正，并在更正处签章，明确责任。

 小思考

你知道原始凭证遗失怎么处理吗？

任务提炼 原始凭证的基本内容、填制要求和审核内容，如图 3-2-2 所示。

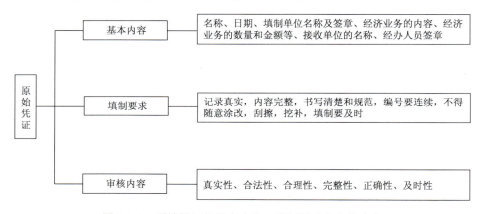

图 3-2-2 原始凭证的基本内容、填制要求和审核内容

任务延伸 原始凭证大小不一，形式多样，它只体现所发生或完成的经济业务情况，没体现记账所需的会计科目，会计能直接用它登账吗？

任务3 填制与审核记账凭证

提出任务 作为企业会计人员，要能根据审核无误的原始凭证编制记账凭证，并能对填制好的记账凭证进行审核，以保证记账凭证填制的规范性和正确性。

描述任务 要完成记账凭证的填制与审核工作，必须了解记账凭证的种类、熟悉记账凭证的内容、掌握记账凭证的填制与审核方法。

任务演练1

为企业填制记账凭证

资料　沿用项目2中任务2的西安同仁有限公司12月份经济业务事项。

要求　1.根据每一笔经济业务所确定的会计分录，正确选择并填制收款凭证、付款凭证和转账凭证。

2.归纳不同经济业务选择并填制收款凭证、付款凭证和转账凭证的简便技巧。

相关知识

一、记账凭证的概念

记账凭证就是会计人员根据审核无误的原始凭证，按照经济业务的内容加以归类，并据以确定会计分录后所填制的直接做登账的会计凭证。

 小提示

原始凭证和记账凭证之间存在着密切的联系，记账凭证填制好后，将它所涉及的原始凭证附在其背面，作为附件，然后据以登记账簿。

二、记账凭证的种类

记账凭证可以分别按经济业务内容和填制方法的不同进行分类。

（一）记账凭证按经济业务内容分类，可以分为专用记账凭证和通用记账凭证

1. 专用记账凭证

专用记账凭证是用来专门记录某一项经济业务的记账凭证。专用记账凭证按其所记录的经济业务内容与现金和银行存款的收付有无关系，又分为收款凭证、付款凭证、转账凭证。其中收款凭证用于记录库存现金和银行存款增加的收款业务，见表3-3-1所示；付款凭证用于记录库存现金和银行存款减少的付款业务，见表3-3-2所示；转账凭证用于记录不涉及库存现金和银行存款的业务，见表3-3-3所示。

 小提示

专用凭证一般适用于经济业务复杂、规模大、收付款业务比较多的单位。

表 3-3-1　收款凭证

收 款 凭 证

借方科目：　　　　　　　　　　　年　月　日　　　　　　　　字第＿＿号第＿＿页

摘　要	贷方科目		√	金　额										附件
	总账科目	明细科目		亿	千	百	十	万	千	百	十	元	角	分
														张
合　计														

会计主管　　　　　　记账　　　　　　出纳　　　　　　复核　　　　　　制单

表 3-3-2　付款凭证

付 款 凭 证

货方科目：　　　　　　　　　　　年　月　日　　　　　　　　字第＿＿号第＿＿页

摘　要	借方科目		√	金　额										附件
	总账科目	明细科目		亿	千	百	十	万	千	百	十	元	角	分
														张
合　计														

会计主管　　　　　　记账　　　　　　出纳　　　　　　复核　　　　　　制单

表 3-3-3　转账凭证

转 账 凭 证

年　月　日　　　　　　　　字第＿＿号第＿＿页

摘　要	总账科目	明细科目	√	借方金额										√	贷方金额										附件
				亿	千	百	十	万	千	百	十	元	角	分		亿	千	百	十	万	千	百	十	元	角	分
																									张
合　计																									

会计主管　　　　　　记账　　　　　　出纳　　　　　　复核　　　　　　制单

小提示

　　企业在采用专用凭证时，对于涉及现金和银行存款之间相互划转的经济业务，为了避免重复记账，通常只编制付款凭证，不编制收款凭证。例如，从银行提取现金或将现金送存银行，即会计分录的借贷方同时出现库存现金和银行存款时。

2.通用记账凭证

　　通用记账凭证是指不分经济业务类型，对全部经济业务都采用统一格式的记账凭证。通用记账凭证格式与专用记账凭证中的转账凭证相同，如表3-3-4所示。

 小提示

　　通用凭证一般适用于经济业务较简单、规模较小、收付款业务比较少的单位。

表3-3-4　记账凭证

记 账 凭 证

会字第_____号
会字第_____号

摘　要	借方	子目	借　方											√	贷　方											√	
			亿	千	百	十	万	千	百	十	元	角	分		亿	千	百	十	万	千	百	十	元	角	分		附件
																											张
	合　计																										

会计主管　　　记账　　　出纳　　　复核　　　制单

（二）记账凭证按其填制方式分类，可以分为复式记账凭证和单式记账凭证

1.复式记账凭证

　　复式记账凭证又叫做多科目凭证，是指将每一笔经济业务所涉及的全部会计科目及其发生额，均填制在同一张凭证中的记账凭证。使用这种凭证每笔经济业务一般仅需编制一张记账凭证。复式记账凭证可以集中反映账户的对应关系，方便了解经济业务的全貌，了解资金的来龙去脉；便于查账，同时可以减少记账凭证的数量，减少填制记账凭证的工作量。

小提示

前述的收款凭证、付款凭证、转账凭证和通用记账凭证都是复式记账凭证。在实际工作中大多数单位都是采用复式记账凭证。

2. 单式记账凭证

单式记账凭证又叫做单科目记账凭证，是指每一张凭证只填列经济业务所涉及的一个会计科目及其金额的记账凭证。每张记账凭证只填列一个会计科目，其对方科目只供参考，不据以记账。即把某一项经济业务的会计分录，按其所涉及的会计科目，分散填制两张或两张以上的记账凭证。单式凭证便于汇总计算每一个会计科目的发生额，便于分工记账；但是填制记账凭证的工作量较大。

小提示

单式记账凭证一般适用于业务量较大、会计部门内部分工较细的单位。

三、记账凭证的基本内容

做　中　学

拿一张记账凭证见表3-3-4，观察它具备几项内容？

尽管记账凭证的种类比较多，格式各异，但其主要作用都在于对原始凭证进行分类、整理、按照复式记账的要求，运用会计科目，编制会计分录，据以登记账簿。因此记账凭证必须具备下列基本内容：

1）记账凭证的名称；

2）填制记账凭证的日期；

3）记账凭证的编号；

4）经济业务的内容摘要；

5）经济业务所涉及的会计科目及其记账方向；

6）经济业务的金额；

7）记账标记；

8）所附原始凭证张数；

9）会计主管、记账、审核、制单等有关人员签章。

小提示

收款凭证和付款凭证还应当由出纳人员签名或盖章。

四、记账凭证的填制要求

小提示

记账凭证可以根据每一张原始凭证填制，也可以根据同类原始凭证汇总填制或根据原始凭证汇总表填制。

（一）记账凭证填制的基本要求

记账凭证是登记账簿的直接依据，它的填制是否正确将直接关系着账簿记录的质量。因此，填制记账凭证要按照有关规定书写清楚、规范进行，其基本要求如下：

1. 日期

由于货币资金的处理要及时，所以收付款凭证的日期也应是货币资金收付的日期。转账凭证的日期原则上应按收到原始凭证的日期填写，也可按填制记账凭证的日期。

2. 会计科目

会计人员必须根据经济业务事项的内容，采用会计制度规定的会计科目，正确编制会计分录，会计科目不能任意用科目的编号或简称来代替。

收款凭证左上方的"借方科目"填写"库存现金"或"银行存款"；凭证内的"贷方科目"栏填写与其对应的会计分录中的贷方科目，付款凭证左上方的"贷方科目"填写"库存现金"或"银行存款"；凭证内的"借方科目"栏填写与其对应的会计分录中的借方科目，转账凭证按照借贷顺序填入"总账科目"和"明细科目"栏。

3. 编号

填制记账凭证时，应当对记账凭证进行连续编号。以便分清会计业务处理的先后顺序，便于记账凭证与会计账簿核对，同时确保凭证记录完整无缺。

采用通用记账凭证的，将全部记账凭证统一编号，即按填制凭证实务时间顺序编号，每月从第1号凭证开始，至月末最后一张结束。

采用专用记账凭证，如果货币资金收付比较均衡的，按收款凭证、付款凭证和转账凭证三类分别编号。每月从第1号凭证开始，至月末最后一张结束。例如，收字1号、付字1号、转字1号等。

采用专用记账凭证，如果货币资金收付比较繁多的，按现金收款凭证、现金付款凭证、银行存款收款凭证、银行存款付款凭证和转账凭证五类分别编号。每月从第1号凭证开始，至月末最后一张结束。例如，现收1号、现付1号、银收1号、银付1号、转字1号等。

小提示

一笔经济业务需要填制两张以上记账凭证的，可以采用分数编号法编号。例如，一项转账业务,凭证的顺序号为第5号,需要填制2张凭证,这两张记账凭证的编号应为：转字5-1/2、转字5-2/2 。

4. 内容摘要

摘要应与原始凭证内容一致，能正确反映经济业务的主要内容，表达简短精炼。相当于经济业务的中心思想。

5. 附件

记账凭证所附的原始凭证必须完整无缺,并在记账凭证上注明所附原始凭证的自然张数。记账凭证可以根据每一张原始凭证填制，或者根据若干张同类原始凭证汇总填制，也可根据原始凭证汇总表填制。但不得将不同内容和类别的原始凭证汇总填制在一张记账凭证上。

小提示

除结账和更正错账的记账凭证可以不附原始凭证外,其他记账凭证必须附有原始凭证。

如果一张原始凭证涉及几张记账凭证,可以把原始凭证附在一张主要的记账凭证后面,并在其他未附原始凭证的记账凭证摘要栏内注明附有该原始凭证的记账凭证的编号,如"附件××张,见第××号记账凭证",或者附上该原始凭证的复印件。

6. 金额

记账凭证填好会计科目后，将对应的发生额填入右边的金额栏，前面不加"￥"，但合计栏中的合计金额前要加"￥"。如果合计金额栏前无空位，则不加"￥"。

7. 空行注销

记账凭证在填制完经济业务事项后，如有空行，应当自金额栏最后一笔金额数字下的空行处至合计数上的空行处划线注销，以堵塞漏洞，严密会计核算手续。

8. 改错

如果在填制记账凭证时发生错误，应当重新填制。

9. 签章

制单、复核、出纳、记账、会计主管等各类人员在完成各自的职责后均应签章，以明确经济责任。

小提示

当会计人员根据审核无误的记账凭证登记账簿后,应在记账凭证"√"处的下方会计科目对应处打"√",标明该会计科目已登账。

（二）收款凭证的填制基本要求

收款凭证是用来记录货币资金收款业务的凭证，它是会计人员根据审核无误的原始凭证填制的。在借贷记账法下，在收款凭证左上方所填列的借方科目，应是"库存现金"或"银行存款"科目；在凭证内所反映的贷方科目，应填列与"库存现金"或"银行存款"相对应的科目；日期填写的是编制本凭证的日期；右上角填写编制收款凭证的顺序号；"摘要"填写对所记录的经济业务的简要说明；"记账"是指该凭证已登记账簿的标记，防止经济业务事项重记或漏记；"金额"是指该项经济业务事项的发生额；该凭证右边"附件""张"是指本记账凭证所附原始凭证的张数；最后分别由有关人员签章，以明确经济责任。

（三）付款凭证的填制基本要求

付款凭证的编制方法与收款凭证基本相同，只有左上角由"借方科目"换为"贷方科目"，凭证中间的"贷方科目"换为"借方科目"。

小提示

涉及"库存现金"和"银行存款"之间的经济业务，一般只编制付款凭证，不编制收款凭证，以强化对付款业务的管理。

（四）转账凭证的填制基本要求

转账凭证是用以记录与货币资金收付无关的转账业务的凭证，如原材料的领用、成本的结转等，它是由会计人员根据审核无误的转账原始凭证填制的。在借贷记账法下，将经济业务所涉及的会计科目全部填列在凭证内，借方科目在先，贷方科目在后，将各会计科目所记应借应贷的金额填列在"借方科目"或"贷方科目"栏内。借、贷方金额合计数应该相等。制单人应在填制凭证后签名盖章，并在凭证的右侧填写所附原始凭证的张数。

此外，在同一项经济业务中，如果既有现金或银行存款的收付业务，又有转账业务时，应相应地填制收、付款凭证和转账凭证。如李强出差回来，报销差旅费500元，走前已预借700元，剩余款交回现金。对于这项经济业务应根据收款收据的记账联填制库存现金收款凭证，同时根据差旅费报销单填制转账凭证。

83

小提示

在实际工作中，规模较小、业务较少的单位也可以不根据经济业务的内容分别填制收付转凭证，而统一使用单一格式的记账凭证，格式同转账凭证。

五、填制记账凭证的示范操作

根据项目2任务4中已编制完成的会计分录顺序，选择并填制相对应的记账凭证，见表3-3-5～表3-3-13所示。

表 3-3-5　收款凭证

收 款 凭 证

借方科目：**银行存款**　　　　　2011 年 12 月 1 日　　　　　银收 字第＿01＿号第＿1＿页

摘　要	贷 方 科 目		√	金　额										
	总账科目	明细科目		亿	千	百	十	万	千	百	十	元	角	分
收到追加投资款	**实收资本**	**光华公司**				5	0	0	0	0	0	0	0	0
合　计					￥	5	0	0	0	0	0	0	0	0

附件 壹 张

会计主管　　　　记账　　　　出纳　　　　复核　　　　制单　周阳

表 3-3-6　收款凭证

收 款 凭 证

借方科目：**银行存款**　　　　　2011 年 12 月 1 日　　　　　银收 字第＿02＿号第＿2＿页

摘　要	贷 方 科 目		√	金　额										
	总账科目	明细科目		亿	千	百	十	万	千	百	十	元	角	分
从银行取得短期借款	**短期借款**					1	0	0	0	0	0	0	0	0
合　计					￥	1	0	0	0	0	0	0	0	0

附件 壹 张

会计主管　　　　记账　　　　出纳　　　　复核　　　　制单　**周阳**

表 3-3-7　付款凭证

付 款 凭 证

贷方科目：**银行存款**　　　　　2011 年 12 月 10 日　　　　　银付 字第＿01＿号第＿1＿页

摘　要	借 方 科 目		√	金　额										
	总账科目	明细科目		亿	千	百	十	万	千	百	十	元	角	分
购入设备	**固定资产**						8	0	0	0	0	0	0	0
	应交税费	**应交增值税（进项税）**					1	3	6	0	0	0	0	0
合　计						￥	9	3	6	0	0	0	0	0

附件 叁 张

会计主管　　　　记账　　　　出纳　　　　复核　　　　制单　**周阳**

表 3-3-8　付款凭证

付 款 凭 证

贷方科目：**银行存款**　　　　2011 年 12 月 15 日　　　　　银收 字第＿＿02＿号第＿1＿页

摘　要	借方科目		√	金额										
	总账科目	明细科目		亿	千	百	十	万	千	百	十	元	角	分
购入原材料	原材料	甲材料				1	2	0	0	0	0	0	0	0
		乙材料					2	0	0	0	0	0	0	0
		丙材料					2	7	5	0	0	0	0	0
	应交税费	应交增值税（进项税）					2	8	4	7	5	0	0	0
合　计					¥	1	9	5	9	7	5	0	0	0

会计主管　　　　记账　　　　出纳　　　　复核　　　　制单　**周阳**

附件 叁 张

表 3-3-9　转账凭证

转 账 凭 证

2011 年 12 月 17 日　　　　　　转 字第＿＿01＿＿号第＿1＿页

摘　要	总账科目	明细科目	√	借方金额											√	贷方金额										
				亿	千	百	十	万	千	百	十	元	角	分		亿	千	百	十	万	千	百	十	元	角	分
购入原材料	原材料	甲材料						7	5	0	0	0	0													
		乙材料						2	0	0	0	0	0													
	应交税费	应交增值税（进项税）						4	6	7	5	0	0													
	应付账款	红星公司																	3	2	1	7	5	0	0
合　计						¥	3	2	1	7	5	0	0					¥	3	2	1	7	5	0	0

会计主管　　　　记账　　　　出纳　　　　复核　　　　制单　**周阳**

附件 贰 张

表 3-3-10　付款凭证

付 款 凭 证

贷方科目：**银行存款**　　　　2011 年 12 月 19 日　　　　　银付 字第＿＿03＿号第＿1＿页

摘　要	借方科目		√	金额										
	总账科目	明细科目		亿	千	百	十	万	千	百	十	元	角	分
偿还前欠货款	应付账款	红星公司						3	2	1	7	5	0	0
合　计						¥	3	2	1	7	5	0	0

会计主管　　　　记账　　　　出纳　　　　复核　　　　制单　**周阳**

附件 叁 张

表 3-3-11　转账凭证

转 款 凭 证

2011 年 12 月 20 日　　　　　　　银收 字第 __02__ 号第 _1_ 页

摘　要	总账科目	明细科目	✓	借方余额										✓	贷方余额										
				亿	千	百	十	万	千	百	十	元	角	分		亿	千	百	十	万	千	百	十	元	角	分
领用原材料	生产成本	A产品						5	1	8	7	5	0	0												
		B产品						2	0	6	2	5	0	0												
	制造费用	耗用材料							7	0	0	0	0	0												
	管理费用	耗用材料							4	5	0	0	0	0												
	原材料	甲材料																		6	9	0	0	0	0	0
		乙材料																		1	5	0	0	0	0	0
合　计							¥	8	4	0	0	0	0	0					¥	8	4	0	0	0	0	0

会计主管　　　记账　　　　出纳　　　　复核　　　　制单　周阳

附件 壹 张

表 3-3-12　转款凭证

转 款 凭 证

2011 年 12 月 21 日　　　　　转 字第 __03__ 号第 _1_ 页

摘　要	总账科目	明细科目	✓	借方金额										✓	贷方金额										
				亿	千	百	十	万	千	百	十	元	角	分		亿	千	百	十	万	千	百	十	元	角	分
计算本月工资	生产成本	A产品						2	3	0	0	0	0	0												
		B产品						2	5	0	0	0	0	0												
	制造费用	工资						1	3	0	0	0	0	0												
	管理费用	工资						1	8	0	0	0	0	0												
	应付职工薪酬	工资																	7	9	0	0	0	0	0
合　计							¥	7	9	0	0	0	0	0				¥	7	9	0	0	0	0	0

会计主管　　　记账　　　　出纳　　　　复核　　　　制单　周阳

附件 壹 张

表 3-3-13　付款凭证

付 款 凭 证

贷方科目：**银行存款**　　　　2011 年 12 月 22 日　　　　　银付 字第 __04__ 号第 _1_ 页

摘　要	借方科目		✓	金额										
	总账科目	明细科目		亿	千	百	十	万	千	百	十	元	角	分
提现备用	库存现金								5	0	0	0	0	0
合　计								¥	5	0	0	0	0	0

会计主管　　　记账　　　　出纳　　　　复核　　　　制单　**周阳**

附件 壹 张

小提示

其余记账凭证的填制方法与本任务示范操作中所展示的记账凭证相同，故不再重复，由学生独立完成。

任务提炼　记账凭证的分类，如图 3-3-1 所示；专用记账凭证的选择，如图 3-3-2 所示。

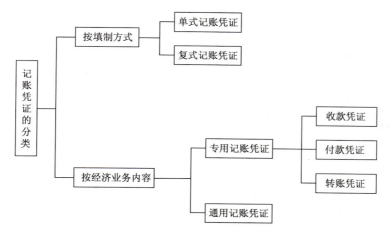

图 3-3-1　记账凭证的分类

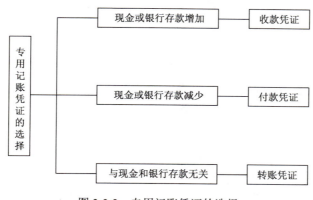

图 3-3-2　专用记账凭证的选择

87

做 中 学

改换采用通用记账凭证来完成西安同仁有限公司 2011 年 12 月所发生的经济业务记账凭证的编制。

任务延伸　记账凭证填制好后就可以直接登记账簿吗？

任务演练 2

审核企业的记账凭证

资料 本项目中西安同仁有限公司 2011 年 12 月份已填制完成的记账凭证。

要求 1. 审核西安同仁有限公司 2011 年 12 月份的记账凭证。
2. 对审核中发现的错误记账凭证，用正确的方法进行处理。

相关知识

一、记账凭证审核的内容

记账凭证是登记账簿的依据，为了保证账簿登记的正确性，记账凭证填制完毕后必须进行严格的审核。审核主要内容如下。

（一）内容是否真实

审核记账凭证是否附有原始凭证，原始凭证是否齐全，内容是否合法，记账凭证所记录的经济业务与所附原始凭证所反映的经济业务是否相符。

（二）项目是否齐全

审核记账凭证各项目的填写是否齐全，如日期、凭证编号、摘要、会计科目、金额、原始凭证的张数及相关人员签章等。

（三）科目是否正确

审核记账凭证科目是否正确，如应借、应贷科目是否正确，账户对应关系是否清晰，所使用的会计科目及其核算内容是否符合会计制度的规定。

（四）金额是否正确

审核记账凭证所记录的金额与原始凭证的有关金额是否一致，计算是否正确，借贷双方书写的金额是否平衡，明细科目金额之和与相应总账科目的金额是否相等。

（五）书写是否正确

审核记账凭证中文字是否工整，数字是否清晰，是否按规定使用蓝黑墨水或碳素墨水，是否按规定进行更正。

 小提示

出纳人员在办理收款或付款后，应在凭证上加盖"收讫"或"付讫"的戳记，以避免重收重付。

在审核过程中，如果发现差错，应查明原因，按规定办法及时处理和更正。只有经过审核无误的记账凭证，才能据以登记账簿。

需要说明的是，对会计凭证进行审核，是保证会计信息质量，发挥会计监督的重要手段。要做好会计凭证的审核工作、正确发挥会计监督作用，会计人员应当既要熟悉和掌握国家政策、法令、规章制度和计划、预算的有关规定，又要熟悉和了解经办单位的经营情况。

二、记账凭证审核后的处理

（一）审核无误的记账凭证，可以据以登记账簿

（二）审核有误的记账凭证根据不同情况进行处理

1）审核有误的记账凭证在没登账之前要重新编制。

2）审核有误的记账凭证已经登记入账，如果在当年内发现会计科目填写错误时，可以用红字填写一张与原内容相同的记账凭证，在摘要栏内注明"注销某月某日某号凭证"字样，同时再用蓝字重新填制一张正确的记账凭证，注明"更正某月某日某号凭证"字样。

3）审核有误的记账凭证已经登记入账，如果会计科目没有错误，只是金额错误，也可以仅用正确数字与错误数字之间的差额另编一张调整的记账凭证，调增金额用蓝字，调减金额用红字。

4）审核有误的记账凭证，是以前年度有错误的，应当用蓝字填制一张更正的记账凭证。

小提示

对已登记入账的错误记账凭证的处理，将在项目5的错账更正中做详细介绍。

任务提炼　记账凭证的审核内容，如图3-3-3所示。

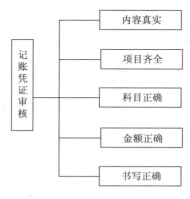

图3-3-3　记账凭证的审核内容

任务延伸　会计人员根据审核无误的原始凭证，完成了记账凭证的编制并审核无误后，下一步的工作是什么？

本项目会计从业资格考试大纲

一、会计凭证的概念和种类

（一）原始凭证

（二）记账凭证

二、会计凭证的作用

（一）记录经济业务，提供记账依据

（二）明确经济责任，强化内部控制

（三）监督经济活动，控制经济运行

三、原始凭证

（一）原始凭证的种类

1. 按取得的来源不同分类

（1）自制原始凭证

（2）外来原始凭证

2. 按照格式的不同分类

（1）通用凭证

（2）专用凭证

（二）原始凭证的基本内容

原始凭证所包括的基本内容，通常称为凭证要素，主要有：原始凭证名称、填制凭证的日期、凭证的编号、接受凭证单位名称（抬头人）、经济业务内容（含数量、单价、金额等）、填制单位签章、有关人员（部门负责人、经办人员）签章、填制凭证单位名称或者填制人姓名、凭证附件。

（三）原始凭证的填制要求

1. 填制原始凭证的基本要求

（1）记录要真实

（2）内容要完整

（3）手续要完备

（4）书写要清楚、规范

（5）编号要连续

（6）不得涂改、刮擦、挖补

（7）填制要及时

2. 自制原始凭证的填制要求

（1）一次凭证的填制

（2）累计凭证的填制

（3）汇总凭证的填制

3. 外来原始凭证的填制要求

（四）原始凭证的审核

1. 审核原始凭证的真实性

2. 审核原始凭证的合法性

3. 审核原始凭证的合理性

4. 审核原始凭证的完整性

5. 审核原始凭证的正确性

6. 审核原始凭证的及时性

四、记账凭证

（一）记账凭证的种类

1. 按内容可分为收款凭证、付款凭证和转账凭证

（1）收款凭证

（2）付款凭证

（3）转账凭证

2. 按填列方式可分为复式记账凭证和单式记账凭证

（1）复式凭证

（2）单式凭证

（二）记账凭证的基本内容

记账凭证必须具备以下基本内容：①记账凭证的名称；②记账凭证的日期；③记账凭证的编号；④经济业务事项的内容摘要；⑤经济业务事项所涉及的会计科目及其记账方向；⑥经济业务事项的金额；⑦记账标记；⑧所附原始凭证的张数；⑨制证、审核、记账、会计主管等有关人员的签章，收款凭证和付款凭证还应由出纳人员签名或盖章。

（三）记账凭证的填制要求

1. 基本要求

2. 收款凭证的填制要求

3. 付款凭证的填制要求

4. 转账凭证的填制要求

5. 记账凭证的审核

（1）内容是否真实

（2）项目是否齐全

（3）科目是否正确

（4）金额是否正确

（5）书写是否正确

项目 4
会计账簿的建立与登记

项目介绍

会计账簿是以会计凭证为依据，全面、连续、系统地记录会计主体交易或事项的簿籍。作为会计核算工作的中间环节，账簿是编制财务报告和进行经济监督的依据，是考核企业经营成果和进行会计分析的依据。本项目通过期初建账、日常登账和对账、及错账更正和期末结账等任务的学习，来正确掌握企业登记会计账簿的方法，为会计报表的编制奠定基础。

学习目标

☆ 能力目标：学会期初建账；能根据收、付款凭证正确登记现金日记账和银行存款日记账；能根据收、付、转凭证正确登记总账及所属明细账；能发现账簿中的错误记录，并能按正确的方法进行更正；学会在期末进行对账和结账。

☆ 知识目标：明确会计账簿的作用和种类；掌握账簿的建立、格式和登记规则；掌握对账的要求和方法；掌握错账更正的方法；掌握结账的要求和方法。

☆ 社会目标：培养耐心细致、踏实肯干的处事作风，克服急于求成、浮躁的心态。

学习内容

1. 建立会计账簿。
2. 登记会计账簿。
3. 核对会计账簿。
4. 更正错误会计账簿。
5. 期末结账。

在会计工作中，通过填制和审核会计凭证，可以全面、连续、系统地反映一个单位在一定时期内某类经济业务和全部经济业务的变动情况吗？

任务1　建立会计账簿

提出任务　企业如何全面、系统、连续地记录和监督单位一定时期的经济活动及财务收支情况？

描述任务　会计工作的起点是建账。无论是新企业设立时，还是老企业在每个会计年度开始时，都会面临一个主要问题：如何建账？确定一个企业要建哪几本账，各采用何种格式的账页，以及如何完成具体的账簿设置工作，是会计人员在建账过程中要完成的主要任务。

■ 任务演练

为企业建立会计账簿

资料　1. 西安同仁有限公司为增值税一般纳税人，会计人员主要有财务主管索云，会计徐丽，出纳万千。

2. 西安同仁有限公司2011年12月1日总分类账和所属明细分类账的期初余额见表4-1-1～表4-1-3所示。

表4-1-1　总账和明细账的期初余额　　　　　单位：元

总账账户	明细账户	借方余额	贷方余额
库存现金		1 300.00	
银行存款		100 035.00	
应收账款		53 000.00	
	——庆安公司	53 000.00	
原材料		76 300.00	
	——甲材料	56 025.00	
	——乙材料	20 275.00	
库存商品		23 000.00	
	——A产品	15 040.00	
	——B产品	7 960.00	
固定资产		330 000.00	
累计折旧			10 735.00
应付账款			69 700.00
	——红星公司		54 300.00
	——华兴公司		15 400.00
应交税费			32 000.00
	——应交增值税		2 909.09
	——应交城市维护建设税		203.64
	——应交教育费附加		87.27
实收资本			500 000.00
	——光华公司		500 000.00
合计		583 635.00	583 635.00

93

表 4-1-2　原材料明细账户期初余额

名称	数量（千克）	单位成本（元）	金额（元）
甲材料	3 735.00	15.00	56 025.00
乙材料	2 027.50	10.00	20 275.00
合计	5 762.50		76 300.00

表 4-1-3　库存商品明细账户期初余额

名称	数量（件）	单位成本（元）	金额（元）
A 产品	160.00	94.00	15 040.00
B 产品	240.00	33.17	7 960.00
合计	400.00		23 000.00

要求　1. 根据所给资料填写总分类账账簿启用表。
　　　2. 根据所给资料填写现金日记账、银行存款日记账、总分类账、明细账各账户期初余额。
　　　3. 根据所给资料填写总账账簿目录。

小提示

实际工作中，在新年度开始，启用新的会计账簿。

相关知识

一、会计账簿的概念

填制与审核会计凭证可以将每天发生的经济业务如实、正确地记录，明确经济责任。但会计凭证数量繁多、信息分散、缺乏系统性，不便于会计信息的整理与报告。为了全面、系统、连续地记录和监督单位的经济活动及财务收支情况，应设置会计账簿。会计账簿是指由一定格式账页组成的，以经过审核的会计凭证为依据，全面、系统、连续地记录各项经济业务事项的簿籍。各单位应当按照国家统一的会计制度的规定和自身会计业务的需要设置会计账簿。

设置和登记账簿是会计核算的专门方法之一，是编制会计报表的基础，是连接会计凭证与会计报表的中间环节，是进行会计分析的重要依据。

二、会计账簿的分类

会计账簿可以按其用途、账页格式和外形特征等不同标准进行分类。

（一）按用途的不同，可分为序时账簿、分类账簿和备查账簿

1. 序时账簿

序时账簿又称日记账，是按照经济业务发生或完成时间的先后顺序逐日逐笔进行登记的会计账簿。序时账簿可以用来核算和监督某一类型经济业务或全部经济业务的发生和完成情况。

序时账簿按记录内容不同可分为普通日记账和特种日记账。普通日记账是用来登记每天全部经济业务发生情况的账簿，特种日记账是用来登记某一类比较重要的、重复大量经济业务的发生情况的账簿，比如库存现金日记账、银行存款日记账、销货日记账和购货日记账。在实际工作中，一般很少采用普通日记账，应用较为广泛的是特种日记账。在我国大多数单位一般只设库存现金日记账和银行存款日记账。

2. 分类账簿

分类账簿是对全部经济业务事项按照会计要素的具体类别而设置的分类账户进行登记的会计账簿，是编制会计报表的主要依据。

分类账簿按照其反映指标的详细程度分为总分类账簿和明细分类账簿。总分类账簿是按照总分类账户分类登记经济业务事项的，简称总账。它是根据总账科目（一级科目）开设的，分类登记有关资产、负债、所有者权益、收入、费用和利润等各项会计要素的总括会计信息。明细分类账簿是按照明细分类账户分类登记经济业务事项的，简称明细账。它是总账科目所属的二级或明细科目开设的，是对总账的补充和具体说明，并受总账的控制和统驭。

想一想

分类账簿与序时账簿有什么不同？

分类账簿和序时账簿的作用不同。序时账簿能提供连续系统的信息，反映企业资金运动的全貌；分类账簿则是按照经营决策需要设置的账户，归集并汇总各类信息，反映资金运动的各种状态、形式及其结构。在账簿组织中，分类账簿占有特别重要的地位，因为只有通过分类账簿，才能把数据按账户形成不同信息，满足编制会计报表的需要。

小型经济单位，业务简单、总分类账户不多，为简化工作，可以把序时账簿与分类账簿结合起来，设置联合账簿。

3. 备查账簿

备查账簿简称备查簿，是对某些在序时账簿和分类账簿等主要账簿中都不予登记或登记不够详细的经济业务事项进行补充登记时使用的账簿，例如，租入固定资产登记簿、应收应付票据登记簿、受托加工材料登记簿等。备查账簿并非每个单位都应设置，只需根据各个单位的实际需要来设置和登记。

备查账簿与序时账簿、分类账簿相比有两点不同：

1）登记时可能不需要依据记账凭证，甚至不需要依据一般意义上的原始凭证；

2）账簿的格式和登记方法不同，备查账簿的主要栏目不记录金额，它更注重用文字来描述某项经济业务的发生情况。

（二）按账页格式的不同，账簿可以分为两栏式、三栏式、多栏式和数量金额式四种

1. 两栏式账簿

两栏式账簿只有借方和贷方两个基本金额栏目。普通日记账和转账日记账一般采用两栏式账簿。

2. 三栏式账簿

三栏式账簿设有借方、贷方和余额三个基本栏目。三栏式账簿分为设对方科目和不设对方科目两种，两者的区别是在摘要栏和借方科目栏之间是否有一栏"对方科目"。各种日记账、总分类账以及资本、债权、债务明细账都可采用三栏式账簿。

3. 多栏式账簿

多栏式账簿是在账簿的两个基本栏目借方和贷方按需要分设若干专栏的账簿。该账簿专栏设置在借方还是贷方或是两方同时设置专栏以及专栏的数量等，均应根据需要确定。收入、费用和成本明细账一般采用这种格式的账簿，例如管理费用、生产成本、制造费用明细账等。

4. 数量金额式账簿

数量金额式账簿的借方、贷方和余额三个栏目内，都分设数量、单价和金额三小栏，借以反映财产物资的实物数量和价值量。如原材料、库存商品、产成品等存货明细账一般都采用数量金额式账簿。

（三）账簿按外形特征不同可分为订本账、活页账和卡片账三种

1. 订本账

订本账启用之前就已将账页装订在一起，并对账页进行了连续编号。订本账的优点是能避免账页散失和防止抽换账页，其缺点是不能准确为各账户预留账页，不便于记账人员分工记账。这种账簿一般适用于总分类账、现金日记账、银行存款日记账。

2. 活页账

活页账在账簿登记完毕之前并不固定装订在一起，而是装在活页账夹中。其优点是单位可以根据实际需要增添账页或抽去不需用的账页，不浪费账页，使用灵活，便于同时分工记账，其缺点是如果管理不善，可能会造成账页散失或被抽换。各种明细分类账一般可采用活页账形式。

3. 卡片账

卡片账是将账户所需格式印刷在硬卡上。在我国，一般只对固定资产明细账采用卡片账形式。少数企业在材料核算中也使用材料卡片。

三、启用与设置会计账簿的方法

（一）会计账簿的基本内容

做中学

看看会计账簿都包含什么内容？你能说出它们的名称及作用吗？

尽管不同种类和格式的账簿所包含的具体内容不尽相同，但通常应具备以下基本内容。

1. 封面

账簿的封面主要标明账簿的名称，如总分类账、现金日记账、银行存款日记账等。

2. 扉页

账簿的扉页主要列明科目索引、账簿启用和经管人员一览表等。其内容包括：单位名称、账簿名称、起止页数、册次；启用日期和截止日期;经管账簿单位会计机构负责人（会计主管人员）、经管人员、移交人和移交日期、接管人和接管日期；账户目录等。

3. 账页

账簿的账页是用来记录经济业务事项的载体，是账簿的核心部分，包括账户的名称、登记账簿的日期栏、记账凭证的种类和号数栏、摘要栏、金额栏、总页次和分户页次等基本内容。

（二）会计账簿的启用

启用会计账簿时，应当在账簿封面上写明单位名称和账簿名称，并在账簿扉页上填列"账簿启用登记表"。活页账、卡片账应在装订成册时填列。其内容包括启用日期、账簿起止页数（活页账可于装订时填写）、账簿册数、记账人员和会计机构负责人、会计主管人员姓名，并加盖有关人员的签章和单位公章。记账人员或者会计机构负责人、会计主管人员调动工作时，应当注明交接日期、接办人员或者监交人员姓名，并由交接双方记账人员或者会计机构负责人、会计主管人员调动工作时，应当注明交接日期、接办人员或者监交人员姓名，并由交接双方签名或者盖章。

启用订本式账簿应当从第一页开始到最后一页按顺序编定页数，不得跳页、缺号。使用活页式账页应当按账户顺序编号，并需定期装订成册；装订后再按实际使用的账页顺序编定页码，另加目录，记明每个账户的名称和页次。

在年度开始启用新账簿时，应把上年度的年末余额记入新账的第一行，并在摘要栏中注明"上年结转"或"年初余额"字样。"账簿启用登记表"及"账簿的目录表"的一般格式如表4-1-4和表4-1-5所示。

表 4-1-4 账簿启用表

账簿启用表									
单 位 名 称								单位盖章	
账 簿 名 称									
账 簿 编 号		年 总 册 第 册							
账 簿 页 数		本账簿共计 页第 页							
启 用 日 期		年 月 日 至 年 月 日							
经管人员	负 责 人			主 办 会 计			记 账		
	职别	姓 名	盖章	职别	姓 名	盖章	职别	姓 名	盖章
交接记录	职 别	姓 名		接 管			移 交		
				年	月	日	盖章	年	月	日	盖章	印花税票粘贴处

表 4-1-5

目 录 表								
科目	编号	起讫页数	科目	编号	起讫页数	科目	编号	起讫页数

（三）会计账簿设置的方法

1. 账簿设置的原则

各企业的账簿设置，要在符合国家统一会计制度规定的前提下，根据本企业经济业务的特点和管理的需要，遵照以下原则进行：

1）账簿的设置要组织严密，能够全面、分类和序时地反映和监督经济业务活动情况，便于提供全面、系统的核算资料。

2）要科学划分账簿的核算范围及层次，账簿之间既要互相联系，能清晰地反映账户间的对应关系，又要防止相互重叠，避免重复记账。

3）账页格式要符合所记录的经济业务的内容要求，力求简明实用，既要防止过于繁琐，又要避免过于简单，以致不能满足日常管理和编制报表的资料需求。

2. 账簿设置的方法

根据企业经济业务的特点和管理需要，企业一般应购买并设置以下账簿。

1）总分类账。按一级会计科目设置，反映各会计要素具体项目总括情况，一般采用订本式三栏账页。

2）日记账。为了加强对货币资金的监督和控制，企业应设置现金日记账、银行存款日记账各一本，一般采用订本式账簿、三栏式账页格式，如果企业现金收付业务较多，可分别设置现金收入日记账和现金支出日记账，它们只能是单栏式的日记账。

3）明细分类账。分类反映各会计要素具体项目详细情况，各单位可根据实际需要在总分类账下设备自所属的多个明细账。明细账可采用订本式、活页式和卡片式等多种形式，账页的格式应根据核算对象的不同要求而定。

一般来说，对于既要反映数量又要反映金额的存货类明细账户，如材料采购、原材料、库存商品、周转材料等所属明细账应采用数量金额式账页；对生产成本、制造费用、销售费用、管理费用和财务费用等账户所属的明细账应采用多栏式账页；对固定资产、在建工程和应交增值税等明细账应采用专用账页。除上述之外所有明细账都可采用三栏式明细账。

4）备查账簿是一种辅助账簿，用以对正式账簿中不便记录或记录不全的业务事项进行补充登记或说明，其采用格式的登记方法比较灵活，没有专门规定。

四、建账流程指导

建账流程指导图见图 4-1-1 所示。

五、建立会计账簿的示范操作

根据表 4-1-1 ～表 4-1-3 所给资料，确定西安同仁有限公司应设总分类账、现金日记账、银行存款日记账和各类明细分类账（包括应收账款、原材料、库存商品、应付账款、应交税费、实收资本等）。

其中，总分类账、现金日记账和银行存款日记账可选用三栏式订本账。

应收账款、应付账款和实收资本等明细账可选用三栏式活页账。

原材料、库存商品等明细账可采用数量金额式活页账，应交增值税采用专用格式账页。

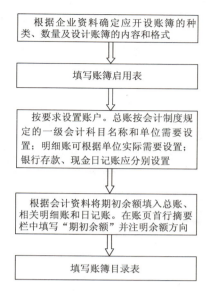

图 4-1-1 企业建账流程

（一）西安同仁有限公司总账账簿启用表填写（见表 4-1-6）

表 4-1-6 账簿启用表

账簿启用表								
单 位 名 称		西安同仁有限公司					单位盖章	
账 簿 名 称		总分类账						
账 簿 编 号		2011年 总 1 册 第 1 册						
账 簿 页 数		本账簿共计100页						
启 用 日 期		2011年1月1日 至 2011年12月31日						
经管人员	负 责 人			主 办 会 计			记 账	
	姓名	职别	盖章	姓名	职别	盖章	姓名	职别	盖章
	索云	财务主管	索云	徐丽	会计	徐丽	万千	出纳	万千
交接记录	职 别	姓 名	接 管			移 交			
			年	月	日	盖章	年	月	日	盖章
										印花税票粘贴处 印花税票

小提示

表 4-1-6 中右下角"印花税票粘贴处"框内是贴印花税票的地方，一般会计账簿，每本应粘贴 5 元面值的印花税票，并在印花税票中间划几条平行线表示注销，注销标记应与骑缝处相交。若企业使用缴款书缴纳印花税，应在账簿扉页的"印花税票粘贴处"框内注明"印花税已缴"以及缴款金额。

（二）根据表 4-1-1～表 4-1-3 登记日记账、总账和明细账各账户期初余额

1. 现金日记账期初余额登记（见表 4-1-7）

表 4-1-7

第 1 页

现金日记账

2011年		凭证		对方科目	摘要	借方										贷方										余额										核对
月	日	种类	号数			亿	千	百	十	万	千	百	十	元	角	分	亿	千	百	十	万	千	百	十	元	角	分	亿	千	百	十	万	千	百	十	元	角	分	
12	1				期初余额																										1	0	0	0	0	3	5	0	0	

2. 银行存款日记账期初余额登记（见表 4-1-8）

表 4-1-8

第 1 页

银行存款日记账

开户行 _____
账 号 _____

2011年		凭证		支票		摘要	借方											贷方											余额											核对
月	日	种类	号数	类别	号数		亿	千	百	十	万	千	百	十	元	角	分	亿	千	百	十	万	千	百	十	元	角	分	亿	千	百	十	万	千	百	十	元	角	分	
12	1					期初余额																								1	0	0	0	0	3	5	0	0	

3. 明细分类账期初余额登记（见表 4-1-9～表 4-1-19）

小提示

设置明细分类账时，可以先按会计科目表顺序设置出有期初余额的明细账户，对于期初无余额的明细账户，可暂不设，待日常账务中用到时再设置，并按顺序插入账簿中同属于一个总分类账户的明细账户中，一个总分类账户下的明细账户应当按会计科目表顺序集中连续排列。

表 4-1-9

总页号 _____ 分页号 _____

应收账款 明细分类账

一级 科 目 _____ 应收账款
子目或户名 _____ 庆安公司

2011年		凭证		摘 要	借方										核对	贷方										核对	借或贷	余 额										核对
月	日	种类	号数		亿	千	百	十	万	千	百	十	元	角	分	亿	千	百	十	万	千	百	十	元	角	分		亿	千	百	十	万	千	百	十	元	角	分	
12	1			期初结余																							借			5	3	0	0	0	0	0	0	

表 4-1-10

最高储量
最低储量

原材料　明细分类账

编号　规格　　单位　KG　　品名　甲材料

2011年		凭证		摘要	收入			核对	发出			核对	借或贷	结存		
月	日	种类	号数		数量	单价	金额(亿千百十万千百十元角分)		数量	单价	金额(亿千百十万千百十元角分)			数量	单价	金额(亿千百十万千百十元角分)	核对
12	1			期初余额									借	3735.00	15.00	5 6 0 2 5 0 0	

表 4-1-11

最高储量
最低储量

原材料　明细分类账

编号　规格　　单位　KG　　品名　乙材料

2011年		凭证		摘要	收入 数量 单价 金额	核对	发出 数量 单价 金额	核对	借或贷	结存 数量 单价 金额	核对
12	1			期初余额					借	2027.50　10.00　2 0 2 7 5 0 0	

表 4-1-12

总第　页
分第　页

库存商品　明细分类账

编号　规格　　单位　件　　品名　A产品

2011年		凭证		摘要	收入	发出	借或贷	结存	核对
12	1			期初余额			借	160.0　94.00　1 5 0 4 0 0 0	

表 4-1-13

总第　页
分第　页

库存商品　明细分类账

编号　规格　　单位　件　　品名　B产品

2011年		凭证		摘要	收入	发出	借或贷	结存	核对
12	1			期初余额			借	240.0　33.17　7 9 6 0 0 0	

101

表 4-1-14

应付账款 明细分类账

总页号	分页号

一级科目　　应付账款

子目或户名　　红星公司

2011年		凭证		摘要	借方											核对	贷方											核对	借或贷	余额											核对
月	日	种类	号数		亿	千	百	十	万	千	百	十	元	角	分		亿	千	百	十	万	千	百	十	元	角	分			亿	千	百	十	万	千	百	十	元	角	分	
12	1			期初余额																									贷			5	4	3	0	0	0	0	0	

表 4-1-15

应付账款 明细分类账

总页号	分页号

一级科目　　应付账款

子目或户名　　华兴公司

2011年		凭证		摘要	借方											核对	贷方											核对	借或贷	余额											核对
月	日	种类	号数		亿	千	百	十	万	千	百	十	元	角	分		亿	千	百	十	万	千	百	十	元	角	分			亿	千	百	十	万	千	百	十	元	角	分	
12	1			期初余额																									贷											0	

表 4-1-16

应交税费（增值税）明细分类账

第　　页

2011年		凭证		摘要	借　　方																															贷　　方																																借或贷	余额											
					合计											进项税额											已交税额											合计											销项税额											进项税额转出												余额											
月	日	种类	号数		亿	千	百	十	万	千	百	十	元	角	分	亿	千	百	十	万	千	百	十	元	角	分	亿	千	百	十	万	千	百	十	元	角	分	亿	千	百	十	万	千	百	十	元	角	分	亿	千	百	十	万	千	百	十	元	角	分	亿	千	百	十	万	千	百	十	元	角	分		亿	千	百	十	万	千	百	十	元	角	分
12	1			期初余额																																																																				贷					2	9	0	9	0	9

表 4-1-17

应交税费 明细分类账

总页号	分页号

一级科目　　应交税费

子目或户名　　城建税

2011年		凭证		摘要	借方											核对	贷方											核对	借或贷	余额											核对
月	日	种类	号数		亿	千	百	十	万	千	百	十	元	角	分		亿	千	百	十	万	千	百	十	元	角	分			亿	千	百	十	万	千	百	十	元	角	分	
12	1			期初余额																									贷							2	0	3	6	4	

表 4-1-18

应交税费 明细分类账

	总页号	分页号

一级科目　应交税费
子目或户名　教育费附加

2011年		凭证		摘要	借方	核对	贷方	核对	借或贷	余额	核对
月	日	种类	号数		亿千百十万千百十元角分		亿千百十万千百十元角分			亿千百十万千百十元角分	
12	1			期初余额					贷	8 7 2 7	

表 4-1-19

实收资本 明细分类账

	总页号	分页号

一级科目　实收资本
子目或户名　光华公司

2011年		凭证		摘要	借方	核对	贷方	核对	借或贷	余额	核对
月	日	种类	号数		亿千百十万千百十元角分		亿千百十万千百十元角分			亿千百十万千百十元角分	
12	1			期初余额					贷	5 0 0 0 0 0 0 0 0	

4. 总账期初余额登记见表 4-1-20 ～ 表 4-1-29（以有余额的账户示例）

小提示

　　设置总分类账，只要是本企业会计核算涉及的总分类账户，不论期初是否有余额，都需在总账中设置出相应账户，并按会计科目顺序排列并预留账页。

表 4-1-20

总 分 类 账

第　　页

一级科目　库存现金

2011年		凭证		摘要	借方	核对	贷方	核对	借或贷	余额	核对
月	日	种类	号数		亿千百十万千百十元角分		亿千百十万千百十元角分			亿千百十万千百十元角分	
12	1			期初余额					借	1 3 0 0 0 0	

表 4-1-21

总 分 类 账

第　　页

一级科目　银行存款

2011年		凭证		摘要	借方	核对	贷方	核对	借或贷	余额	核对
月	日	种类	号数		亿千百十万千百十元角分		亿千百十万千百十元角分			亿千百十万千百十元角分	
12	1			期初余额					借	1 0 0 0 3 5 0 0	

表 4-1-22　　　　　　　　　　　　　　　　　　　　　　第　页

总 分 类 账

一级科目　　应收账款

2011年 月	日	凭证 种类	号数	摘要	借方 亿千百十万千百十元角分	核对	贷方 亿千百十万千百十元角分	借或贷	余额 亿千百十万千百十元角分	核对
12	1			期初余额					5 3 0 0 0 0 0 0	

表 4-1-23　　　　　　　　　　　　　　　　　　　　　　第　页

总 分 类 账

一级科目　　原材料

2011年 月	日	凭证 种类	号数	摘要	借方 亿千百十万千百十元角分	核对	贷方 亿千百十万千百十元角分	借或贷	余额 亿千百十万千百十元角分	核对
12	1			期初余额				借	7 6 3 0 0 0 0 0	

表 4-1-24　　　　　　　　　　　　　　　　　　　　　　第　页

总 分 类 账

一级科目　　库存商品

2011年 月	日	凭证 种类	号数	摘要	借方 亿千百十万千百十元角分	核对	贷方 亿千百十万千百十元角分	借或贷	余额 亿千百十万千百十元角分	核对
12	1			期初余额				借	2 3 0 0 0 0 0 0	

表 4-1-25　　　　　　　　　　　　　　　　　　　　　　第　页

总 分 类 账

一级科目　　固定资产

2011年 月	日	凭证 种类	号数	摘要	借方 亿千百十万千百十元角分	核对	贷方 亿千百十万千百十元角分	借或贷	余额 亿千百十万千百十元角分	核对
12	1			期初余额				借	3 3 0 0 0 0 0 0 0	

表 4-1-26　　　　　　　　　　　　　　　　　　　　　　第　页

总 分 类 账

一级科目　　累计折旧

2011年 月	日	凭证 种类	号数	摘要	借方 亿千百十万千百十元角分	核对	贷方 亿千百十万千百十元角分	借或贷	余额 亿千百十万千百十元角分	核对
12	1			期初余额				贷	1 0 7 3 5 0 0	

表 4-1-27　　　　　　　　　　　　　　　　　　　第　页

总 分 类 账

一级科目　　应付账款

2011年		凭证		摘要	借方 亿千百十万千百十元角分	核对	贷方 亿千百十万千百十元角分	核对	借或贷	余额 亿千百十万千百十元角分	核对
月	日	种类	号数								
12	1			期初余额					贷	6 9 7 0 0 0 0 0	

表 4-1-28　　　　　　　　　　　　　　　　　　　第　页

总 分 类 账

一级科目　　应交税费

2011年		凭证		摘要	借方 亿千百十万千百十元角分	核对	贷方 亿千百十万千百十元角分	核对	借或贷	余额 亿千百十万千百十元角分	核对
月	日	种类	号数								
12	1			期初余额					贷	3 2 0 0 0 0	

表 4-1-29　　　　　　　　　　　　　　　　　　　第　页

总 分 类 账

一级科目　　实收资本

2011年		凭证		摘要	借方 亿千百十万千百十元角分	核对	贷方 亿千百十万千百十元角分	核对	借或贷	余额 亿千百十万千百十元角分	核对
月	日	种类	号数								
12	1			期初余额					贷	5 0 0 0 0 0 0 0	

5. 填写账户目录（见表4-1-30）

表4-1-30

总分类账　目录表

编号	科目	起讫页数	编号	科目	起讫页数
1001	库存现金	1—2	4103	本年利润	31—32
1002	银行存款	3—4	4104	利润分配	33—34
1122	应收账款	5—6	5001	生产成本	35—36
1221	其他应收款	7—8	5101	制造费用	37—38
1403	原材料	9—10	6001	主营业务收入	39—40
1405	库存商品	11—12	6051	其他业务收入	41—42
1601	固定资产	13—14	6301	营业外收入	43—44
1602	累计折旧	15—16	6401	主营业务成本	45—46
2001	短期借款	17—18	6402	其他业务成本	47—48
2202	应付账款	19—20	6403	营业税金及附加	49—50
2205	预收账款	21—22	6601	销售费用	51—52
2211	应付职工薪酬	23—24	6602	管理费用	53—54
2221	应交税费	25—26	6603	财务费用	55—56
2231	应付利息	27—28	6711	营业外支出	57—58
4001	实收资本	29—30	6801	所得税费用	59—60

任务提炼　会计账簿分类如图 4-1-2 所示。

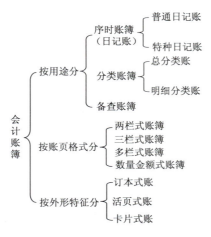

图 4-1-2　会计账簿的分类

任务延伸　登记完各账户期初余额后，试着进行期初余额试算平衡，保证建账的准确性。账簿建好后怎样进行登账，你会吗？

任务 2　登记会计账簿

提出任务　企业已经根据具体业务需要设置好了所需的账簿，登记了期初余额，但本月发生的经济业务，是不能直接通过会计凭证来了解，必须要登到账簿中去，然后加以汇总，结出余额。

描述任务　如何根据企业经济业务所填制的会计凭证登记各种账簿？如何选择总账登记的方法？总账和明细账的登记又有什么关系？登记时我们应该遵守什么样的规则？这些是我们登账过程中应该掌握的主要问题。

任务演练1

为企业登记现金日记账和银行存款日记账

资料　本项目任务 1 中西安同仁有限公司已建好的日记账（表 4-1-7 与表 4-1-8）和项目 3 任务 3 中已编制完成的记账凭证。

要求　1. 根据所涉及库存现金的收、付款凭证逐笔登记已建好的现金日记账（表 4-1-7），并结出余额。

2. 根据所涉及银行存款的收、付款凭证逐笔登记已建好的银行存款日记账（表 4-1-8），并结出余额。

做 中 学

将不同财会人员登记好的账簿进行比较，他们每个人登记的有没有相同之处？你能总结出几点相同之处？

相关知识

一、会计账簿的登记规则

（一）准确完整

登记会计账簿时，应当将会计凭证日期、编号、业务内容摘要、金额和其他有关资料逐项记入账内，做到数字准确、摘要清楚、登记及时、字迹工整。每一项会计事项，一方面要记入有关的总账，另一方面要记入该总账所属的明细账。

账簿记录中的日期，应该填写记账凭证上的日期；以自制原始凭证（如发料单、领料单等）作为记账依据的，账簿记录中的日期应按有关自制凭证上的日期填列。

（二）注明记账符号

会计账簿登记完毕后，要在记账凭证上签名或者盖章，并注明已经登账的符号（如注明"√"），表示已经记账完毕。

（三）书写留空

会计账簿中书写的文字和数字上面要留有适当的空格，不要写满格，一般应占格距的 1/2。

（四）正常记账使用蓝黑墨水或碳素墨水

登记会计账簿必须使用蓝黑墨水或碳素墨水书写，不得使用圆珠笔（银行的复写账簿除外）或者铅笔书写。

（五）特殊记账使用红色墨水

在下列情况下，可以用红色墨水记账：
1）按照红字冲账的记账凭证，冲销错误记录；
2）在不设借贷等栏的多栏式账页中，登记减少数；
3）在三栏式账户的余额栏前，如未印明余额方向的，在余额栏内登记负数余额；
4）根据国家统一的会计制度的规定可以用红字登记的其他会计记录。

（六）按账页顺序连续登记

各种会计账簿应按页次顺序连续登记，不得隔页、跳行。如发生隔页、跳行现象，应在空页、空行处划线注销，或者注明"此页空白"或"此行空白"字样，并由记账人员签名或盖章。

（七）结出余额

凡需要结出余额的账户，结出余额后，应当在"借或贷"栏内注明"借"或"贷"字样，以示余额的方向；对于没有余额的账户应在"借或贷"栏内写"平"字，并在"余额"

栏用"0"表示。现金日记账和银行存款日记账必须逐日结出余额。

（八）过次承前

每一账页登记完毕结转下页时，应当结出本页合计数及余额，写在本页最后一行和下页第一行相关栏内，并在摘要栏内注明"过次页"和"承前页"字样；也可以将本页合计数及金额只写在下页第一行相关栏内，并在摘要栏内注明"承前页"字样，以保持账簿记录的连续性，便于对账和结账。

需要结计本月发生额的账户，结计"过次页"的本页合计数应当为自本月初起至本页末止的发生额合计数；需要结计本年累计发生额的账户，结计"过次页"的本页合计数应当为自年初起至本页末止的累计数；既不需要结计本月发生额也不需要结计本年累计发生额的账户，可以只将每页末的余额结转次页。

二、日记账的格式和登记方法

日记账是按照经济业务发生或完成时间的先后顺序逐笔进行登记的账簿。会计核算中常用的日记账是特种日记账。

（一）现金日记账的格式和登记方法

1.现金日记账的格式

现金日记账是核算和监督库存现金每天的收入、支出和结存情况的账簿，其格式有三栏式和多栏式两种。无论采用三栏式还是多栏式现金日记账，都必须使用订本账。三栏式现金日记账格式见表4-2-1所示。

表 4-2-1

第　页

现 金 日 记 账

年		凭证		对方科目	摘 要	借方										贷方										余 额										核对
月	日	种类	号数			亿	千	百	十	万	千	百	十	元	角	分	亿	千	百	十	万	千	百	十	元	角	分	亿	千	百	十	万	千	百	十	元	角	分	

多栏式日记账在是在三栏式的基础上发展起来的。这种日记账的借方（收入）和贷方（支出）金额栏都按对方科目设置若干专栏，在月末结账时，可以结出各种收入来源专栏和支出用途专栏的合计数，便于对现金收支的合理性进行分析。实际工作中，一般常把收入业务和支出业务分设"现金收入日记账"和"现金支出日记账"，其格式见表4-2-2和表4-2-3所示。

表 4-2-2

库存现金收入日记账

年		凭证		摘要	收入（对方科目）													支出合计											结余											核对
月	日	种类	号数		银行存款	主营业务收入	……	收入合计																																
								亿	千	百	十	万	千	百	十	元	角	分	亿	千	百	十	万	千	百	十	元	角	分	亿	千	百	十	万	千	百	十	元	角	分	

表 4-2-3

库存现金支出日记账

年		凭证		摘要	支出（对方科目）															
月	日	种类	号数		银行存款	其他应收款	管理费用	制造费用	……	支出合计										
										亿	千	百	十	万	千	百	十	元	角	分

2. 现金日记账的登记方法

现金日记账由出纳人员根据与现金收付有关的记账凭证，按时间顺序逐日逐笔进行登记，并根据"上日余额＋本日收入－本日支出＝本日余额"的公式，逐日结出库存现金余额，与库存现金实存数核对，以检查每日库存现金收付是否有误。对于从银行提取现金的业务，由于规定只填制银行付款凭证，不填制现金收款凭证，所以从银行提取现金的收入数，应根据银行存款付款凭证登记。

现金日记账（三栏式日记账）具体登记方法如下：

1）日期栏。登记记账凭证的日期，应与库存现金实际收付日期一致。

2）凭证栏。登记入账的收付款凭证的种类和编号。

3）摘要栏。登记入账的经济业务的内容。文字要简练，并且能说明问题。

4）对方科目栏。登记库存现金收入的来源科目或支出的用途科目。其作用在于了解经济业务事项的来龙去脉。

5）收入（借方）、支出（贷方）栏。登记库存现金实际收付的金额。每日终了，应分别计算库存现金收入和付出的合计数、结出余额，同时将余额与出纳员的库存现金核对，即通常说的"日清"。如账款不符应查明原因，并记录备案。月终同样要计算现金收、付和结存的合计数，通常称为"月结"。

借、贷方分设的多栏式现金日记账的登记方法是：先根据有关现金收入业务的记账凭证登记现金收入日记账，根据有关库存现金支出业务的记账凭证登记现金支出日记账，每日营业终了，再将现金支出日记账结计的支出合计数转入现金收入日记账的"支出合计"栏中，并结出当日余额。

（二）银行存款日记账的格式和登记方法

银行存款日记账是用来核算和监督银行存款每日的收入、支出和结余情况的账簿。银行存款日记账应按企业在银行开立的账户和币种分别设置，每个银行账户设置一本日记账。银行存款日记账的格式和登记方法与现金日记账基本相同，不同点在于"银行存款日记账"多一项"支票"栏，必须将发生经济业务的现金支票和转账支票的号码进行准确填写。出纳人员应根据与银行存款收付业务有关的记账凭证，按时间顺序逐日逐笔进行登记。

 小提示

对于从银行提取现金的业务和将现金存入银行的业务，规定只填制付款凭证，不填制收款凭证，所以从银行提取现金的收入数应根据银行存款付款凭证登记。

三、登记日记账的示范操作

登记日记账的示范操作见表 4-2-4 和表 4-2-5 所示。

表 4-2-4

第 1 页

现金日记账

年 月	日	凭证 种类	号数	对方科目	摘要	借方	贷方	余额	核对
12	1				期初余额			1 300 00	
		银付	004	银行存款	提取备用金	5 000 00		6 300 00	
	23	现付	001	管理费用	管理部门购买办公用品		300 00	6 000 00	
	23	现付	001	制造费用	生产车间购买办公用品		200 00	5 800 00	
	24	现付	002	其他应收款	张山预借差费		3 000 00	2 800 00	
	25	现付	003	管理费用	支付下半年报刊费		420 00	2 380 00	
	31	现收	001	营业外收入	收取职工安武罚款	500 00		2 880 00	
					本月合计	5 500 00	3 920 00	2 880 00	

表 4-2-5（a）

第 1 页

银行存款日记账

开户行	
账 号	

2011 年 月	日	凭证 种类	号数	支票 类别	号数	摘 要	借方	贷方	余 额	核对
12	1					期初余额			100 035 00	
	1	银收	001			收到光华公司追加投资款	500 000 00		600 035 00	
	1	银收	002			取得短期借款	100 000 00		700 035 00	
	10	银付	001			购买固定资产		9 360 00	690 675 00	
	15	银付	002			购买原材料		195 975 00	494 700 00	
	19	银付	003			偿还红星公司前欠款		32 175 00	462 525 00	
	22	银付	004			提取备用金		5 000 00	457 525 00	
	23	银付	005			发放职工工资		79 000 00	378 525 00	
	24	银付	006			支付修理费		3 500 00	375 025 00	
	25	银付	007			支付本月电费		7 800 00	367 225 00	
						过次页	600 000 00	332 810 00	367 225 00	

表4-2-5（b）

银行存款日记账

第 2 页

开户行	
账　号	

2011年 月	日	凭证 种类	号数	支票 类别	号数	摘　要	借方 (亿千百十万千百十元角分)	贷方 (亿千百十万千百十元角分)	余额 (亿千百十万千百十元角分)	核对
12						承前页			3 6 7 2 2 5 0 0	
	27	银收	001			销售A产品	1 3 6 8 9 0 0 0		5 0 4 1 1 5 0 0	
	28	银收	002			销售剩余丙材料	6 3 1 8 0 0		5 1 0 4 3 3 0 0	
	28	银收	003			收到秦都公司前欠款	8 7 7 5 0 0		5 9 8 1 8 3 0 0	
	28	银收	004			预收前进公司购B产品款	3 0 0 0 0 0		6 2 8 1 8 3 0 0	
	28	银付	008			支付广告费		3 0 0 0 0 0	6 2 5 1 8 3 0 0	
	31	银付	009			向希望小学捐款		8 0 0 0 0 0	6 1 7 1 8 3 0 0	
						本月合计	8 6 0 9 5 8 0 0	3 4 3 8 1 0 0 0	6 1 7 1 8 3 0 0	

小提示

实际工作中，日记账由出纳员进行登记。

任务演练2

为企业登记总分类账和明细分类账

资料　项目3任务3中西安同仁有限公司已编制完成的记账凭证和本项目任务1中总分类账（表4-1-20～表4-1-29）及明细分类账（表4-1-9～表4-1-19）。

要求　根据记账凭证为西安同仁有限公司平行登记总账及所属明细账。

小提示

实际工作中，总账及所属明细账由会计进行登记。

相关知识

一、总分类账的格式与登记方法

（一）总分类账的格式

总分类账是按照总分类账户分类登记以提供总括会计信息的账簿。总分类账最常用的格式为三栏式，设置借方、贷方和余额三个基本金额栏目。

总分类账可以全面、系统、综合地反映企业所有的经济活动情况和财务收支情况，可以为编制会计报表提供所需要的资料。因此，每一企业都必须设置总分类账。总分类账必须采用订本式账簿。总账中的账页一般按总账科目（一级科目）开设总分类账户。

总分类账的账页格式有三栏式和多栏式两种。大多数总分类账一般采用借方、贷方、余额三栏式的订本账。实际工作中，可以根据需要，在总分类账的借贷两栏内，增设对方科目栏。多栏式总分类账是把所有的总账账户合设在一张账页上，这种格式的总分类账，兼有序时账和分类账的作用，实际上是序时与分类账相结合的联合账簿，即日记总账。三栏式总分类账格式见表4-2-6所示。

表4-2-6

第　页

总　分　类　账

一级科目

年		凭证		摘要	借方										核对	贷方										核对	借或贷	余额										核对
月	日	种类	号数		亿	千	百	十	万	千	百	十	元	角	分		亿	千	百	十	万	千	百	十	元	角	分			亿	千	百	十	万	千	百	十	元	角	分	

（二）总分类账的登记方法

总分类账登记的依据和方法，主要取决于所采用的账务处理程序。它可以直接根据记账凭证逐笔登记，也可以通过一定的汇总方式先把各种记账凭证汇总编制成科目汇总表或汇总记账凭证，再据以登记。月度终了，在全部经济业务登记入账后，结出各账户的本期发生额和期末余额，在与明细账余额核对相符后，作为编制会计报表的主要依据。

二、明细分类账的格式与登记方法

（一）明细分类账的格式

明细分类账是根据二级账户或明细账户开设账页，分类、连续地登记经济业务以提供明细核算资料的账簿。它所提供的有关经济活动的详细核算资料，是对总分类账所提供的总括核算资料的必要补充，也是编制会计报表的依据之一。各单位应根据实际需要，按照总账科目设置必要的明细分类账。明细分类账一般采用活页式账簿，也可以采用卡片式账簿。其格式有三栏式、多栏式、数量金额式和横线登记式等多种。

1. 三栏式明细分类账

三栏式明细分类账是设有借方、贷方和余额三个栏目，用以分类核算各项经济业务，以提供详细核算资料的账簿，其格式与三栏式总账格式相同，适用于只进行金额核算的资本、债权、债务明细账。如"应收账款"、"应付账款"等科目的明细分类核算。三栏式明细分类账的格式见表4-2-7所示。

2. 多栏式明细分类账

多栏式明细分类账是将属于同一个总账科目的各个明细科目合并在一张账页上进行登

表 4-2-7

明细分类账

总页号	分页号

一级 科 目

子目或户名

年		凭 证		摘　　要	借方										核对	贷方										借或贷	余　额										核对
月	日	种类	号数		亿	千	百	十	万	千	百	十	元	角	分		亿	千	百	十	万	千	百	十	元	角	分		亿	千	百	十	万	千	百	十	元	角	分	

记，适用于收入、成本、费用类科目的明细核算，例如"生产成本"、"管理费用"、"营业外收入"、"利润分配"等科目的明细分类核算。多栏式成本、费用明细分类账的格式见表 4-2-8 所示。多栏式收入明细分类账的格式见表 4-2-9 所示。

表 4-2-8

明细账

第　　页

连续第　　页

年		凭证		摘要	借方	贷方	借或贷	余额	（借方）余 额 分 析					
月	日	种类	号数		百十万千百十元角分	百十万千百十元角分		百十万千百十元角分	万千百十元角分	万千百十元角分	万千百十元角分	万千百十元角分	万千百十元角分	万千百十元角分

表 4-2-9

明细账

第　　页

年		凭证		摘要	借方	贷方	借或贷	余额	（贷方）余 额 分 析			
月	日	种类	号数		百十万千百十元角分	百十万千百十元角分		百十万千百十元角分	百十万千百十元角分	百十万千百十元角分	百十万千百十元角分	百十万千百十元角分

3. 数量金额式明细分类账

数量金额式明细分类账的借方（收入）、贷方（发出）和余额（结存）都分别设有数量、单价和金额三个专栏，适用于既要进行金额核算又要进行数量核算的存货明细账，如"原材料"、"库存商品"等科目的明细分类核算。数量金额式明细分类账的格式见表 4-2-10 所示。

表4-2-10

明细分类账

编号		规格			单位				品名																			
年		凭证		摘要	借方											贷方										借或贷	余额	核对
月	日	种类	号数		数量	单价	金额										数量	单价	金额									数量	单价	金额

数量金额式明细分类账提供了企业有关财产物资的数量和金额收、发、存的详细资料，能加强财产物资的实物管理和使用监督，可以保证这些财产物资的安全、完整。

（二）明细分类账的登记方法

不同类型经济业务的明细分类账，可根据管理需要，依据记账凭证、原始凭证或汇总原始凭证逐日逐笔或定期汇总登记。固定资产、债权、债务等明细账应逐日逐笔登记；库存商品、原材料、产成品收发明细账以及收入、费用明细账可以逐笔登记，也可定期汇总登记。

对于只设借方的多栏式明细账，平时在借方登记"制造费用"、"管理费用"、"主营业务成本"等账户的发生额，贷方登记月末将借方发生额一次转出的数额，所以平时如果发生贷方发生额，应该用红字在多栏式账页的借方栏中登记表示冲减。

明细分类账一般应于会计期末结算出当期发生额及期末余额。

三、总分类账户与明细分类账户的平行登记

总分类账户是所属明细分类账户的综合，对所属明细分类账户起统驭作用。明细分类账户是有关总分类账户的补充，对有关总分类账户起着详细说明的作用。总分类账户和明细分类账户，登记的原始凭证依据相同，核算内容相同，两者结合起来既总括又详细地反映同一事物。因此，总分类账户和明细分类账户必须平行登记。所谓平行登记是对所发生的每一笔经济业务，都要以相同的会计凭证为依据，一方面记入有关总分类账户，另一方面要记入该总分类账户所属的明细分类账户。

总分类账户与明细分类账户平行登记的要点如下：

1）同依据登记（依据相同）。即对发生的每一笔经济业务，都要根据相同的会计凭证一方面在相关的总分类账户中进行总括登记；另一方面要在该总分类账户所属的明细分类账户中进行详细登记（没有明细分类账户的除外）。

2）同方向登记（方向相同）。即将经济业务记入某一总分类账户及其所属的明细分类账户时，必须记在相同方向，即总分类账户记借方，其所属明细账户也记借方；相反，总分类账户记贷方，其所属明细账户也记贷方。

3）同期间登记（期间相同）。即对发生的每一笔经济业务，要在同一会计期间根据会计凭证一方面在有关的总分类账户中进行总括登记；另一方面记入该总分类账户所属的明细分类账户（没有明细分类账户的除外）。

4）同等额登记（金额相同）。即记入总分类账户的金额与记入其所属明细分类账户的金额之和必须相等。

例如，某单位向 A 单位销售商品 8 000 元，向 B 单位销售商品 5 000 元，款项尚未收到。有关总分类账和明细分类账的平行登记，如图 4-2-1 所示。

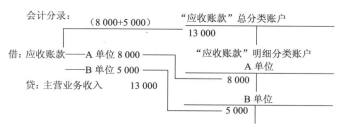

图 4-2-1　平行登记的示例图

小提示

总分类账户和所属明细分类账户平行登记所产生的数量关系可用下式表示：

总分类账户期初借方（或贷方）余额＝所属明细分类账户期初借方（或贷方）余额

总分类账户本期借方（或贷方）发生额＝所属明细分类账户本期借方（或贷方）发生额

总分类账户期末借方（或贷方）余额＝所属明细分类账户期末借方（或贷方）余额

四、总账与明细账平行登记的示范操作

总账与明细账平行登记的示范操作（见表 4-2-11～表 4-2-49）。

表 4-2-11

第 1 页

115

总 分 类 账

一级科目　应收账款

2011年		凭证		摘要	借方											核对	贷方											核对	借或贷	余额											核对
月	日	种类	号数		亿	千	百	十	万	千	百	十	元	角	分		亿	千	百	十	万	千	百	十	元	角	分			亿	千	百	十	万	千	百	十	元	角	分	
12	1			期初余额																									借				5	3	0	0	0	0	0	
12	27	转	004	应收秦都公司货款			1	0	5	3	0	0	0	0														借				1	5	8	3	0	0	0	0	
12	28	银收	005	收到秦都公司前欠货款																	8	7	7	5	0	0	0	借					7	0	5	5	0	0	0	
				本月合计			1	0	5	3	0	0	0	0								8	7	7	5	0	0	0	借					7	0	5	5	0	0	0	

表 4-2-12

总页号	分页号

应收账款 明细分类账

一级科目 .... 应收账款
子目或户名 .... 庆安公司

2011年 月	日	凭证 种类	号数	摘要	借方	核对	贷方	核对	借或贷	余额	核对
12	1			期初结余					借	5 3 0 0 0 0 0	

表 4-2-13

总页号	分页号

应收账款 明细分类账

一级科目 .... 应收账款
子目或户名 .... 秦都公司

2011年 月	日	凭证 种类	号数	摘要	借方	核对	贷方	核对	借或贷	余额	核对
12	27	转	004	应收秦都公司购B产品款	1 0 5 3 0 0 0 0				借	1 0 5 3 0 0 0 0	
	28	银收	005	收到秦都公司前欠货款			8 7 7 5 0 0 0 0		借	1 7 5 5 0 0 0	
				本月合计	1 0 5 3 0 0 0 0		8 7 7 5 0 0 0		借	1 7 5 5 0 0 0	

应收账款总分类账余额＝应收账款各明细账余额之和，应收账款总分类账户本期发生额＝应收账款各明细分类账户本期发生额之和，其平衡关系见表 4-2-14 所示。

表 4-2-14 平衡关系表

账户名称	月初余额		本期发生额		月末余额	
	借方	贷方	借方	贷方	借方	贷方
应收账款庆安公司明细账	53 000.00				53 000.00	
应收账款秦都公司明细账			105 300.00	87 750.00	17 550.00	
应收账款总账	53 000.00		105 300.00	87 750.00	70 550.00	

表 4-2-15

总 分 类 账

一级科目　　其他应收款

2011年		凭证		摘要	借方									核对	贷方									核对	借或贷	余额									核对
月	日	种类	号数		亿	千	百	十	万	千	百	十	元	角	分	亿	千	百	十	万	千	百	十	元	角	分		亿	千	百	十	万	千	百	十	元	角	分	
12	24	现付	002	张山预借差旅费					3	0	0	0	0	0													借					3	0	0	0	0	0	
				本月合计					3	0	0	0	0	0													借					3	0	0	0	0	0	

表 4-2-16

总页号	分页号

其他应收款　明细分类账

一级科目　　其他应收款
子目或户名　　张山

2011年		凭证		摘要	借方									核对	贷方									核对	借或贷	余额									核对
月	日	种类	号数		亿	千	百	十	万	千	百	十	元	角	分	亿	千	百	十	万	千	百	十	元	角	分		亿	千	百	十	万	千	百	十	元	角	分	
12	24	现付	002	张山预借差旅费					3	0	0	0	0	0													借					3	0	0	0	0	0	
				本月合计					3	0	0	0	0	0													借					3	0	0	0	0	0	

表 4-2-17

总 分 类 账

一级科目　　　原材料

2011年		凭证		摘要	借方									核对	贷方									核对	借或贷	余额									核对
月	日	种类	号数		亿	千	百	十	万	千	百	十	元	角	分	亿	千	百	十	万	千	百	十	元	角	分		亿	千	百	十	万	千	百	十	元	角	分	
12	1			期初余额																							借				7	6	3	0	0	0	0	0	
	15	银付	002	购进原材料				1	6	7	5	0	0	0	0												借			2	4	3	8	0	0	0	0	0	
	17	转	001	购进原材料					2	7	5	0	0	0	0												借			2	7	1	3	0	0	0	0	0	
	20	转	002	生产领用原材料																	8	4	0	0	0	0	0	借			1	8	7	3	0	0	0	0	0	
	31	转	009	销售剩余丙材料																		4	0	0	0	0	0	借			1	8	3	3	0	0	0	0	0	
				本月合计				1	9	5	0	0	0	0	0						8	8	0	0	0	0	0	借			1	8	3	3	0	0	0	0	0	

表 4-2-18

最高储量
最低储量

原材料 明细分类账

编号　　规格　　　　　单位 KG　　品名 甲材料

2011年 月	日	凭证 种类	号数	摘要	借方 数量	单价	借方 金额	核对	贷方 数量	单价	贷方 金额	核对	借或贷	余额 数量	单价	余额 金额	核对
12	1			期初余额									借	3735	15	56025.00	
	15	银付	002	购进原材料	8000	15	120000.00						借	11735	15	176025.00	
	17	银付	003	购进原材料	500	15	7500.00						借	12235	15	183525.00	
	20	转	002	生产领用					4600	15	69000.00		借	7635	15	114525.00	
				本月合计	8500	15	127500.00		4600	15	69000.00		借	7635	15	114525.00	

表 4-2-19

最高储量
最低储量

原材料 明细分类账

编号　　规格　　　　　单位 KG　　品名 乙材料

2011年 月	日	凭证 种类	号数	摘要	借方 数量	单价	借方 金额	核对	贷方 数量	单价	贷方 金额	核对	借或贷	余额 数量	单价	余额 金额	核对
12	1			期初余额									借	2027.50	10	20275.00	
	15	银付	002	购进原材料	2000	10	20000.00						借	4027.50	10	40275.00	
	17	银付	003	购进原材料	2000	10	20000.00						借	6027.50	10	60275.00	
	20	转	002	生产领用					1500	10	15000.00		借	4527.50	10	40275.00	
				本月合计	4000	10	40000.00		1500	10	15000.00		借	4527.50	10	40275.00	

表 4-2-20

最高储量
最低储量

原材料 明细分类账

编号　　规格　　　　　单位 KG　　品名 丙材料

2011年 月	日	凭证 种类	号数	摘要	借方 数量	单价	借方 金额	核对	贷方 数量	单价	贷方 金额	核对	借或贷	余额 数量	单价	余额 金额	核对
12	15			从红星公司购进	500	55	27500.00						借	500	55	27500.00	
	26	转	009	出售丙材料					72.727	55	4000.00		借	427.28	55	23500.00	
				本月合计	500	55	27500.00		72.727	55	4000.00		借	427.28	55	23500.00	

　　原材料总分类账余额＝原材料各明细账余额之和，原材料总分类账户本期发生额＝原材料各明细分类账户本期发生额之和，平衡关系见表 4-2-21 所示。

表 4-2-21

账户名称	月初余额 借方	月初余额 贷方	本期发生额 借方	本期发生额 贷方	月末余额 借方	月末余额 贷方
原材料甲明细账	56 025.00		127 500.00	69 000.00	114 525.00	
原材料乙明细账	20 275.00		40 000.00	15 000.00	45 275.00	
原材料丙明细账	0		27 500.00	4 000.00	23 500.00	
原材料总账	76 300.00		195 000.00	88 000.00	183 300.00	

表 4-2-22

第　页

总 分 类 账

一级科目　库存商品

2011年 月	日	凭证 种类	凭证 号数	摘要	借方	核对	贷方	核对	借或贷	余额	核对
12	1			期初余额					借	230 000.00	
12	31	转	007	完工产品入库	158 900.00				借	181 900.00	
		转	008	结转已售产品成本			143 010.00		借	38 890.00	
				本月合计	158 900.00		143 010.00		借	38 890.00	

表 4-2-23

库存商品 明细分类账

总第　页　　分第　页

编号　　规格　　单位 件　　品名 A产品

2011年 月	日	凭证 种类	凭证 号数	摘要	借方 数量	借方 单价	借方 金额	贷方 数量	贷方 单价	贷方 金额	借或贷	余额 数量	余额 单价	余额 金额	核对
12	1			期初余额							借	160.0	94	15 040.00	
	31	转	007	完工产成品入库	1000	93.275	93 275.00				借	1160.00	93.38	108 315.00	
	31	转	008	销售产品结转成本				900		83 948.00	借	260.00	93.72	24 367.00	
				本月合计	1000	93.275	93 275.00	900		83 948.00	借	260.00	93.72	24 367.00	

表 4-2-24

库存商品 明细分类账

总第　页　　分第　页

编号　　规格　　单位　　品名 B产品

2011年 月	日	凭证 种类	凭证 号数	摘要	借方 数量	借方 单价	借方 金额	贷方 数量	贷方 单价	贷方 金额	借或贷	余额 数量	余额 单价	余额 金额	核对
12	1			期初余额							借	240.0	33.17	7 960.00	
	31	转	007	完工产成品入库	2000	32.8125	65 625.00				借	2240.0	32.85	73 585.00	
	31	转	008	销售产品结转成本				1800		59 062.00	借	440.0	33.00	14 523.00	
				本月合计	2000	32.8125	65 625.00	1800		59 062.00	借	440.0	33.00	14 523.00	

库存商品总分类账余额＝库存商品各明细账余额之和，库存商品总分类账户本期发生额＝库存商品各明细分类账户本期发生额之和，平衡关系见表 4-2-25 所示。

表 4-2-25

账户名称	月初余额		本期发生额		月末余额	
	借方	贷方	借方	贷方	借方	贷方
库存商品 A 明细账	15 040.00		93 275.00	83 948.00	24 367.00	
库存商品 B 明细账	7 960.00		65 625.00	59 062.00	14 523.00	
库存商品总账	23 000.00		158 900.00	143 010.00	38 890.00	

表 4-2-26

第 页

总 分 类 账

一级科目 ....应付账款........

2011 年		凭证		摘要	借方										核对	贷方										核对	借或贷	余额										核对
月	日	种类	号数		亿	千	百	十	万	千	百	十	元	角	分		亿	千	百	十	万	千	百	十	元	角	分			亿	千	百	十	万	千	百	十	元	角	分	
12	1			期初余额																									贷			6	9	7	0	0	0	0	0	
	17	转	001	应付红星公司货款																		3	2	1	7	5	0	0	贷		1	0	1	8	7	5	0	0	
	19	银付	003	支付前欠红星公司货款				3	2	1	7	5	0	0														贷			6	9	7	0	0	0	0	0	
				本月合计				3	2	1	7	5	0	0								3	2	1	7	5	0	0	贷			6	9	7	0	0	0	0	0	

表 4-2-27

总页号	分页号

应付账款 明细分类账

一级科目 ....应付账款........
子目或户名 ....红星公司........

2011 年		凭证		摘要	借方										核对	贷方										核对	借或贷	余额										核对
月	日	种类	号数		亿	千	百	十	万	千	百	十	元	角	分		亿	千	百	十	万	千	百	十	元	角	分			亿	千	百	十	万	千	百	十	元	角	分	
12	1			期初结余																								贷				5	4	3	0	0	0	0	0	
	17	转	001	购进原材料应付款																		3	2	1	7	5	0	0	贷			8	6	4	7	5	0	0	
	19	银付	003	支付前欠原材料款				3	2	1	7	5	0	0														贷				5	4	3	0	0	0	0	0	
				本月合计				3	2	1	7	5	0	0								3	2	1	7	5	0	0	贷				5	4	3	0	0	0	0	0	

表 4-2-28

总页号	分页号

应付账款 明细分类账

一级科目 ....应付账款........
子目或户名 ....华兴公司........

2011 年		凭证		摘要	借方										核对	贷方										核对	借或贷	余额										核对
月	日	种类	号数		亿	千	百	十	万	千	百	十	元	角	分		亿	千	百	十	万	千	百	十	元	角	分			亿	千	百	十	万	千	百	十	元	角	分	
12	1			期初结余																								贷				1	5	4	0	0	0	0	0	

应付账款总分类账余额＝应付账款各明细账余额之和，应付账款总分类账户本期发生额＝应付账款各明细分类账户本期发生额之和，平衡关系见表 4-2-29 所示。

表 4-2-29

账户名称	月初余额		本期发生额		月末余额	
	借方	贷方	借方	贷方	借方	贷方
应付账款红星公司明细账		54 300.00	32 175.00	32 175.00		54 300.00
应付账款华兴公司明细账		15 400.00				15 400.00
应付账款总账		69 700.00	32 175.00	32 175.00		69 700.00

表 4-2-30

总 分 类 账

第 页

一级科目 应交税费

2011 年		凭证		摘 要	借方											核对	贷方											核对	借或贷	余 额											核对
月	日	种类	号数		亿	千	百	十	万	千	百	十	元	角	分		亿	千	百	十	万	千	百	十	元	角	分			亿	千	百	十	万	千	百	十	元	角	分	
12	1			期初余额																									贷				3	2	0	0	0	0		
	10	银付	001	购固定资产应交增值税				1	3	6	0	0	0																借				1	8	4	0	0	0		
	15	银付	002	购原材料应交增值税			2	8	4	7	5	0	0																借			2	6	6	3	5	0	0		
	17	转	001	购原材料应交增值税				4	6	7	5	0	0																借			3	1	3	1	0	0	0		
	27	银收	003	销售产品应交增值税																1	9	8	9	0	0	0			借				1	1	4	2	0	0	0		
	27	转	004	销售产品应交增值税																1	5	3	0	0	0	0			贷				3	8	8	0	0	0		
	28	银收	004	销售剩余丙材料应交增值税																		9	1	8	0	0			贷				4	7	9	8	0	0		
	31	转	010	计提当月应交城建税																		1	1	1	8	6			贷				4	9	0	9	8	6		
	31	转	010	计提当月应交教育费附加																			4	7	9	4			贷				4	9	5	7	8	0		
	31	转	014	计提本年应交所得税																	6	6	1	6	9	3			借			1	1	5	7	4	7	3		
				本月合计			3	4	5	1	0	0	0							4	2	8	8	4	7	3			贷			1	1	5	7	4	7	3		

表 4-2-31

总页号	分页号

应交税费 明细分类账

一级科目 应交税费
子目或户名 城建税

2011 年		凭证		摘 要	借方											核对	贷方											核对	借或贷	余 额											核对
月	日	种类	号数		亿	千	百	十	万	千	百	十	元	角	分		亿	千	百	十	万	千	百	十	元	角	分			亿	千	百	十	万	千	百	十	元	角	分	
12	1			期初结余																									贷						2	0	3	6	4		
	31	转	010	计提当月应交城建税																			1	1	1	8	6		贷					3	1	5	5	0		
				本月合计																			1	1	1	8	6		贷					3	1	5	5	0		

表 4-2-32

应交税费　明细分类账

总页号	分页号

一级科目　应交税费
子目或户名　教育费附加

2011年 月	日	凭证 种类	号数	摘要	借方	核对	贷方	核对	借或贷	余额	核对
12	1			期初结余					贷	8727	
	31	转	010	计提当月应交教育费附加			4794		贷	13521	
				本月合计			4794		贷	13521	

表 4-2-33

应交税费（应交增值税）明细账

第　页

2011年 月	日	凭证 种类	号数	摘要	借方 合计	借方 进项税额	借方 已交税额	贷方 合计	贷方 销项税额	贷方 进项税额转出	借或贷	余额	核对
12	1			期初余额							贷	290909	
12	10	银付	001	购买固定资产应交增值税	1360000	1360000					贷	1549909	
	15	银付	002	购买原材料应交增值税	2847500	2847500					借	2692591	
	17	转	001	购买原材料应交增值税	467500	467500					借	3160091	
	27	银收	003	销售A产品应交增值税				1989000	1989000		贷	1171091	
	27	转	004	销售B产品应交增值税				1530000	1530000		贷	358909	
	28	银收	004	销售丙材料应交增值税				91800	91800		贷	450709	
				本月合计	3451000			3610800			贷	450709	

表 4-2-34

应交税费　明细分类账

总页号	分页号

一级科目　应交税费
子目或户名　所得税

2011年 月	日	凭证 种类	号数	摘要	借方	核对	贷方	核对	借或贷	余额	核对
12	31	转	014	计提应交所得税			661693		贷	661693	
				本月合计			661693		贷	661693	

应交税费总分类账余额＝应交税费各明细账余额之和，应交税费总分类账户本期发生额＝应交税费各明细分类账户本期发生额之和，平衡关系如表 4-2-35 所示。

表 4-2-35

账户名称	月初余额		本期发生额		月末余额	
	借方	贷方	借方	贷方	借方	贷方
应交增值税明细账		2 909.09	34 510.00	36 108.00		4 507.09
应交城建税明细账		203.64		111.86		315.5
应交教育费附加明细账		87.27		47.94		135.21
应交所得税明细账				6616.93		6 616.93
应交税费总账		3 200.00	34 510.00	42 884.73		11 574.73

表 4-2-36

总　分　类　账　　　　　　　　　　　第　　页

一级科目　　实收资本

2011年		凭证		摘要	借方	核对	贷方	核对	借或贷	余额	核对
月	日	种类	号数		亿千百十万千百十元角分		亿千百十万千百十元角分			亿千百十万千百十元角分	
12	1			期初余额					贷	5 0 0 0 0 0 0 0 0	
	1	银收	001	收到光华公司追加投资款			5 0 0 0 0 0 0 0 0		贷	1 0 0 0 0 0 0 0 0 0	
				本月合计			5 0 0 0 0 0 0 0 0		贷	1 0 0 0 0 0 0 0 0 0	

表 4-2-37

总页号	分页号

实收资本　明细分类账

一级科目　实收资本

子目或户名　光华公司

2011年		凭证		摘要	借方	核对	贷方	核对	借或贷	余额	核对
月	日	种类	号数		亿千百十万千百十元角分		亿千百十万千百十元角分			亿千百十万千百十元角分	
12	1			期初结余					贷	5 0 0 0 0 0 0 0 0	
	1	银收	001	光华公司追加投资款			5 0 0 0 0 0 0 0 0		贷	1 0 0 0 0 0 0 0 0 0	
				本月合计			5 0 0 0 0 0 0 0 0		贷	1 0 0 0 0 0 0 0 0 0	

表 4-2-38

总 分 类 账

第　页

一级科目　生产成本

2011年		凭证		摘要	借方											核对	贷方											核对	借或贷	余额											核对
月	日	种类	号数		亿	千	百	十	万	千	百	十	元	角	分		亿	千	百	十	万	千	百	十	元	角	分			亿	千	百	十	万	千	百	十	元	角	分	
12	20	转	002	生产领用原材料				7	2	5	0	0	0	0	0														借				7	2	5	0	0	0	0	0	
	21	转	003	分配工资				4	8	0	0	0	0	0	0														借			1	2	0	5	0	0	0	0	0	
	31	转	006	分配制造费用				3	8	4	0	0	0	0	0														借			1	5	8	9	0	0	0	0	0	
	31	转	007	结转完工产品成本																1	5	8	9	0	0	0	0	0		平										0		
				本月合计				1	5	8	9	0	0	0	0	0				1	5	8	9	0	0	0	0	0		平										0		

表 4-2-39

总页号 □　　分页号 □

生产成本　　明细分类账

一级科目　生产成本
子目或户名　A产品

2011年		凭证		摘要	借方											核对	贷方											核对	借或贷	余额											核对
月	日	种类	号数		亿	千	百	十	万	千	百	十	元	角	分		亿	千	百	十	万	千	百	十	元	角	分			亿	千	百	十	万	千	百	十	元	角	分	
12	20	转	002	领用原材料						5	1	8	7	5	0	0													借					5	1	8	7	5	0	0	
	21	转	003	计提工资						2	3	0	0	0	0	0													借					7	4	8	7	5	0	0	
	31	转	006	分配制造费用						1	8	4	0	0	0	0													借					9	3	2	7	5	0	0	
	31	转	007	结转完工产品成本																		9	3	2	7	5	0	0		平										θ		
				本月合计						9	3	2	7	5	0	0						9	3	2	7	5	0	0		平										θ		

表 4-2-40

总页号 □　　分页号 □

生产成本　　明细分类账

一级科目　生产成本
子目或户名　B产品

2011年		凭证		摘要	借方											核对	贷方											核对	借或贷	余额											核对
月	日	种类	号数		亿	千	百	十	万	千	百	十	元	角	分		亿	千	百	十	万	千	百	十	元	角	分			亿	千	百	十	万	千	百	十	元	角	分	
12	20	转	002	领用原材料						2	0	6	2	5	0	0													借					2	0	6	2	5	0		
	21	转	003	计提工资						2	5	0	0	0	0	0													借					4	5	6	2	5	0		
	31	转	006	分配制造费用						2	0	0	0	0	0	0													借					6	5	6	2	5	0		
	31	转	007	结转完工产品成本																		6	5	6	2	5	0	0		平										θ		
				本月合计						6	5	6	2	5	0	0						6	5	6	2	5	0	0		平										θ		

生产成本总分类账余额＝生产成本各明细账余额之和，生产成本总分类账户本期发生额＝生产成本各明细分类账户本期发生额之和，平衡关系如表4-2-41所示。

表4-2-41

账户名称	月初余额		本期发生额		月末余额	
	借方	贷方	借方	贷方	借方	贷方
A产品生产成本明细账	0.00	0.00	93 275.00	93 275.00	0.00	0.00
B产品生产成本明细账	0.00	0.00	65 625.00	65 625.00	0.00	0.00
生产成本总账	0.00	0.00	158 900.00	158 900.00	0.00	0.00

表4-2-42

第　页

8　　　　　　　　总　分　类　账

一级科目　制造费用

2011年 月	日	凭证 种类	号数	摘要	借方	核对	贷方	核对	借或贷	余额	核对
12	20	转	002	生产车间领用原材料	7 000.00				借	7 000.00	
	21	转	003	分配工资	13 000.00				借	20 000.00	
	23	现付	001	车间领用办公品	200.00				借	20 200.00	
	24	银付	006	支付生产车间修理费	2 000.00				借	22 200.00	
	25	银付	007	生产车间分配电费	6 500.00				借	28 700.00	
	31	转	005	计提车间折旧	9 700.00				借	38 400.00	
	31	转	006	结转费用			38 400.00		平	0	
				本月合计	38 400.00		38 400.00		平		

表4-2-43

制造费用　明细分类账

第　页
连续第　页

2011年 月	日	凭证 种类	号数	摘要	借方	贷方	借或贷	余额	工资	物料消耗	修理费	折旧费	办公费	电费
12	20	转	002	生产车间领用原材料	7 000.00		借	7 000.00		7 000.00				
	21	转	003	分配工资	13 000.00		借	20 000.00	13 000.00					
	23	现付	001	购办公品	200.00		借	20 200.00					200.00	
	24	银付	006	支付修理费	2 000.00		借	22 200.00			2 000.00			
	25	银付	007	支付电费	6 500.00		借	28 700.00						6 500.00
	31	转	005	计提折旧	9 700.00		借	38 400.00				9 700.00		
	31	转	006	分配制造费用		38 400.00			13 000.00	7 000.00	2 000.00	9 700.00	200.00	6 500.00
				本月合计	38 400.00	38 400.00	平							

制造费用总分类账余额＝制造费用各明细账户余额之和，制造费用总分类账户本期发生额＝制造费用各明细分类账户本期发生额之和，平衡关系如表4-2-44所示。

表4-2-44

账户名称	月初余额		本期发生额		月末余额	
	借方	贷方	借方	贷方	借方	贷方
制造费用工资明细账	0.00	0.00	13 000.00	13 000.00	0.00	0.00
制造费用物料消耗明细账	0.00	0.00	7 000.00	7 000.00	0.00	0.00
制造费用修理费明细账	0.00	0.00	2 000.00	2 000.00	0.00	0.00
制造费用折旧费明细账	0.00	0.00	9 700.00	9 700.00	0.00	0.00
制造费用办公费明细账	0.00	0.00	200.00	200.00	0.00	0.00
制造费用电费明细账	0.00	0.00	6 500.00	6 500.00	0.00	0.00
制造费用总分类账	0.00	0.00	38 400.00	38 400.00	0.00	0.00

表4-2-45

第　页

总 分 类 账

一级科目　销售费用

2011年		凭证		摘要	借方	核对	贷方	借或贷	余额	核对
月	日	种类	号数		亿千百十万千百十元角分		亿千百十万千百十元角分	借或贷	亿千百十万千百十元角分	
12	28	银付	008	支付广告费	3 0 0 0 0 0			借	3 0 0 0 0 0	
	31	转	013	结转销售费用			3 0 0 0 0 0	平	θ	
				本月合计	3 0 0 0 0 0		3 0 0 0 0 0	平	θ	

表4-2-46

销售费用 明细分类表

第　页
连续第　页

2011年		凭证		摘要	借方	贷方	借或贷	余额	余额分析		
月	日	种类	号数		百十万千百十元角分	百十万千百十元角分	借或贷	百十万千百十元角分	工资 百十万千百十元角分	广告费 百十万千百十元角分	修理费 百十万千百十元角分
12	28	银付	008	支付广告费	3 0 0 0 0 0		借	3 0 0 0 0 0		3 0 0 0 0 0	
	31	转	013	结转销售费用		3 0 0 0 0 0	平	θ		3 0 0 0 0 0	
				本月合计	3 0 0 0 0 0	3 0 0 0 0 0	平	θ			

表 4-2-47

总 分 类 账

第 页

一级科目　　管理费用

2011年		凭证		摘 要	借 方										核对	贷 方										核对	借或贷	余 额										核对
月	日	种类	号数		亿	千	百	十	万	千	百	十	元	角	分		亿	千	百	十	万	千	百	十	元	角	分			亿	千	百	十	万	千	百	十	元	角	分	
12	31			本月汇总表				2	7	8	2	0	0	0	0					2	7	8	2	0	0	0	0	平										θ			
				本月合计				2	7	8	2	0	0	0	0					2	7	8	2	0	0	0	0	平										θ			

表 4-2-48

管理费用　明细分类表

第 页

连续第 页

2011年		凭证		摘 要	借 方	贷 方	借或贷	余 额	余 额 分 析						
月	日	种类	号数						办公费	水电费	报刊费	修理费	折旧费	职工薪酬	物料消耗
12	20	转	002	行政部门领用	4500 00		借	4500 00							4500 00
	21	转	003	计提行政部门工资	18000 00		借	22500 00						18000 00	
	23	现付	001	厂部领用办公用品	300 00		借	22800 00	300 00						
	24	银付	006	支付厂部修理费	1500 00		借	24300 00				1500 00			
	25	银付	007	支付管理部门电费	1300 00		借	25600 00		1300 00					
	25	现付	003	支付报刊费	420 00		借	26020 00			420 00				
	31	转	006	计提管理部门办公折旧	1800 00		借	27820 00					1800 00		
	31	转	013	管理费用转入本年利润		27820 00		θ	300 00	1300 00	420 00	1500 00	1800 00	18000 00	4500 00
				本月合计	27820 00	27820 00	平	θ							

管理费用总分类账余额＝管理费用各明细账户余额之和，管理费用总分类账户本期发生额＝管理费用各明细分类账户本期发生额之和，平衡关系见表 4-2-49 所示。

表 4-2-49

账户名称	月初余额		本期发生额		月末余额	
	借方	贷方	借方	贷方	借方	贷方
管理费用办公费明细账	0.00	0.00	300.00	300.00	0.00	0.00
管理费用水电费明细账	0.00	0.00	1 300.00	1 300.00	0.00	0.00
管理费用报刊费明细账	0.00	0.00	420.00	420.00	0.00	0.00
管理费用修理费明细账	0.00	0.00	1 500.00	1 500.00	0.00	0.00
管理费用折旧费明细账	0.00	0.00	1 800.00	1 800.00	0.00	0.00
管理费用职工薪酬明细账	0.00	0.00	18 000.00	18 000.00	0.00	0.00
管理费用物料消耗明细账	0.00	0.00	4 500.00	4 500.00	0.00	0.00
管理费用总账	0.00	0.00	27 820.00	27 820.00	0.00	0.00

任务提炼　登记会计账簿的基本要求见表4-2-50所示。

登记账簿的基本要求	1. 必须根据审核无误的会计凭证，及时地登记各类账簿，以保证账簿记录的正确性	
	2. 登记账簿时，应当将会计凭证日期、编号、业务内容摘要、金额和其他有关资料逐项记入账内，做到数字准确、摘要简明清楚、字迹工整	
	3. 登记完毕，应在记账凭证"记账"栏注明账簿页码或做出"√"符号，表示已记账，以免重记、漏记，也便于查阅、核对，并在记账凭证中"记账"处签名或盖章，以明确经济责任	
	4. 登记账簿时，凡印有余额栏并需结出余额的账户，应在结出余额后，在"借或贷"栏内注明余额的借贷方向。若余额为零，则应在"借或贷"栏注明"平"，并在余额栏用"θ"表示	
	5. 各种账簿应按账户页次逐页逐行连续登记，不得跳行、隔页。如果不慎发生跳行、隔页，应在账簿中将空行和空页注销	当出现空行时，应在该行摘要栏填入"此行空白"，然后用红笔划一条通栏红线，最后，由记账人员在该行签名或盖章
		当出现空页时，应在该页注明"此页空白"，然后用红笔在该页左上角至右下角划一条对角斜线，最后由记账人员在该页签名或盖章
	6. 登记账簿时，在每一页的第一行"月份栏"要注明当前月份，以后本页再登记时，只要不跨月度，日期栏只需填入具体日期，月份可以不填。当跨月度时，在新月度的起始行日期栏中填入新月份	
	7. 当一张账页记满，需要在下页继续登记时，应在本页的最末一行摘要栏注明"过次页"，结计出本页借、贷方发生额填入借方、贷方栏。在下一页的第一行摘要栏注明"承前页"，将前页结计出借方、贷方发生额以及余额，记入相应栏目	

任务延伸　试根据科目汇总表平行登记总分类账及所属明细账。

任务3　期末对账

提出任务　会计账簿登记完成后，为了确保登记资料的准确性，我们应该怎么办？

描述任务　账簿登记完成后，为了确保会计资料的完整、准确，必须进行对账。如何进行对账？对账都包括哪些内容？

任务演练

为企业对账

资料　项目3任务3中西安同仁有限公司已编制完成的记账凭证和本项目任务2中已登记完成的会计账簿。

要求　1. 将账证进行核对。

2. 将账账进行核对。

3. 根据总账编制"试算平衡表"。

4. 将账实进行核对。

小提示

实际工作中，总分类账户间的核对采用"试算平衡表"来完成。

相关知识

为了保证账簿所提供的会计资料正确、真实、完整，会计人员在登记账簿时，一定要有高度的责任心，记完账后，还应定期做好对账工作，做到账证相符、账账相符、账实相符。

一、账证核对

账证核对是指核对会计账簿记录与原始凭证、记账凭证的时间、凭证字号、内容、金额是否一致，记账方向是否相符。账簿是根据经过审核之后的会计凭证登记的，但实际工作中仍然可能发生账证不符的情况。因此，记完账后，要将账簿记录与会计凭证进行核对，做到账证相符。

二、账账核对

账账核对是指核对不同会计账簿之间的账簿记录是否相符。各个会计账簿是一个有机整体，既有分工，又有衔接，总的目的就是为了全面、系统、综合地反映企事业单位的经济活动与财务收支情况。各种账簿之间的这种衔接依存关系就是常说的勾稽关系。由于这种关系的存在，就可以通过账簿之间的相互核对发现记账工作是否有误。一旦发现错误，应立即更正，做到账账相符。

账簿之间的核对主要包括以下内容：

（一）总分类账簿有关账户的余额核对

通过"资产＝负债＋所有者权益"这一会计等式和"有借必有贷、借贷必相等"的记账规则，总分类账簿各账户的期初余额、本期发生额和期末余额之间存在对应的平衡关系，各账户的期末借方余额合计和贷方余额合计之间也存在平衡关系。通过这种等式和平衡关系，可以检查总账记录是否正确、完整。

（二）总分类账簿与所属明细分类账簿核对

总分类账的借、贷方本期发生额和期末余额与所属明细分类账的借、贷方本期发生额和期末余额之和应核对相符。

（三）总分类账簿与序时账簿核对

应检查库存现金总账和银行存款总账的期末余额与现金日记账和银行存款日记账的期末余额是否相符。

（四）明细分类账簿之间的核对

会计部门财产物资明细分类账期末余额与财产物资保管和使用部门的有关财产物资明细分类账期末余额应核对相符。例如，会计部门有关库存商品的明细账与保管部门库存商品的明细账定期核对，以检查其余额是否相符。

三、账实核对

账实核对是指各项财产物资、债权债务等账面余额与实有数额之间的核对。造成账实不符的原因是多方面的，如财产物资保管过程中发生的自然损耗；财产收发过程中由于计量或检验不准，造成多收或少收的差错；由于管理不善、制度不严造成的财产损坏、丢失、被盗；在账簿记录中发生的重记、漏记、错记；由于有关凭证未到，形成未达账项，造成结算双方账实不符；以及发生意外灾害等。因此需要通过定期的财产清查来弥补漏洞，保证会计信息真实可靠，提高企业管理水平。

账实核对的内容主要如下：

（一）现金日记账账面余额与库存现金数额是否相符

现金日记账账面余额应与现金实际库存数逐日核对相符。不准以借条抵充库存现金或挪用库存现金，做到日清月结。

（二）银行存款日记账账面余额与银行对账单的余额是否相符

银行存款日记账与银行对账单一般至少一个月核对一次。

（三）各项财产物资明细账账面余额与财产物资的实有数额是否相符

各项财产物资（原材料、库存商品等存货及固定资产等）明细账账面余额与财产物资的实有数定期核对相符。

（四）有关债权债务明细账账面余额与对方单位的账面记录是否相符

各种应收、应付明细账的期末余额应与债务、债权单位的账目核对相符；与上下级单位、财政和税务部门的拨缴款项也应定期核对无误。

四、期末对账的操作展示

（一）账证核对

会计账簿记录与原始凭证、记账凭证的时间、凭证字号、内容、金额一致，记账方向相同。

（二）账账核对

1.总分类账簿余额的核对

通过编制试算平衡表见表4-3-1来确认总账记录的正确完整。

2.总分类账簿与所属明细分类账簿的核对

通过编制总分类账与明细分类账发生额及余额对照表，见表4-3-2来核对总分类账簿与其所属各明细分类账簿之间的相符。

表4-3-1　2010年12月试算平衡表

编制单位：西安同仁有限公司　　　　　　　　2011年12月31日　　　　　　　　单位：元

会计分录	期初余额（2011年11月末）		本期发生额（2011年12月）		期末余额（2011年12月末）	
	借方	贷方	借方	贷方	借方	贷方
库存现金	1 300.00		5 500.00	3 920.00	2 880.00	
银行存款	100 035.00		860 958.00	343 810.00	617 183.00	
应收账款	53 000.00		105 300.00	87 750.00	70 550.00	
其他应收款			3 000.00		3 000.00	
原材料	76 300.00		195 000.00	88 000.00	183 300.00	
库存商品	23 000.00		158 900.00	143 010.00	38 890.00	
生产成本			158 900.00	158 900.00	0.00	
制造费用			38 400.00	38 400.00	0.00	0.00
固定资产	330 000.00		8 000.00		338 000.00	
累计折旧		10 735.00		11 500.00		22 235.00
短期借款				100 000.00		100 000.00
应付账款		69 700.00	32 175.00	32 175.00		69 700.00
预收账款				30 000.00		30 000.00
应付职工薪酬			79 000.00	79 000.00		0.00
应交税费		3 200.00	34 510.00	42 884.73		11 574.73
应付利息				442.50		442.50
实收资本		500 000.00		500 000.00		1 000 000.00
本年利润			212 900.00	212 900.00		0.00
利润分配				19 850.77		19 850.77
主营业务收入			207 000.00	207 000.00		0.00
其他业务收入			5 400.00	5 400.00		0.00
营业外收入			500.00	500.00		0.00
主营业务成本			143 010.00	143 010.00		0.00
其他业务成本			4 000.00	4 000.00		0.00
营业税金及附加			159.80	159.80		0.00
销售费用			3 000.00	3 000.00		0.00
管理费用			27 820.00	27 820.00		0.00
财务费用			442.50	442.50		0.00
营业外支出			8 000.00	8 000.00		0.00
所得税费用			6 616.93	6 616.93		0.00
合计	583 635.00	583 635.00	2 298 492.23	2 298 492.23	1 253 803.00	1 253 803.00
试算平衡	0.00		0.00		0.00	

表 4-3-2 　总分类账与明细分类账的发生额与余额对照表

总分类账与明细分类账的发生额与余额对照表

账户名称	月初余额		本期发生额		月末余额	
	借方	贷方	借方	贷方	借方	贷方
应收账款秦都公司			105 300.00	87 750.00	17 550.00	
应收账款总账	53 000.00		105 300.00	87 750.00	70 550.00	
原材料甲	56 025.00		127 500.00	69 000.00	114 525.00	
原材料乙	20 275.00		40 000.00	15 000.00	45 275.00	
原材料丙	0.00		27 500.00	4 000.00	23 500.00	
原材料总账	76 300.00		195 000.00	88 000.00	183 300.00	
库存商品 A	15 040.00		93 275.00	83 948.00	24 367.00	
库存商品 B	7 960.00		65 625.00	59 062.00	14 523.00	
库存商品总账	23 000.00		158 900.00	143 010.00	38 890.00	
A 产品生产成本			93 275.00	93 275.00	0.00	
B 产品生产成本			65 625.00	65 625.00	0.00	
生产成本总账	0.00		158 900.00	158 900.00	0.00	
应付账款红星公司明细		54 300.00	32 175.00	32 175.00		54 300.00
应付账款华兴公司明细		15 400.00				15 400.00
应付账款总账		69 700.00	32 175.00	32 175.00		69 700.00
应交增值税		2 909.09	34 510.00	36 108.00		4 507.09
应交城建税		203.64		111.86		315.50
应交教育费附加		87.27		47.94		135.21
应交所得税				6 616.93		6 616.93
应交税费总账		3 200.00	34 510.00	42 884.73		11 574.73
制造费用工资明细账	0.00	0.00	13 000.00	13 000.00	0.00	0.00
制造费用物料消耗明细账	0.00	0.00	7 000.00	7 000.00	0.00	0.00
制造费用修理费明细账	0.00	0.00	2000.00	2000.00	0.00	0.00
制造费用折旧费明细账	0.00	0.00	9 700.00	9 700.00	0.00	0.00
制造费用办公费明细账	0.00	0.00	200.00	200.00	0.00	0.00
制造费用电费明细账	0.00	0.00	6 500.00	6 500.00	0.00	0.00
制造费用总账	0.00	0.00	38 400.00	38 400.00	0.00	0.00
管理费用办公费			300.00	300.00		
管理费用水电费			1 300.00	1 300.00		
管理费用报刊费			420.00	420.00		
管理费用修理费			1 500.00	1 500.00		
管理费用折旧费			1 800.00	1 800.00		
管理费用职工薪酬			18 000.00	18 000.00		
管理费用物料消耗			4 500.00	4 500.00		
管理费用总账	0.00		27 820.00	27 820.00		0.00

3.总分类账簿与序时账簿的核对

通过总分类账簿中"库存现金"、"银行存款"账户与"现金日记账"、"银行存款日记账"来核对相符。

4.明细分类账簿之间的核对

通过会计部门有关财产物资明细账，与财产物资保管、使用部门的明细账核对相符。

（三）账实核对

1.现金日记账账面余额与库存现金实有数额的核对

通过盘点库存现金确认库存现金实有数并编制库存现金盘点报告表见表4-3-3，来核对现金日记账账面余额与库存现金实有数额之间的相符。

表4-3-3　库存现金盘点报告表

库存现金盘点报告表

单位名称：西安同仁有限公司　　　　　　　2011 年12月31日

币　别	实存金额	账存金额	对 比 结 果		备　注
			盘盈	盘亏	
人民币	2 880.00	2 880.00			账实相符

盘点人：索云　　　　　　　　　　　　　　出纳：万千

2.银行存款日记账账面余额与银行对账单余额的核对

通过将银行对账单的余额与单位银行存款日记账账面余额相互核对，查出不相符。

3.各项财产物资明细账账面数与实存数的核对

通过盘点各项财产物资实存数并编制账存实存对比表见表4-3-4，来核对各项财产物资明细账账面数与实存数之间的相符。

表4-3-4　账存实存对比表

账存实存对比表

2011年12月31日

品名	计量单位	单价	账存数		实际盘点数		差异				备注
							盘盈		盘亏		
			数量	金额	数量	金额	数量	金额	数量	金额	
甲材料	KG	15.00	7 635.00	114 545.00	7 635.00	114 545.00					相符

主管：索云　　　　　　会计：徐丽　　　　　制表：万千

4.有关债权债务明细账账面余额与对方单位账面记录的核对

通过电话与函证等方式来核对本单位债权债务明细账账面余额与对方单位账面记录之间的相符。

小提示

账实核对这部分内容将在项目 5 的财产清查中详细介绍。

任务提炼　对账的内容如图 4-3-1 所示。

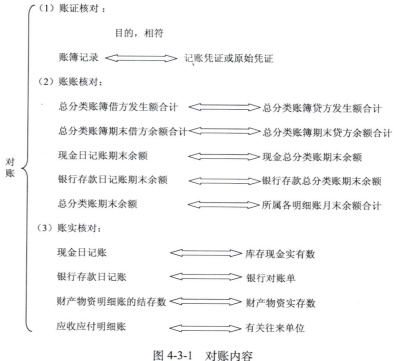

（1）账证核对：

目的，相符

账簿记录 ⟺ 记账凭证或原始凭证

（2）账账核对：

总分类账簿借方发生额合计 ⟺ 总分类账簿贷方发生额合计

总分类账簿期末借方余额合计 ⟺ 总分类账簿期末贷方余额合计

现金日记账期末余额 ⟺ 现金总分类账期末余额

银行存款日记账期末余额 ⟺ 银行存款总分类账期末余额

总分类账期末余额 ⟺ 所属各明细账月末余额合计

（3）账实核对：

现金日记账 ⟺ 库存现金实有数

银行存款日记账 ⟺ 银行对账单

财产物资明细账的结存数 ⟺ 财产物资实存数

应收应付明细账 ⟺ 有关往来单位

对账

图 4-3-1　对账内容

任务延伸　账证核对过程中发现了账证不符，如何进行更正？

任务 4　错账的更正

提出任务　会计在登账的过程中难免会出现错误，账簿登记完后发现登记错误，如何去更正？更正的方法有哪些？会计人员必须熟练掌握这些技能。

描述任务　会计对账簿记录的不同错误，必须采用相对点的方法予以更正。

任务演练

为企业更正错账

资料　西安同仁有限公司 2011 年 12 月的错账。

要求　1. 说一说记账凭证无误，只是登账时出现错误该如何处理。
　　　2. 说一说因记账凭证有误，造成账簿登记错误该如何处理。

相关知识

如果账簿记录发生错误，必须按照规定的方法予以更正，不准涂改、挖补、刮擦或用药水消除字迹，不准重新抄写。错账更正方法通常有划线更正法、红字更正法和补充登记法。

一、划线更正法

划线更正法又称红线更正法。在结账前发现账簿记录有文字或数字错误，而记账凭证没有错误，可以采用划线更正法。更正时，可在错误的文字或数字上划一条红线，在红线的上方填写正确的文字或数字，并由记账及相关人员在更正处盖章。错误的数字，应全部划红线更正，不得只更正其中的错误数字。对于文字错误，可只划去错误的部分。

例如，某账簿记录中，将 3 684.00 元误记为 6 384.00 元。

错误的更正方法：只划去其中的"63"，改为"36"；正确的更正方法：应当把"6 384.00"划去，并在上方写上"3 684.00"。

二、红字更正法

红字更正法是指用红字冲销原有错误的账户记录或凭证记录，以更正或调整账簿记录的一种方法。通常有两种情况：

第一，记账后在当年内发现记账凭证所记的会计科目错误，从而引起记账错误，可以采用红字更正法。更正时应用红字填写一张与原记账凭证完全相同的记账凭证，以示注销原记账凭证，即在摘要栏注明"冲销某月某日第 × 号记账凭证的错账"，然后用蓝字填写一张正确的记账凭证，在摘要栏内写明"补记某月某日账"，并据以记账。

例如，企业以银行存款 3 000 元购买 A 固定资产，已投入使用，假定不考虑增值税因素。在填制记账凭证时，误做贷记"库存现金"科目，并已据以登记入账。会计分录如下：

借：固定资产　　　　　　　　　　　　　　　　　　　　　3 000
　　贷：库存现金　　　　　　　　　　　　　　　　　　　　　　3 000

更正时，先用红字填制一张与原错误记账凭证内容完全相同的记账凭证，以冲销原错误记录。会计分录如下（以下分录中，方框内数字表示红字，下同）：

借：固定资产　　　　　　　　　　　　　　　　　　　　　3 000
　　贷：库存现金　　　　　　　　　　　　　　　　　　　　　　3 000

然后，再用蓝字（或黑字）填制一张正确的记账凭证。会计分录如下：

借：固定资产　　　　　　　　　　　　　　　　　　　　　3 000
　　贷：银行存款　　　　　　　　　　　　　　　　　　　　　　3 000

135

最后，根据上述红字记账凭证和正确的记账凭证登记相关账簿。

第二，记账后在当年内发现记账凭证所记的会计科目无误而所记金额大于应记金额，从而引起记账错误，可以采用红字更正法。更正时应按多记的金额用红字编制一张与原记账凭证应借、应贷科目完全相同的记账凭证，在摘要栏内写明"冲销某月某日第 × 号记账凭证多记金额"，以冲销多记的金额，并据以记账。

例如，某企业接受投资者现金投资 30 000 元，已存入银行。误做下列记账凭证，并已登记入账。会计分录如下：

借：银行存款　　　　　　　　　　　　　　　　　　　50 000
　　贷：实收资本　　　　　　　　　　　　　　　　　　50 000

发现错误后，更正时应将多记的金额用红字作与上述科目相同会计分录。会计分录如下：

借：银行存款　　　　　　　　　　　　　　　　　　　20 000
　　贷：实收资本　　　　　　　　　　　　　　　　　　20 000

然后，根据这张更正错误的记账凭证登记账簿。

三、补充登记法

补充登记法是在记账后发现记账凭证填写的会计科目无误。只是所记金额小于应记金额时采用的一种更正方法。更正时应按少记的金额用蓝字编制一张与原记账凭证应借、应贷科目完全相同的记账凭证，在摘要栏内写明"补记某月某日第 × 号账凭证少记金额"，以补充少记的金额，并据以记账。

例如，收到某购货单位上月购货款 190 000 元，已存入银行。在填制记账凭证时，误将其金额写为 170 000 元，并已登记入账。

借：银行存款　　　　　　　　　　　　　　　　　　170 000
　　贷：应收账款　　　　　　　　　　　　　　　　　170 000

发现错误后，应将少记的金额用蓝字编制一张与原记账凭证应借、应贷科目完全相同的记账凭证，登记入账：

借：银行存款　　　　　　　　　　　　　　　　　　20 000
　　贷：应收账款　　　　　　　　　　　　　　　　　20 000

然后，根据这张更正的记账凭证登记账簿。

四、错账更正的操作展示

（一）划线更正法

例如，12 月 1 日，收到光华公司的追加投资款 500 000 元，款项已存入银行。编制的记账凭证见表 4-4-1 所示。

 小提示

这笔业务的记账凭证无误，只是登账时出现错误，用划线更正错误见表4-4-2 银行存款日记账所示。

表 4-4-1

收 款 凭 证

借方科目：银行存款　　　　　　　　2011 年 12 月 1 日　　　　　　　银收字第 001 号第 1 页

摘　要	贷方科目		√	金　额	附件1张
	总账科目	明细科目		亿 千 百 十 万 千 百 十 元 角 分	
收到光华公司追加投资款	实收资本	光华公司		5 0 0 0 0 0 0 0	
合　　　计				￥5 0 0 0 0 0 0 0	

会计主管 索云　　记账 徐丽　　　出纳 万千　　复核　　　　制单

表 4-4-2

第 1 页

银行存款日记账

开户行
账　号

2011年		凭证		支票		摘　要	借　方	贷　方	余　额	核对
月	日	种类	号数	类别	号数		亿千百十万千百十元角分	亿千百十万千百十元角分	亿千百十万千百十元角分	
12	1					期初余额			1 0 0 0 3 5 0 0	
	1	银收	001			收到光华公司追加投资款	5 0 0 0 0 0 0 0 5 0 0 0 0 0 0 0		6 0 0 0 3 5 0 0 1 5 0 0 3 5 0 0	
	1	银收	002			取得短期借款	1 0 0 0 0 0 0 0 0		7 0 0 0 3 5 0 0	
	10	银付	001			购买固定资产		9 3 6 0 0 0	6 9 0 6 7 5 0 0	
						⋮				

（二）红字更正法

例如，12 月 19 日，用银行存款偿还红星公司货款 32 175 元，编制的记账凭证见表 4-4-3 所示。

表 4-4-3　付款凭证

付 款 凭 证

贷方科目：银行存款　　　　　2011 年 12 月 19 日　　　　　银付字第 003 号第 1 页

摘　要	借 方 科 目		√	金 额										
	总账科目	明细科目		亿	千	百	十	万	千	百	十	元	角	分
偿还前欠货款	其他应付款	红星公司					2	2	1	7	5	0	0	
合　　　计						¥	2	2	1	7	5	0	0	

会计主管　　　　记账　　　　出纳　　　　复核　　　　制单

附件 1 张

小提示

　　这笔业务的记账凭证中会计科目有误，造成账簿登记错误，如果已登记入账，则应采用红字更正法更正。

　　首先编制一张与原错误记账凭证相同的红字金额记账凭证，在凭证摘要栏内注明"冲销某年某月某日 × 号凭证错误"见表 4-4-4，并登记入账，冲销原错误记录，见表 4-4-6 所示的银行存款日记账。

表 4-4-4　付款凭证

付 款 凭 证

贷方科目：银行存款　　　　　2011 年 12 月 31 日　　　　　银付字第 010 号第 1 页

摘　要	借 方 科 目		√	金 额										
	总账科目	明细科目		亿	千	百	十	万	千	百	十	元	角	分
冲销 2011 年 12 月 19 日银付 003 号凭证错误	其他应付款	红星公司					2	2	1	7	5	0	0	
合　　　计						¥	2	2	1	7	5	0	0	

会计主管 索云　　记账 徐丽　　出纳 万千　　复核　　制单

　　然后编制一张正确的蓝字金额记账凭证，在摘要栏内注明"补记某年某月某日 × 号凭证"见表 4-4-5，并登记入账，见表 4-4-6 所示的银行存款日记账。

表 4-4-5　付款凭证

付 款 凭 证

| 贷方科目：银行存款 | | 2011 年 12 月 31 日 | | 银付字第 011 号第 1 页 | | | | | | | | | | |

摘　要	借 方 科 目		√	金　额										
	总账科目	明细科目		亿	千	百	十	万	千	百	十	元	角	分
补记 2011 年 12 月 19 日银付第 003 号凭证	应付账款	红星公司					3	2	1	7	5	0	0
合　计						¥	3	2	1	7	5	0	0

附件 1 张

会计主管　　记账　　　　　　出纳　　　　　复核　　　　　制单

表 4-4-6

第　1　页

银行存款日记账

开户行
账　号

2011 年		凭 证		支 票		摘　要	借 方											贷 方											余　额											核对
月	日	种类	号数	类别	号数		亿	千	百	十	万	千	百	十	元	角	分	亿	千	百	十	万	千	百	十	元	角	分	亿	千	百	十	万	千	百	十	元	角	分	
12	1					期初余额																									1	0	0	0	3	5	0	0	
	1	银收	001			收到光华公司追加投资款		5	0	0	0	0	0	0	0	0															6	0	0	0	3	5	0	0	
								5	0	0	0	0	0	0	0	0	万千												1	5	0	0	3	5	0	0		
	⋮	⋮				⋮																																		
	19	银付	003			偿还红星公司前欠货款															2	2	1	7	5	0	0												
	⋮	⋮				⋮																																		
	31	银付	010			冲销银付 003 号错误															2	2	1	7	5	0	0												
	31	银付	011			更正银付 003 号凭证															3	2	1	7	5	0	0												

　　本次错账所涉及的其余有关账簿的更正方法相同，不再重复。

139

（三）补充登记法

例如，12 月 24 日，管理部门张山出差预借差旅费 3000 元，以现金支付，编制的记账凭证见表 4-4-7 所示。

表 4-4-7

付　款　凭　证

贷方科目：库存现金　　　　　　　　2011 年 12 月 24 日　　　　　　　　现付字第 002 号第 1 页

摘　要	借　方　科　目		√	金　额										
	总账科目	明细科目		亿	千	百	十	万	千	百	十	元	角	分
张山预借差旅费	其他应收款	张山							3	0	0	0	0	0
合　　　　计									¥	3	0	0	0	0	0

会计主管　　　　记账　　　　出纳　　　　复核　　　　制单

附件 1 张

✏️ **小提示**

这笔业务中记账凭证科目正确，但金额少记。若已经登记账簿，可采用补充登记法进行更正。

编制一张与原记账凭证科目相同，金额为少记金额的蓝色记账凭证，在摘要栏内注明"补记某年某月某日 × 号凭证少记金额"见表 4-4-8，并登记入账，见表 4-4-9 所示的库存现金日记账。

表 4-4-8

付　款　凭　证

贷方科目：库存现金　　　　　　　　2011 年 12 月 31 日　　　　　　　　现付字第 004 号第 1 页

摘　要	借　方　科　目		√	金　额										
	总账科目	明细科目		亿	千	百	十	万	千	百	十	元	角	分
补记 2011 年 12 月 24 日现付 003 号凭证	其他应收款	张山							2	7	0	0	0	0
少记金额														
合　　　　计									¥	2	7	0	0	0	0

会计主管　　　　记账　　　　出纳　　　　复核　　　　制单

附件 1 张

表 4-4-9

现 金 日 记 账

第 1 页

2011年 月	日	凭证 种类	号数	对方科目	摘 要	借 方	贷 方	余 额	核对
12	1				承前页			1 3 0 0 0 0	
	22	银付		银行存款	提取备用金	5 0 0 0 0 0		6 3 0 0 0 0	
	24	现付	003	其他应收款	张山预借差旅费		3 0 0 0 0	6 0 0 0 0 0	
	25	⋮							
	31	现付	004	其他应收款	补充现付003号少记金额		2 7 0 0 0 0	3 3 0 0 0 0	

小提示

本次错账所涉及的其他应收款账簿的更正方法相同，不再重复。

任务提炼　会计账簿更正方法见表 4-4-10 所示。

表 4-4-10　会计账簿更正方法表

会计账簿记录错误的原因	更正的方法	具体操作
记账凭证无误 账簿登记时发生错误	划线更正法	如果是文字记错的，可在错误的文字上划一条红线，在红线的上方填写正确的文字，并由记账及相关人员在更正处盖章
		如果是数字记错的，应将错误的数字全部划红线，然后在红线的上方填写正确的数字，并由记账及相关人员在更正处盖章
记账凭证错误 导致账簿登记错误	红字更正法	如果记账凭证的科目错误，应用红字填写一张与原记账凭证完全相同的记账凭证，以示注销原记账凭证，在摘要栏注明"冲销某月某日第 × 号记账凭证的错账"，然后用蓝字填写一张正确的记账凭证，在摘要栏内写明"补记某月某日账"，并按更正后的记账凭证登记账簿
		如果记账凭证会计科目无误而所记的金额大于应记金额，应将多记的金额用红字编制一张与原记账凭证应借、应贷科目完全相同的记账凭证，在摘要栏内写明"冲销某月某日第 × 号账凭证多记金额"，以冲销多记的金额，并据以记账
	补充登记法	如果记账凭证会计科目无误而所记的金额小于应记金额时，应按少记的金额用蓝字编制一张与原记账凭证应借、应贷科目完全相同的记账凭证，在摘要栏内写明"补记某月某日第 × 号账凭证少记金额"，以补充少记的金额，并据以记账

任务延伸　通过前期所完成的登账和对账工作，就可以很方便地了解一个单位某一时期（如月份、季度或年度）的经济活动情况吗？

任务 5　期末的结账

提出任务　经过记账、算账等过程后，要想全面了解一个单位某一时期（如月份、季度或年度）的经济活动情况，必须对会计账簿进行归纳和总结。

描述任务　会计工作经过日常的填制凭证、记账、算账等过程之后，必然要进行一定的归纳和总结，计算出本期发生额和期末余额，即结账。

■ 任务演练

为企业结账

资料　本项目任务 2 中西安同仁有限公司 2011 年 12 月份已登记完成的会计账簿。

要求　在 12 月 31 日账证、账账和账实核对相符后完成日记账、明细账和总账的结账工作。

■ 相关知识

结账就是在会计期末（如月末、季末或年末）将本期内所有发生的经济业务事项全部登记入账后，计算出本期发生额和期末余额。结账工作是编制会计报表的先决条件，为了了解某一会计期间经济活动情况，考核经营成果，在每一会计期间终了时，必须进行结账。结账的内容通常包括两方面：一是结清各种损益类账户，并据以计算确定本期利润；二是结清各资产、负债和所有者权益账户，分别结出本期发生额合计和余额。

一、结账的程序

1）将本期发生的经济业务全部登记入账，并保证其正确性。不得为了赶编会计报表而提前结账，或把本期发生的经济业务延至下期登账，也不得先编会计报表后结账。

2）根据权责发生制的要求，调整有关账项，合理确定本期应计的收入和应计的费用。

3）将损益类科目转入"本年利润"科目，结平所有损益类科目。

4）结算出资产、负债和所有者权益科目的本期发生额和余额，并结转下期。

二、结账的种类

根据结账时期的不同，结账可分为月结、季结、年结三种。

（一）月结

办理月结,可以在各账户本月份最后一笔记录下面划一道红线,在"摘要"栏写明"×月份发生额和余额"或"本月合计"字样,在红线下结算出本月发生额及余额（如无余额,应在"余额"栏内的"元"位写上"平"字或"θ"符号),然后在下面再划一条通栏单红线,以便与下月份发生额划分清楚。对于本月份未发生经济业务的账户,可以不进行月结,以节省手续。

（二）季结

办理季结，应在"本月发生额和余额"的下一行将三个月的借、贷方本期发生额加算合计数，并结出季度余额，写在月结数下一行内，在摘要栏内写明"第×季度发生额和余额"字样（也可以简写为"第×季度合计"），然后在季结下面也划一通栏单红线，完成季结工作。

（三）年结

办理年结，应将本年度四个季度的借、贷方发生额加计成全年发生额合计数，记入第四季度季结的下一行内，在摘要栏内写明"年度发生额和余额"或"本年合计"，最后，计算借贷两方总计数，再在总计数下再划两道红线，如不进行季结，年结就是在12月份的月结之后，结出本年发生额和余额，再划通栏双红线，表示年度封账，本年度记账工作全部结束。

三、结账的方法

（一）不需按月结计本期发生额的账户的结账方法

如各项应收、应付款明细账和各项财产物资明细账等，每次记账以后，都要随时结出余额，每月最后一笔余额即为月末余额。也就是说，月末余额就是本月最后一笔经济业务记录的同一行内余额。月末结账时，只需要在最后一笔经济业务记录之下通栏划单红线，不需要再结计一次余额。应付账款明细分类账示例如表4-5-1所示。

表 4-5-1

总页号	分页号

应付账款 明细分类账

一级科目 应付账款
子目或户名 红星公司

2011年		凭证		摘要	借方										核对	贷方										核对	借或贷	余额										核对
月	日	种类	号数		亿	千	百	十	万	千	百	十	元	角	分		亿	千	百	十	万	千	百	十	元	角	分			亿	千	百	十	万	千	百	十	元	角	分	
12	1			期初结余																								贷			5	4	3	0	0	0	0	0	
	17	转	001	购进原材料应付款															3	2	1	7	5	0	0		贷			8	6	4	7	5	0	0	0	
	19	银付	003	支付前欠原材料款					3	2	1	7	5	0	0													贷			5	4	3	0	0	0	0	0	

（二）库存现金、银行存款日记账和需要按月结计发生额的收入、费用等明细账的结账方法

此类账户每月结账时，要在最后一笔经济业务记录下面通栏划单红线，结出本月发生额和余额，在摘要栏内注明"本月合计"字样，并在下面通栏划单红线，如表4-5-2所示。

表4-5-2

现 金 日 记 账

第 1 页

借方、贷方、余额各栏均按 亿 千 百 十 万 千 百 十 元 角 分 分列。

月	日	种类	号数	对方科目	摘要	借方 亿	千	百	十	万	千	百	十	元	角	分	贷方 亿	千	百	十	万	千	百	十	元	角	分	余额 亿	千	百	十	万	千	百	十	元	角	分	核对
12	1				期初余额																											1	3	0	0	0	0	0	
	22	银付	004	银行存款	提取备用金					5	0	0	0	0	0	0																6	3	0	0	0	0	0	
	23	现付	001	管理费用	管理部门购买办公品																	3	0	0	0	0	0					6	0	0	0	0	0	0	
	⋮																																					
	31	现收	001	营业外收入	收取职工安武罚款						5	0	0	0	0	0															2	8	8	0	0	0	0	
					本月合计					5	5	0	0	0	0	0					3	9	2	0	0	0					2	8	8	0	0	0	0	

（三）需要结计本年累计发生额的某些明细账户的结账方法

此类账户每月结账时，应在"本月合计"行下结出自年初起至本月末止的累计发生额，登记在月份发生额下面，在摘要栏内注明"本年累计"字样，并在下面通栏划单红线。12月末的"本年累计"就是全年累计发生额，全年累计发生额下通栏划双红线，见表4-5-3所示。

表4-5-3

主营业务收入　明细分类账

第　页

一级科目　　主营业务收入

借方、贷方、余额各栏均按 亿 千 百 十 万 千 百 十 元 角 分 分列。

月	日	种类	号数	摘要	借方 亿	千	百	十	万	千	百	十	元	角	分	核对	贷方 亿	千	百	十	万	千	百	十	元	角	分	借或贷	余额 亿	千	百	十	万	千	百	十	元	角	分	核对
5	5	银收	001	销售A产品															2	2	7	0	0	0	0	0		贷			2	2	7	0	0	0	0	0		
	27	转	001	销售B产品																3	0	0	0	0	0	0		贷				3	0	0	0	0	0	0		

续表

2011年 月	日	凭证 种类	号数	摘要	借方 亿	千	百	十	万	千	百	十	元	角	分	核对	贷方 亿	千	百	十	万	千	百	十	元	角	分	借或贷	余额 亿	千	百	十	万	千	百	十	元	角	分	核对
	31	转	002	将本月收入转入本年利润				2	5	7	0	0	0	0	0													平									θ			
	31			本月合计				2	5	7	0	0	0	0	0					2	5	7	0	0	0	0	0	平												
	31			本年累计			4	5	0	8	0	0	0	0	0				4	5	0	8	0	0	0	0	0	平												
	⋮			⋮																																				
12	27	银收	003	销售A产品																1	1	7	0	0	0	0	0	贷				1	1	7	0	0	0	0	0	
	27	转	004	销售B产品																	9	0	0	0	0	0	0	贷				2	0	7	0	0	0	0	0	
	31	转	012	将本月收入转入本年利润				2	0	7	0	0	0	0	0													平									θ			
				本月合计				2	0	7	0	0	0	0	0					2	0	7	0	0	0	0	0	平												
				本年累计		9	8	0	7	0	0	0	0	0				9	8	0	7	0	0	0	0	0	平										θ			

（四）总账账户的结账方法

总账账户平时只需结出月末余额。年终结账时，为了总括地反映全年各项资金运动情况的全貌，核对账目，要将所有总账账户结出全年发生额和年末余额，在摘要栏内注明"本年合计"字样，并在合计数下通栏划双红线，如表4-5-4所示。

表 4-5-4

第 1 页

总 分 类 账

一级科目　预收账款

2011年 月	日	凭证 种类	号数	摘要	借方 亿	千	百	十	万	千	百	十	元	角	分	核对	贷方 亿	千	百	十	万	千	百	十	元	角	分	借或贷	余额 亿	千	百	十	万	千	百	十	元	角	分	核对
5	1			期初余额												·												贷				2	0	0	0	0	0	0		
5	5	转	007	发出货物					2	0	0	0	0	0	0													平										θ		
	⋮			⋮																																				
12	28	银收	006	预收前进公司货款																	3	0	0	0	0	0	0	贷					3	0	0	0	0	0	0	
				本年合计					6	0	0	0	0	0	0						9	0	0	0	0	0	0	贷					3	0	0	0	0	0	0	

（五）年度终了账户有余额的结转方法

年度终了结账时，有余额的账户，要将其余额结转下年，并在摘要栏注明"结转下年"字样；在下一会计年度新建有关会计账户的第一行余额栏内填写上年结转的余额，并在摘

145

要栏注明"上年结转"字样。即将有余额的账户的余额直接记入新账余额栏内，不需要编制记账凭证，也不必将余额再记入本年账户的借方或贷方，如表4-5-5所示。

第1页

表4-5-5

现 金 日 记 账

年		凭证		对方科目	摘 要	借 方										贷 方										余 额										核对
月	日	种类	号数			亿	千	百	十	万	千	百	十	元	角	分	亿	千	百	十	万	千	百	十	元	角	分	亿	千	百	十	万	千	百	十	元	角	分	
12	1				期初余额																										1	3	0	0	0	0		
	22	银付	004	银行存款	提取备用金					5	0	0	0	0	0															6	3	0	0	0	0		
	23	现付	001	管理费用	管理部门购买办公品																	3	0	0	0	0					6	0	0	0	0	0		
	⋮				⋮																																	
	31	现收	001	营业外收入	收取职工安武罚款						5	0	0	0	0																2	8	8	0	0	0		
					本月合计					5	5	0	0	0	0						3	9	2	0	0	0					2	8	8	0	0	0		
					本年累计					5	5	0	0	0	0						3	9	2	0	0	0					2	8	8	0	0	0		
					结转下年																										2	8	8	0	0	0		

小提示

注意观察结账图示。

做中学

从班费的管理入手按借贷记账法进行练习记账，并定期公布。假设班级是一个企业，生活委员任出纳，会计课代表任记账，班长任会计主管，班主任为总经理。日常业务的处理如下：

主营业务收入：全班同学交的班费；

主营业务成本：全班开展集体活动必要的支出；

其他业务收入：班级开展的其他经营活动，如卖废品，卖矿泉水等；

其他业务成本：开展其他业务收入时所付出的成本；

营业外收入：学校的奖励。

对未列举的其他一些业务，大家可根据本班的实际情况进行处理。

任务提炼 结账程序的简单归纳如图4-5-1所示。

任务延伸 年度终了对已完成结账工作的会计账簿该如何处理？

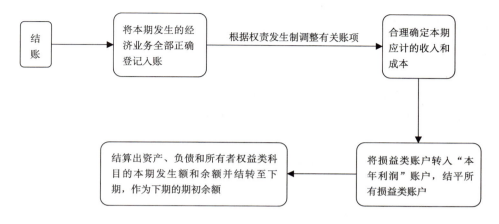

图 4-5-1 结账程序

任务6 年终会计账簿的更换与保管

提出任务 企业已登记完毕的会计账簿该如何进行正确的更换与保管？

任务描述 会计账簿是企业重要的会计档案和历史资料。在实际会计核算工作中，账簿要及时更换和妥善保管。

■ 任务演练

为企业更换与保管会计账簿

资料 本项目中西安同仁有限公司 2011 年度的会计账簿。

要求 为西安同仁有限公司 2012 年度更换新会计账簿。

相关知识

一、会计账簿的更换

企业应在每一会计年度结束、新的会计年度开始时，按会计制度规定更换账簿、建立新账，以保持会计账簿资料的连续性。

总账、日记账和多数明细账应每年更换一次。在新年度开始时，将旧账簿中各账户的余额直接记入新账簿中有关账户新账页的第一行"余额"栏内，并注明方向。同时，在"摘要"栏内注明"上年结转"字样，将旧账页最后一行数字下的空格，划一条斜红线注销，在新旧账户之间转记余额，不需填制凭证。

部分明细账，如固定资产明细账等，因年度内变动不多，新年度可不必更换账簿。但"摘要"栏内，要加盖"结转下年"戳记，以划分新旧年度之间的金额。备查账簿可以连续使用。

147

二、会计账簿的保管

各种账簿与会计凭证、会计报表一样，必须按照国家统一的会计制度的规定妥善保管，做到既安全完整，又在需要时方便查找。年度终了，各种账户在结转下年、建立新账后，一般都要把旧账送交总账会计集中统一管理。会计账簿暂由本单位财务会计部门保管一年，期满之后，由财务会计部门编造清册移交本单位的档案部门保管。

 小提示

为了保证在需要时可以迅速查阅以及各种账簿的安全和完整，各种账簿应当按年度分类归档、编造目录，妥善保管。

本项目会计从业资格考试大纲

一、会计账簿的概念

会计账簿是指由一定格式账页组成的，以经过审核的会计凭证为依据，全面、系统、连续地记录各项经济业务事项的簿籍。各单位应当按照国家统一的会计制度的规定和会计业务的需要设置会计账簿。

二、会计账簿的分类

（一）按用途分类

1. 序时账簿

2. 分类账簿

3. 备查账簿

（二）按账页格式分类

1. 两栏式账簿

2. 三栏式账簿

3. 多栏式账簿

4. 数量金额式账簿

（三）按外形特征分类

1. 订本账

2. 活页账

3. 卡片账

三、会计账簿与账户

（一）账户的概念

（二）账户的基本结构

（三）账簿与账户的关系

四、会计账簿的内容、启用与登记规则

（一）会计账簿的基本内容

1. 封面

2. 扉页

3. 账页

（二）会计账簿的启用

（三）会计账簿的登记规则

五、会计账簿的格式和登记方法

（一）日记账的格式和登记方法

1. 现金日记账的格式和登记方法

（1）现金日记账的格式

① 三栏式日记账

② 多栏式日记账

（2）现金日记账的登记方法

① 日期栏

② 凭证栏

③ 摘要栏

④ 对方科目栏

⑤ 收入、支出栏

2. 银行存款日记账的格式和登记方法

银行存款日记账的格式和登记方法与现金日记账相同。

（二）总分类账的格式和登记方法

1. 总分类账的格式

总分类账是按照总分类账户分类登记以提供总括会计信息的账簿。总分类账最常用的格式为三栏式，设置借方、贷方和余额三个基本金额栏目。

2. 总分类账的登记方法

总分类账可以根据记账凭证逐笔登记，也可以根据经过汇总的科目汇总表或汇总记账凭证等登记。

3. 明细分类账的格式和登记方法

（1）明细分类账的格式

① 三栏式明细分类账

② 多栏式明细分类账

③ 数量金额式明细分类账

（2）明细分类账的登记方法

（3）总分类账和明细分类账的平行登记

六、对账

（一）账证核对

账证核对是指核对会计账簿记录与原始凭证、记账凭证的时间、凭证字号、内容、金额是否一致，记账方向是否相符。

（二）账账核对

1. 总分类账簿有关账户的余额核对

2. 总分类账簿与所属明细分类账簿核对

3. 总分类账簿与序时账簿核对

4. 明细分类账簿之间的核对

（三）账实核对

1. 现金日记账账面余额与库存现金数额是否相符

2. 银行存款日记账账面余额与银行对账单的余额是否相符

3. 各项财产物资明细账账面余额与财产物资的实有数额是否相符

4. 有关债权债务明细账账面余额与对方单位的账面记录是否相符

七、错账更正方法

（一）划线更正法

（二）红字更正法

（三）补充登记法

八、结账

（一）结账的程序

（二）结账的方法

九、会计账簿的更换与保管

（一）会计账簿的更换

（二）会计账簿的保管

项目 5
财产物资的清查

项目介绍

  财产清查是一种专门的会计核算方法。在实际工作中，由于种种原因会造成账存数与实存数不一致，为了保证企业的各项财产物资账实相符，确保会计核算资料的真实、准确以及财产物资的安全、完整，企业需要进行财产清查工作。本项目通过清查货币资金、清查财产物资和清查往来款项等任务，正确掌握企业财产清查的方法，保证企业财产物资的安全和完整。

学习目标

☆ 能力目标：能够负责组织开展财产清查；能够编制银行存款余额调节表；能够进行财产清查结果的账务处理。

☆ 知识目标：理解财产清查的概念，了解财产清查的作用和种类；熟悉财产清查的一般程序；掌握各种财产物资的清查方法和财产清查结果的账务处理。

☆ 社会目标：培养从细节入手，操守为重，做合格职业会计人的意识。

学习内容

1. 财产清查的概念、作用和种类。
2. 财产清查的一般程序。
3. 财产清查的方法及清查结果的账务处理。

导　入

在实际工作中，对会计主体日常发生的各项经济业务，经过填制和审核会计凭证、登记账簿、试算平衡和对账等一系列严密的会计处理方法，能保证企业各项财产安全和完整吗？

任务1　清查货币资金

提出任务　企业要想保证账簿记录与财产物资的实际状况相符，并能提供内容完整、数字准确、资料可靠的会计信息，就必须定期或不定期进行财产清查。

描述任务　货币资金的清查主要包括对库存现金的清查、对银行存款的清查。

■ 任务演练 1

为企业清查库存现金

资料　项目4中西安同仁有限公司 2011年 12月份现金日记账与库存现金。

要求　1. 根据清查结果会填写"现金盘点报告表"。

2. 想一想清查后若发现短款如何进行账务处理。

■ 相关知识

一、财产清查概述

（一）财产清查的定义

财产清查是指通过对货币资金、实物资产和往来款项的盘点或核对等，确定其实存数与价值，从而查明其账面记载与实存数量、金额是否相符的专门方法。

（二）财产清查的种类

1. 按财产清查的范围分为全面清查和局部清查

1）全面清查。全面清查是指对属于本单位或存放于本单位的全部财产物资进行的清查。具体对象包括库存现金、银行存款等各项货币资产，存货、固定资产等各项实物资产，应收应付款、预收预付款等各种往来结算款项等。

2）局部清查。局部清查是指根据需要只对部分财产物资进行的清查，具体对象通常是流动性较强的财产，如现金、原材料、在产品及产成品等。

全面清查范围广、内容多、工作量大，不宜经常进行。一般在年终决算前，或者单位发生撤销、合并、重组、股份制改造、单位主要负责人变动等事项时，应当进行全面清查。

相对而言，局部清查的范围小，涉及的财产物资和人数都比较少，可根据需要灵活进行。例如，对于库存现金，出纳人员应每日清点核对一次；对于银行存款，要根据银行对账单每月至少核对一次；存货和贵重物资，每月应盘点一次。

2. 按财产清查的时间分为定期清查和不定期清查

1）定期清查。定期清查是指根据管理制度的规定和预先计划安排的时间进行的财产清查。定期清查的范围不确定，可以是全面清查（如年终决算前的清查），也可以是局部清查（如月末、季末对货币资金和贵重物资等进行的清查，）一般是在年末、季末或者月末结账时进行。

2）不定期清查。不定期清查是根据需要进行的临时性清查，也称临时清查。不定期清查可以是全面清查，也可以是局部清查。一般来说，如果更换出纳人员和实物资产的保管人员，单位发生撤销、合并重组等事项，或者发生贪污盗窃、营私舞弊等事件，或者发生自然灾害和意外事故导致财产毁损等，应该根据实际情况的需要进行财产清查。

（三）财产清查的意义

企业单位各项财产的增减变动和结存情况，都是通过账簿记录来反映的。但是由于一些主客观因素往往可能导致财产物资的变动和结存的实际情况与账簿记录不完全一致，从而出现账实不符的情况。

1. 造成账实不符的主要原因

1）在收发财产物资时，由于计量、检验不准确而发生品种、数量或质量上的差错。
2）财产物资在保管过程中发生的自然损耗。
3）账务处理中出现漏记、重记、错记或计算上的错误。
4）"未达账项"即由于企业和银行双方记账时间不一致而发生的一方已入账，而另一方尚未入账。
5）由于管理不善、工作人员失职，以及不法分子的营私舞弊、贪污失职。
6）发生自然灾害和意外事故，导致财产物资毁损。

2. 财产清查的意义

加强财产清查工作，对于加强企业管理、充分发挥会计的监督作用具有重要意义。
1）保证账实相符。通过财产清查，可以查明各项财产物资的实有数量，确定实有数量与账面数量之间的差异，查明原因和责任，以便采取有效措施，消除差错，改进工作，从而保证账实相符，提高会计资料的准确性。
2）落实经济责任。通过财产清查，可以查明各项财产物资的保管情况是否良好，有无因管理不善，造成霉烂、变质、损失浪费，或者被非法挪用、贪污盗窃的情况，以便采取有效措施，改善管理，切实保障各项财产物资的安全完整。
3）提高管理水平。通过财产清查，可以查明各项财产物资的库存和使用情况，合理安排生产经营活动，充分利用各项财产物资，加速资金周转，提高资金使用效果。

（四）财产清查的一般程序

财产清查，尤其是全面清查和较复杂情况下的清查，涉及面广、工作量大，为了保证清查工作有条不紊地进行，一般可按照以下程序组织财产清查工作。

1. 建立财产清查小组

财产清查小组一般由会计部门、财产保管部门及使用部门等人员组成。

2. 组织清查人员学习

清查人员要学习有关政策规定，掌握有关法律、法规和相关业务知识，以提高财产清查工作的质量。

3. 明确清查任务

明确清查任务，确定清查对象、范围。

4. 制定清查方案

制定清查方案，具体安排清查内容、时间、步骤、方法，以及做好必要的清查前的准备工作。

5. 先清查数量、后认定质量

清查时按照先清查数量、核对有关账簿记录等，后认定质量的原则进行。

6. 填制盘存清单

7. 根据盘存清单填制实物、往来款项清查结果报告表

 小提示

现代意义上的财产清查，不仅包括资产实存数量和质量的检查，还应包括资产价值量的测定，并关注资产是否发生减值等情况。

二、库存现金的清查

（一）库存现金清查的定义

库存现金清查就是采用实地盘点法来确定库存现金，即通过盘点确定现金的实存数，然后再与现金日记账的账面余额核对，以查明账实是否相符及盘亏情况。

（二）库存现金清查的方法

1. 日常清查

在日常工作中，每日业务终了，现金出纳员清点库存现金实有数额，并及时与现金日记账的账面余额进行核对，做到账实相符。

2. 专门清查

现金收支业务频繁，单位应定期或不定期组织专门清查。在由专门清查人员进行清查工作前，出纳人员应当将现金收、付款凭证全部登记入账，并结出账存数。在清查工作中，为了明确经济责任，清查时出纳人员必须在场，现钞应逐张查点，认真审核收付款凭证，注意有无违反现金管理制度（如白条抵库、挪用现金等）的情况。

现金盘点完成后，应编制现金盘点报告表，见表5-1-1，并由清查人员和出纳人员签章。现金盘点报告表兼有盘存单和实存账存对比表的作用，是证明现金实有数的重要原始凭证，也是查明账实不符原因和据以调整账簿记录的重要依据。

表 5-1-1　库存现金盘点报告表

库存现金盘点报告表

单位名称：　　　　　　　　　年　月　日

币别	实存金额	账存金额	对比结果		备注
			盘盈	盘亏	

盘点人：　　　　　　　　　　　　　　　　　　　　　出纳人员：

（三）库存现金清查结果的处理

发现有待查明原因的现金短缺或溢余，应先通过"待处理财产损溢"账户核算。该账户借方登记财产物资盘亏、毁损的金额及盘盈的转销额，处理前的借方余额反映企业尚未处理财产的净损失；贷方登记存货的盘盈及盘亏的转销额，处理前的贷方余额反映企业尚未处理财产的净溢余。按管理权限批准后，分以下两种情况。

1. 如为现金短缺

如为现金短缺，属于应由责任人赔偿或保险公司赔偿的部分，记入"其他应收款"账户的借方和"库存现金"账户的贷方；属于无法查明原因的记入"管理费用"或"营业外支出"账户的借方和"库存现金"账户的贷方。

2. 如为现金溢余

如为现金溢余，属于应支付给有关人员或单位的，记入"其他应付款"的贷方和"库存现金"账户的借方；属于无法查明原因的，记入"营业外收入"账户的贷方或"管理费用"账户贷方（冲减管理费用）和"库存现金"账户的借方。

（四）登记"现金盘点报告表"的示范操作（见表5-1-2）

表5-1-2 库存现金盘点报告表

库存现金盘点报告表

单位名称：西安同仁有限公司　　　　　　　　　2011年12月31日

币　别	实存金额	账存金额	对比结果		备　注
			盘　盈	盘　亏	
人民币	2 880.00	2 880.00			账实相符

盘点人：索云　　　　　　　　　　　　　　　　　　　　出纳人员：万千

任务提炼　财产清查的种类，见表5-1-3所示。

表5-1-3 财产清查的种类

标　准	分　类	说　明
按财产清查的范围	全面清查	全面清查是对全部财产进行盘点与核对
	局部清查	局部清查是根据需要对部分财产物资进行盘点与核对
按按财产清查的时间	定期清查	定期清查一般在月末进行，它可以是全面清查，也可以是局部清查
	不定期清查	不定期清查可以是局部清查，也可以是全面清查

任务演练 2

为企业清查银行存款

资料　项目4中西安同仁有限公司2011年12月份银行存款日记账（见表4-2-5)和银行所提供的对账单（见表5-1-4)。

表5-1-4 银行对账单

2011年		摘要	结算凭证		借方	贷方	余额
月	日		种类	号数			
12	1	期初余额					100 035.00
12	1	光华公司	电收			500 000.00	600 035.00
	1	短期借款	电收			100 000.00	700 035.00
	10	购买固定资产	转付		9 360.00		690 675.00
	15	红星公司	转付		195 975.00		494 700.00
	19	红星公司	转付		32 175.00		462 525.00
	22	备用金	现支		5 000.00		457 525.00
	23	工资	转支		79 000.00		378 525.00
	24	修理费	转付		3 500.00		375 025.00
	25	电费	托付		7 800.00		367 225.00
	27	销售A产品	电收			136 890.00	504 115.00
	28	销售剩余丙材料	电收			6 318.00	510 433.00
	28	秦都公司	电收			87 750.00	598 183.00

续表

2011年		摘要	结算凭证		借方	贷方	余额
月	日		种类	号数			
	28	前进公司	电收			30 000.00	628 183.00
	28	广告费	转支		3 000.00		625 183.00
	30	账户管理费	扣付		30.00		625 153.00
		合计			335 840.00	860 958.00	625 153.00

要求 1. 逐笔核对银行存款日记账与银行对账单，找出不一致之处。

2. 说一说不一致有哪几种情况。

3. 编制"银行存款余额调节表"。

相关知识

一、银行存款清查的定义

银行存款清查是通过与开户银行转来的银行对账单进行核对，来查明银行存款的实有数额的一种方法。

二、银行存款清查的方法

清查前，先检查本单位银行存款日记账的正确性与完整性，然后将银行对账单与本单位登记的"银行存款日记账"逐笔核对，以查明银行存款的收入、支出和结余的记录是否正确。

（一）企业银行存款日记账余额与银行对账单余额不一致的主要原因

1. 存在"未达账项"

由于双方记账时间不一致而发生的一方已经入账，而一方尚未入账的款项，包括以下四种情况：

1）企业已收，银行未收，即企业已收款入账，银行尚未收款入账。

2）企业已付，银行未付，即企业已付款入账，银行尚未付款入账。

3）银行已收，企业未收，即银行已收款入账，企业尚未收款入账。

4）银行已付，企业未付，即银行已付款入账，企业尚未付款入账。

2. 企业或者银行账目存在错误，发生重记、漏记或者金额、科目记错等问题

（二）未达账项的处理方法

如果通过清查发现未达账项，应编制"银行存款余额调节表"，即在企业银行存款日记账余额和银行对账单余额的基础上，各自补记对方已入账而本单位尚未入账金额，然后验证经过调节的双方余额是否相等。

例如，2011年6月30日，西安同仁有限公司银行存款日记账的账面余额为100 000元，

银行对账单的余额为105 000元,经过逐笔核对,发现有下列未达账项:

1)29日,公司销售产品收到转账支票一张,计3 000元,将支票存入银行,银行尚未办理入账手续。

2)29日,公司采购原材料开出转账支票一张,计1 000元,企业已作银行存款付出,银行尚未收到支票而未入账。

3)30日,公司开出现金支票,计1 000元,银行尚未入账。

4)30日,银行代公司收回货款9 000元,收款通知尚未到达企业,企业尚未入账。

5)30日,银行代公司付出电费2 000元,付款通知尚未到达公司,公司尚未入账。

6)30日,银行代企业付水费1 000元,付款通知尚未到达公司,公司尚未入账。

根据以上资料编制银行存款余额调节表,如表5-1-5所示。

表 5-1-5　银行存款余额调节表

银行存款余额调节表			
2011年6月30日			
项　目	金　额	项　目	金　额
企业银行存款日记账余额	100 000.00	银行对账单余额	105 000.00
加:银行已收、企业未收 　银行代收款项 减:银行已付、企业未付 　(1)银行代付电费 　(2)银行代付水费	 9 000.00 2 000.00 1 000.00	加:企业已收、银行未收 　存入的转账支票 减:企业已付、银行未付 　(1)开出转账支票 　(2)开出现金支票	 3 000.00 1 000.00 1 000.00
调节后的存款余额	106 000.00	调节后的存款余额	106 000.00

如果调节后双方余额相等,则一般说明企业与银行的记账没有差错。若不相等,则表明一方或双方记账有差错,应进一步核对,及时查明原因,并按照错账更正的方法予以更正。

小提示

　　银行存款余额调节表的编制只是为了检查账簿记录的正确性,而不是要更改账簿记录,所以不得按照银行存款余额调节表调整账面金额,各项未达账项要待收到银行转来的有关收、付结算凭证时,才进行账务处理。

(三)编制"银行存款余额调节表"的示范操作(见表5-1-6)

表 5-1-6　银行存款余额调节表

银行存款余额调节表			
2011年12月31日			
项　目	金　额	项　目	金　额
企业银行存款日记账余额	617 183.00	银行对账单余额	625 153.00
加:银行已收、企业未收	0.00	加:企业已收、银行未收	0.00
减:银行已付、企业未付	30.00	减:企业已付、银行未付	8 000.00
调节后的存款余额	617 153.00	调节后的存款余额	617 153.00

三、其他货币资金的清查方法

其他货币资金的清查方法与银行存款的清查基本相同。由于货币资金流动性强、涉及业务多、出现错弊的风险高，同时，货币资金计量精确，收付手续严格，正常情况下不会出现账实不符的情况。因此如果发现货币资金账实不符，哪怕只是细微的差错也不得忽略，尤其不能用个人资金抵补短款，以免掩盖货币资金的收付、核算或者管理过程中的错误和漏洞。

小思考

如果企业和银行均无记账错误，企业的银行存款日记账余额与银行对账单余额会一致吗？

任务提炼 主要货币资金清查的方法，见表5-1-7所示。

表5-1-7 主要货币资金清查的方法

清查的项目	清查的方法	清查后编制的报告表
库存现金	实地盘点的库存现金数与现金日记账账面余额数核对	现金盘点报告表
银行存款	企业银行存款日记账余额与银行对账单余额核对	银行存款余额调节表

任务延伸 企业的其他财产物资如存货和固定资产等该如何进行清查？

任务2 清查实物资产

提出任务 企业的实物资产种类很多，包括固定资产、原材料、在产品、委托加工材料和库存商品等，要通过从数量和质量上的清查，来核定其实际价值。

描述任务 由于不同实物资产的实物形态、体积重量、堆放方式、堆放地点等各不相同，所以采用的清查方法也不尽相同。

159

■ **任务演练**

为企业清查实物资产

资料 项目四中西安同仁有限公司2011年12月份固定资产、原材料和库存商品等账户以及固定资产、原材料和库存商品等实有数。

要求 1.清查完具体实物后填写"盘点表"。

2.根据"盘存单"和有关账簿记录，编制"实存账存对比表"。

3.想一想若发现盘亏或盘盈的存货如何进行账务处理。

相关知识

一、实物资产清查的定义

实物清查主要包括对各种存货以及固定资产等财产物资的清查。

二、实物资产清查的方法

由于实物的形态、体积、重量、堆放方式等不尽相同，因而所采用的方法也不尽相同。比较常用的清查方法有实地盘点法和技术推算法。

（一）实地盘点法

实地盘点法是指在财产物资存放现场逐一清点数量或用计量仪器确定其实存数的一种方法。其适用的范围较广，大多数财产物资的清查都可采用这种方法。

（二）技术推断法

技术推算法是指利用技术方法推算财产物资实存数的方法。采用技术推算法，对于财产物资不是逐一清点计数，而是通过量方计尺等技术手段推算财产物资的结存数量。这种方法一般适用于量大、成堆而价值又不高，难以逐一清点的财产物资的清查。例如，露天堆放的沙石、煤炭等。

对实物资产的数量进行清查的同时，还要对实物的质量进行鉴定，可根据不同的实物采用不同的检查方法，如物理法、化学法、直接观察法等。

为了明确经济责任、便于查阅，进行实物清查时，实物保管人员和盘点人员必须同时在场。对于盘点结果，应如实登记盘存单，见表 5-2-1所示，并由盘点人和实物保管人签字或盖章。

表 5-2-1　盘存单

盘　存　单									
单位名称： 财产类别：			盘点时间 存放地点					编号 金额单位	
品名	计量 单位	单价	账存数		实际盘点数		差异		备注
							盘盈	盘亏	
			数量	金额	数量	金额	数量	金额	数量	金额	

盘点人签章：　　　　　　　　　　　　　　　　　保管人：

盘存单既是记录盘点结果的书面证明，也是反映财产物资实存数的原始凭证。为了查明实存数与账存数是否一致，确定盘盈或盘亏情况，还应根据盘存单和有关账簿的记录，编制"实存账存对比表"，见表 5-2-2 所示。该表是用以调整账簿记录的重要原始凭证，也是分析差异产生、明确经济责任的重要依据。

表 5-2-2　账存实存对比表

账存实存对比表

年 月 日

品名	计量单位	单价	账存数		实际盘点数		差异				备注
							盘盈		盘亏		
			数量	金额	数量	金额	数量	金额	数量	金额	

主管人员：　　　　　　　　会计：　　　　　　　　　制表：

对于委托外单位加工、保管的材料、商品、物资以及在途的材料、商品、物资等，可以采取征询的方法与有关单位进行核对，以查明账实是否相符。

（三）编制账存实存对比表的示范操作

编制账存实存对比表的示范操作（见表 5-2-3）。

表 5-2-3　账存实存对比表

账存实存对比表

2011年 12月 31日

品名	计量单位	单价	账存数		实际盘点数		差异				备注
							盘盈		盘亏		
			数量	金额	数量	金额	数量	金额	数量	金额	
甲材料	KG	15.00	7 635.00	114 545.00	7 635.00	114 545.00					相符

主管人员：索云　　　　　会计：徐丽　　　　　　制表：万千

任务提炼　实物资产清查的方法，见表 5-2-4所示。

表 5-2-4　实物资产清查的方法

清查方法	适用范围	清查后编制的报告表
实地盘点法	适用于可以现场逐一清点或用计量仪器确定其实存数的大多数财产物资	盘存单、实存账存对比表
技术推算法	适用于量大、成堆而价值又不高，难以逐一清点的财产物资	盘存单、实存账存对比表

任务延伸　企业除了库存现金、银行存款和各种财产物资外还有各种往来的款项，又该如何进行清查？

任务 3　清查往来款项

提出任务　企业的应收款项、应付款项和预收、预付款项等，要根据不同款项的特点，采用不同的清查方法。

描述任务　企业的往来款项情况往往比较复杂，在清查时，不仅要查明应收、应付的余额，还要查明发生的原因，以便加强管理。

任务演练

为企业清查往来款项务

资料　项目四中西安同仁有限公司 2011年 12月份应收账款、应付账款等往来款项账户。

要求　1. 核对完账目后编写"往来款项对账单"。

　　　2. 根据"对账单"和有关账簿记录，编制"往来款项清查表"。

相关知识

一、往来款项清查的定义

往来款项是指各种债权债务结算款项，主要包括应收款项、应付款项和预收、预付款项等。往来款项清查主要包括对以上款项的清查。

二、往来款项清查的方法

往来款项的清查一般采用发函询证的方法进行核对。

（一）编制对账单

在检查单位结算往来款项正确性和完整性的基础上，根据有关明细分类账的记录，按用户编制对账单，送交对方单位核对相符。对账单一般一式两联，其中一联作为回单。如果对方单位核对相符，应在回单上盖章后退回；如果核对不符，则应将不符的情况在回单上注明，或另抄对账单退回，以便进一步清查。

（二）编制往来款项清查表

企业收到有关单位退回的对账单后，应据以编制"往来款项清查表"，如表 5-3-1 所示。注明核对相符或不符的款项。尤其应注意查明有无双方发生争议的款项、没有希望收回的款项或无法支付的款项，以便及时采取措施，避免坏账损失。

表 5-3-1　往来款项清查表

往来款项清查表

单位名称：　　　　　　　　　　　年　月　日　　　　　　　　　　单位：元

明细账户名称	账面结存余额	清查结果		发生日期	核对不符原因分析					备注
		核对相符金额	核对不符金额		错误账项	未达账项	拒付账项	有争议账项	其他	

任务提炼　往来款项清查的方法，见表 5-3-2 所示。

表 5-3-2　往来款项清查的方法

清查方法	适用范围	清查后编制的报告表
发函征询法	适用于应收、应付款项和预收、预付款项等	对账单、往来款项清查表

任务延伸　财产清查结束后，如果发现单位存在账实不符的情况该如何处理？

任务4　财产清查结果的处理

提出任务　对于财产清查中发现的账实不符情况，则由可能是财产管理管理等方面有问题，应当认真分析研究，按照相关法律法规和企业的规章制度进行处理。

描述任务　财产清查结束后，清查人员应向有关方面报告清查结果，对盘盈和盘亏的财产提出处理建议，并在审批之间做相关的账务处理。处理意见审批后，进行差异处理。

▋任务演练

对企业财产清查结果进行处理

资料　西安同仁有限公司 2011 年 12 月份财产清查的资料。

要求　1. 根据"清查结果报告表"和"盘点报告表"等编制记账凭证，调整有关财产 的账面价值，使账簿记录与实际盘存数相符。
　　　2. 会转销审批前已登记的损溢额，调整有关成本费用、营业外收入和支出等。

▋相关知识

一、财产清查结果的处理要求

如果财产清查的结果表明单位存在账实不符的情况，则有可能是财产管理和会计核算等方面有问题，应当认真分析研究，按照相关法律法规和企业的规章制度进行处理。

具体有以下几点要求。

1）分析账实不符的原因和性质，提出处理建议。

2）积极处理多余积压财产，清理往来款项。

3）总结经验教训，建立健全各项管理制度。

4）及时调整账簿记录，保证账实相符。

163

二、财产清查结果的处理步骤和方法

（一）审批之前的处理

1.报告清查结果

财产清查结束后，清查人员应向有关方面报告清查结果，对盘盈和盘亏的财产提出处理建议，由股东大会或董事会、经理（厂长）会议或类似机构根据管理权限批准后执行。

2.设置相关账户

为了记录、反映财产物资的盘盈、盘亏和毁损情况，应设置"待处理财产损溢"账户。该账户是资产类账户，借方登记财产物资盘亏、毁损的金额及经批准转销得的盘盈额；贷方登记存货的盘盈金额及经批准转销的盘亏额。

3.调整有关财产的账面价值，使账簿记录与实际盘存数相符

在处理建议得到批准之前，会计人员和财产管理人员应根据"清查结果报告表"和"盘点报告表"等资料，编制记账凭证，调整有关财产的账面价值，使账簿记录与实际盘存数相符。

（二）审批之后的处理

1.转销审批前已登记的损溢额

（1）转销原材料、产成品、现金发生的盘盈额

当原材料、产成品、现金发生的盘盈，报经批准后应冲减"管理费用"和"营业外收入"等科目。

（2）转销原材料、产成品、现金发生的盘亏额

原材料、产成品、现金发生的盘亏，报经批准后可转入"管理费用"和"营业外支出"等科目。若由于人为原因造成的财产毁损，应由责任人赔偿的，应转入"其他应收款"科目；若由于自然灾害和意外事故造成的损失，应转入"营业外支出"科目；若属于定额内损耗可转入"管理费用"科目。

2.往来款项清查结果的处理

1）发生坏账损失记入"坏账准备"科目，贷记"应收账款"等科目。
2）无法支付的应付款项，经批准直接记入"营业外收入"科目。

小提示

企业在日常工作中发生的待处理财产损溢，必须在年报编制前处理完毕。

任务提炼 财产清查结果的处理方法，见表5-4-1所示。

表 5-4-1　财产清查结果的处理

处理 项目	批准前	批准后
库存现金	发现盘盈： 借：库存现金 　　贷：待处理财产损溢 发现盘亏： 借：待处理财产损溢 　　贷：库存现金	处理盘盈： 借：待处理财产损溢 　　贷：管理费用（无法查明原因） 　　　　营业外收入（无法查明原因） 处理盘亏： 借：其他应收款——×××（责任人赔偿） 　　管理费用（无法查明原因）
存货	发现盘盈： 借：原材料等科目 　　贷：待处理财产损溢 发现盘亏： 借：待处理财产损溢 　　贷：原材料等科目	借：待处理财产损溢 　　贷：管理费用（无法查明原因） 　　　　营业外收入（无法查明原因） 处理盘亏： 借：其他应收款——×××（责任人、保险公司赔偿） 　　管理费用（管理不善、定额内损耗） 　　营业外支出（非常损失）

本项目会计从业资格考试大纲

一、财产清查概述

（一）财产清查的概念

1.按清查的范围可分为全面清查和局部清查

2.按清查的时间可分为定期清查和不定期清查

（二）财产清查的意义

1.通过财产清查，可以查明各项财产物资的实有数量，确定实有数量与账面数量之间的差异，查明原因和责任，以便采取有效措施，消除差异，改进工作，从而保证账实相符，提高会计资料的准确性

2.通过财产清查，可以查明各项财产物资的保管情况是否良好，有无因管理不善，造成霉烂、变质、损失浪费，或者被非法挪用、贪污盗窃的情况，以便采取有效措施，改善管理，切实保障各项财产物资的安全完整

3.通过财产清查，可以查明各项财产物资的库存和使用情况，合理安排生产经营活动，充分利用各项财产物资，加速资金周转，提高资金使用效果

（三）财产清查的一般程序

二、财产清查的方法

（一）货币资金的清查方法

1.库存现金的清查

2.银行存款的清查

（二）实物的清查方法

1.实地盘点法

2.技术推算法

165

（三）往来款项的清查方法

三、财产清查结果的处理

（一）财产清查结果的处理要求

1.分析账实不符的原因和性质，提出处理建议

2.积极处理多余积压财产，清理往来款项

3.总结经验教训，建立健全各项管理制度

4.及时调整账簿记录，保证账实相符

（二）财产清查结果的处理步骤和方法

1.审批之前的处理

2.审批之后的处理

项目**6**
财务会计报告的编制

项目介绍

    财务会计报告是企业会计核算的重要组成部分，是会计核算专门方法之一。财务会计报告是通过整理、汇总日常会计核算资料而定期编制的用来总括反映企业单位在某一特定日期的财务状况以及某一特定时期的经营成果的书面报告。本项目通过编制资产负债表和利润表等任务，正确掌握企业主要财务报表的编制方法。

学习目标

☆ 能力目标：会编制简单的资产负债表和利润表。

☆ 知识目标：掌握资产负债表、利润表的定义、结构及其基本编制方法。

☆ 社会目标：培养诚实守信、操守为重、信誉至上的职业精神。

学习内容

1. 编制资产负债表的方法。
2. 编制利润表的方法。

导　入

　　财务会计报告是企业经营业绩的成绩单。一个会计期间结束，企业需要向企业的利益相关者提供决策所需的会计信息，而财务会计报告是企业向外传递会计信息的主要手段，是会计期末工作中一项重要的职业活动。

任务1　编制资产负债表

　　提出任务　期末编制财务会计报告的主要任务之一是编制资产负债表。作为企业会计人员，要能根据有关账户的余额，运用资产负债表的编制方法，填列资产负债表各项目的年初余额和期末余额，这样才能全面反映企业的资产、负债和所有者权益状况。

　　描述任务　要完成资产负债表的编制任务，必须了解财务会计报告的基本知识，掌握资产负债表的结构和编制方法。

■ 任务演练

为企业编制资产负债表

　　资料　项目4中西安同仁有限公司2011年12月份登记完成的总分类账户及有关明细分 类账户期末余额。

　　要求　根据以上资料，为西安同仁有限公司编制2011年12月末的资产负债表。

■ 相关知识

一、财务会计报告的概念

　　财务会计报告，又称财务报告，是指单位提供的反映其某一特定日期财务状况和某一会计期间经营成果等会计信息的文件。

　　各类经济单位都需要编制财务报告，目的是向单位的有关各方，如出资人、债权人、监管机构、银行和税务机关等，提供全面、系统的财务会计信息，以帮助他们了解经济单位管理层受托责任的履行情况，分析其经济业务活动中存在的问题，便于报告的使用者做出更加合理的经济决策。

　　财务报告是单位财务会计确认、计量结果的最终体现，属于通用的对外会计报告。它把分散在各账簿上的资料进行分类、计算和汇总，形成了一套全面、综合地反映单位财务会计信息的系统文件，通常包括一套完整的结构化的报表体系，以及相关文字说明等。

二、财务会计报告的构成

　　财务会计报告包括会计报表及其附注和其他应当在财务会计报表中披露的相关信息和资料。而会计报表通常包括资产负债表、利润表、现金流量表等报表。而会计报表的附注是对资产负债表、利润表、现金流量表等报表中列示的项目所作的进一步说明，以及对未能在会计报表中列示项目的说明等。单位编制附注的目的是通过对会计报表本身作补充说明，以更加全面、系统地反映单位财务状况、经营成果和现金流量的全貌，从而有助于向使用者提供更为有用的决策信息，帮助其作出更加科学合理的决策。

财务会计报告分为年度财务会计报告和中期财务会计报告。中期财务报告是指以中期为基础编制的财务报告(包括短于一个完整的会计年度的报告期间，可以是一个月、一个季度或者半年等)，如月度财务报季度财务报告、半年度财务报告，年初至本中期末的财务报告。

三、财务会计报告的编制要求

为了实现财务会计报告的编制目的，最大限度地满足财务会计报告使用者的信息需求，单位编制的财务会计报告应当真实可靠、全面完整、编报及时、便于理解，符合国家统一的会计制度和会计准则的有关规定。

（一）真实可靠

财务报告提供的数字必须真实地反映企业的经营情况。财务报告必须根据记录完整、核实无误的账簿记录和其他有关资料编制，不得以计划数或估计数代替实际数，更不能伪造数字，编造不真实的财务报表。

（二）全面完整

财务报告企业必须根据会计准则、会计制度的规定，全面完整地编制。不得漏报，更不得有意隐瞒，力求保证相关信息全面、完整，充分披露。会计法规制度要求提供的财务报表，应该全部编制、报送；应当填列的报表指标，应分别按照表内、表外和补充资料的披露要求全部填列披露。

（三）编报及时

财务报告必须按照国家和有关部门规定的期限和程序及时编报，提高会计信息的时效性，帮助财务报告使用者及时决策。单位平时应按照规定时间做好记账、算账和对账工作，做到日清月结，按照规定的期限编制完成财务报告并对外报出，不得延迟但也不能为赶编报告而提前结账。

（四）便于理解

财务报告提供的会计信息应当清晰明了，便于财务会计报告使用者理解和使用。对于某些复杂的信息（如交易本身较为复杂或者会计处理较为复杂）但与使用者决策相关的，应当在财务会计报告中予以充分说明。

四、资产负债表

（一）资产负债表的概念和意义

1. 资产负债表的概念

资产负债表是指反映单位在某一特定日期财务状况的会计报表。它是根据会计等式"资产＝负债＋所有者权益"，依照一定的分类标准和编排顺序，将单位在特定日期的全部资产、负债和所有者权益项目进行适当分类、汇总、排列后编制而成的。由于报表中的数据体现的是特定时刻的状况，因此资产负债表属于静态报表。

2. 资产负债表的意义

资产负债表反映了单位在某一特定日期所拥有或控制的经济资源、所承担的现时义务和所有者对净资产的要求权。通过资产负债表，让报表的使用者可以一目了然地看出单位所拥有或者控制的资产总量及其结构；可以了解单位某一特定日期的权益结构，根据负债总额及其结构，分析单位目前与未来需要支付债务的数额，清楚地看出单位的资金来源及其构成情况。通过资产负债表有关内容的分析，报表使用者可以全面了解单位资产的流动性情况，分析单位的债务偿还能力，从而为未来的经济决策提供参考信息。

（二）资产负债表的格式

资产负债表的格式主要是账户式。报表按照"T"形账户的形式设计，采取左右结构，左边列示资产项目，右边列示负债和所有者权益项目，左右两方总额相等。该报告格式所反映的资产与权益的关系一目了然。

我国企业的资产负债表通常采用账户式结构，见表6-1-1所示，左方列示资产项目，反映全部资产的分布及存在形态，按资产的流动性大小排列，流动性大的资产如"货币资金"等排在前面，流动性小的资产如"长期股权投资"、"固定资产"等排在后面；右方列示负债和所有者权益项目，反映全部负债和所有者权益的内容及构成情况，一般按求偿权先后顺序排列，"短期借款"、"应付账款"等需要在一年以内或者长于一年的一个正常营业周期内偿还的流动负债排在前面，"长期借款"等在一年以上才需要偿还的非流动负债排在中间，在单位清算之前不需要偿还的所有者权益排在后面。资产负债表左右双方平衡，资产各项目的合计等于负债和所有者权益各项目的合计，即"资产＝负债＋所有者权益"。

表6-1-1　资产负债表

_____年_____月_____日

会企01表

编制单位：

单位：元

资　产	期末余额	年初余额	负债和所有者权益（或股东权益）	期末余额	年初余额
流动资产：			流动负债：		
货币资金			短期借款		
交易性金融资产			交易性金融负债		
应收票据			应付票据		
应收账款			应付账款		
预付账款			预收账款		
应收利息			应付职工薪酬		
应收股利			应交税费		
其他应收款			应付利息		
存货			应付股利		
一年内到期的非流动资产			其他应付款		
其他流动资产			一年内到期的非流动负债		

续表

资 产	期末余额	年初余额	负债和所有者权益（或股东权益）	期末余额	年初余额
流动资产合计			其他流动负债		
非流动资产：			流动负债合计		
可供出售金融资产			非流动负债：		
持有至到期投资			长期借款		
长期应收款			应付债券		
长期股权投资			长期应付款		
投资性房地产			预计负债		
固定资产			其他非流动负债		
在建工程			非流动负债合计		
工程物资			负债合计		
固定资产清理			所有者权益（或股东权益）：		
无形资产			实收资本（或股本）		
开发支出			资本公积		
商誉			减：库存股		
长期待摊费用			盈余公积		
其他非流动资产			未分配利润		
非流动资产合计			所有者权益（或股东权益）合计		
资产总计			负债和所有者权益（或股东权益）总计		

（三）资产负债表的编制方法

资产负债表的各项目均需填列"年初余额"和"期末余额"两栏数字。"年初余额"栏应根据上年末资产负债表的"期末余额"栏数字填列。"期末余额"栏依据有关账户的期末余额直接计算和分析填列。具体填列方法如下：

1. 根据总账账户的期末余额直接填列

资产负债表大部分项目的填列都是根据有关总账账户的余额直接填列，如"交易性金融资产"、"应收票据"、"应收利息"、"短期借款"、"应付票据"、"应付职工薪酬"、"应交税费"、"实收资本"、"资本公积"、"盈余公积"等。

2. 根据总账账户的期末余额计算填列

1）"货币资金"项目。本项目应根据"库存现金"、"银行存款"和"其他货币资金"等账户的期末余额之和填列。

2）"存货"项目。本项目应根据"原材料"、"库存商品"、"委托加工物资"、"周转材料"、"在途物资"、"发出商品"等账户的期末借方余额之和减去"存货跌价准备"账户的期末贷方余额后的差额填列。

3. 根据总账账户的期末余额分析填列

1）"固定资产"项目。本项目应根据"固定资产"账户的期末借方余额与"累计折旧"、"固定资产减值准备"账户的期末贷方余额之差填列。

171

2）"未分配利润"项目。本项目应根据"本年利润"账户和"利润分配"账户的期末余额填列。

4. 根据有关明细分类账户的期末余额计算填列

1）"应收账款"项目。本项目应根据"应收账款"和"预收账款"所属明细账户中的期末借方余额合计，减去"坏账准备"账户期末余额后的差额填列。

2）"预付账款"项目。本项目应根据"预付账款"和"应付账款"所属明细账户中的期末借方余额合计填列。

3）"应付账款"项目。本项目应根据"应付账款"和"预付账款"所属明细账户中的期末贷方余额合计填列。

4）"预收账款"项目。本项目应根据"预收账款"和"应收账款"所属明细账户中的期末贷方余额合计填列。

5. 根据总账余额和明细账余额计算填列

如"长期借款"项目，应以"长期借款"总账余额减去该账户明细账中"一年内到期的长期负债"的差额填列。

6. 资产负债表附注的内容，根据实际需要和有关备查账簿等的记录分析填列

如或有披露方面，按照备查账簿中记录的商业承兑汇票贴现情况，填列"已贴现的商业承兑汇票"项目。

五、编制资产负债表的示范操作

编制资产负债表的示范操作见表6-1-2所示。

表6-1-2　资产负债表

2011年12月31日　　　　　　　　　　　　　　会企01表

编制单位：西安同仁有限公司　　　　　　　　　　　单位：元

资产	期末余额	年初余额	负债和所有者权益（或股东权益）	期末余额	年初余额
流动资产：			流动负债：		
货币资金	620 063.00		短期借款	100 000.00	
交易性金融资产			交易性金融负债		
应收票据			应付票据		
应收账款	70 550.00		应付账款	69 700.00	
预付账款			预收账款	30 000.00	
应收利息			应付职工薪酬		
应收股利			应交税费	11 574.73	
其他应收款	3 000.00		应付利息	442.50	
存货	222 190.00		应付股利		
一年内到期的非流动资产			其他应付款		

续表

资 产	期末余额	年初余额	负债和所有者权益（或股东权益）	期末余额	年初余额
其他流动资产			一年内到期的非流动负债		
流动资产合计	915 803.00		其他流动负债		
非流动资产：			流动负债合计	211 717.23	
可供出售金融资产			非流动负债：		
持有至到期投资			长期借款		
长期应收款			应付债券		
长期股权投资			长期应付款		
投资性房地产			预计负债		
固定资产	315 765.00		其他非流动负债		
在建工程			非流动负债合计		
工程物资			负债合计	211.717.23	
固定资产清理			所有者权益（或股东权益）：		
无形资产			实收资本（或股本）	1 000 000.00	
开发支出			资本公积		
商誉			减：库存股		
长期待摊费用			盈余公积		
其他非流动资产			未分配利润	19 850.77	
非流动资产合计	315 765.00		所有者权益（或股东权益）合计	1 019 850.77	
资产总计	1 231 568.00		负债和所有者权益（或股东权益）总计	1 231 568.00	

 小提示

资产负债表中的年初余额可让学生根据相关账簿独立编制完成。

任务提炼 资产负债表中部分特殊项目的填制方法，见表6-1-3所示。

表6-1-3 资产负债表中部分特殊项目的填制方法

特殊项目	填制方法
货币资金	货币资金＝库存现金＋银行存款＋其他货币资金
应收账款	应收账款＝应收账款明细账（借余）＋预收账款明细账（借余）－坏账准备余额
预付账款	预付账款＝预付账款明细账（借余）＋应付账款明细账（借余）
存 货	存货＝在途物资＋原材料＋库存商品＋周转材料＋委托加工物资－存货跌价准备
固定资产	固定资产＝固定资产－累计折旧－固定资产减值准备
应付账款	应付账款＝应付账款明细账（贷余）＋预付账款明细账（贷余）
预收账款	预收账款＝预收账款（贷余）＋应收账款（贷余）

任务延伸 通过资产负债表我们可以全面了解一个单位所拥有或控制的资产总量及其结构；可以分析单位目前与未来需要支付的债务数额，可以清楚地看出单位的资金来源及其构成情况。那么我们要想了解一个单位一段时间的经营成果可以通过什么报表？

任务 2　编制利润表

提出任务　期末编制财务会计报告的主要任务之一是编制利润表。作为企业会计人员，要能根据有关损益类账户的发生额，运用利润表的编制方法，填列利润表各项目，全面反映企业的收入、费用状况及其经营成果。

描述任务　要完成利润表的编制任务，必须掌握利润表的结构、格式和编制方法。

任务演练

为企业编制利润表

资料　项目 4 中西安同仁有限公司 2011 年 12 月份已登记完成的各损益类账户的发生额。

要求　根据以上资料，为西安同仁有限公司编制 2011 年 12 月份的利润表。

相关知识

一、利润表的概念和意义

（一）利润表的概念

利润表是指反映单位在一定会计期间（月度、季度、年度）经营成果的会计报表。例如，年度利润表反映的是某年度 1 月 1 日至 12 月 31 日的经营成果。由于表内数据是说明某一期间的情况，因此利润表属于动态报表。

（二）利润表的意义

利润表能充分反映单位经营业绩的主要来源和结构，有助于使用者判断净利润的质量及其风险，有助于使用者预测净利润的持续性，从而作出正确的决策。通过利润表，可以从总体上了解单位收入、成本和费用、净利润（或亏损）的实现及构成情况，帮助财务报表使用者全面了解单位的经营成果；同时，通过利润表提供的不同时期的比较数字（本月数、本年累计数、上年数），分析单位的获利能力及利润的未来发展趋势，了解投资者投入资本的保值情况，从而为其作出经济决策提供依据。

二、利润表的格式

利润表的格式主要由多步式利润表和单步式利润表两种。

（一）多步式利润表

多步式利润表是按照利润的性质，将企业利润的构成内容分别列示，分层次计算出利润的一种利润表。因其计算过程有多个计算步骤，故称多步式。该报告格式虽然计算上较为复杂，但是提供的信息丰富，它把不同项目予以归类，可以揭示不同性质的收入与费用之间的配比关系，不仅反映单位最终的经营成果，而且还能提供不同业务的盈利水平，反映单位经营成果的不同来源和形成过程，从而便于报表使用者分析单位净利润增减变动的原因，评价单位净利润的质量及其风险，并预测单位未来的盈利能力。

我国企业的利润表采用多步式，见表 6-2-1所示。将不同性质的收入和费用进行对比，从而可以得出一些中间性的利润数据，便于使用者理解单位经营成果的不同来源。

表 6-2-1 利润表

____年____月 会企02表

编制单位： 单位：元

项　目	行次	本期金额	上期金额
一、营业收入	1		
减：营业成本	2		
营业税金及附加	3		
销售费用	4		
管理费用	5		
财务费用	6		
资产减值损失	7		
加：公允价值变动收益（损失以"－"号填列）	8		
投资收益（损失以"－"号填列）	9		
其中：对联营企业和合营企业的投资收益	10		
二、营业利润（亏损以"－"号填列）	11		
加：营业外收入	12		
减：营业外支出	13		
其中非流动资产处置损失	14		
三、利润总额（亏损以"－"号填列）	15		
减：所得税费用	16		
四、净利润（净亏损以"－"号填列）	17		

（二）单步式利润表

单步式利润表示将当期所有的收入列在一起，然后将所有的费用列在一起，两者相减得出当期净损益。该报告格式直观、简单，避免了项目分类上的困难，但是提供的信息量比多步式利润表大为减少，不利于报表使用者分析单位经营业绩的主要来源和构成以及在不同单位之间进行比较，也不利于预测单位未来的盈利能力。

三、利润表编制的基本方法

利润表在形式上分为表头和表体两部分。表头部分主要反映报表名称、报表编制单位名称、报表编制日期和货币计量单位等内容；表体部分主要反映报表的各项指标内容。

（一）本期金额栏的填列方法

利润表中"本期金额"栏内各项数字一般应根据损益类科目的发生额填列。

1. 根据有关账户发生额直接填列

表中的营业税金及附加、销售费用、管理费用、财务费用、投资收益、资产减值损失、营业外收入、营业外支出等项目应根据各账户本期发生额填列。

2. 根据有关账户发生额计算填列

表中"营业收入"项目，应根据"主营业务收入"和"其他业务收入"账户的发生额分析计算填列；"营业成本"项目，根据"主营业务成本"和"其他业务成本"账户的发生额分析计算填列。

3. 根据表内各项目之间的关系计算填列

（1）表内"营业利润"应以营业收入为基础计算填列

营业利润＝营业收入－营业成本－营业税金及附加－销售费用－管理费用
－财务费用－资产减值损失＋公允价值变动损益（－公允价值变动损失）
＋投资收益（－投资损失）

（2）表内"利润总额"应以营业利润为基础计算填列

利润总额＝营业利润＋营业外收入－营业外支出

（3）表内"净利润"应以利润总额为基础计算填列

净利润＝利润总额－所得税费用

（二）上期金额栏的填列方法

利润表中"上期金额"栏，应根据上年利润表中"本期金额"栏内所列数字填列。如果上年该期利润表规定的各个项目的名称和内容同本期不相一致，应对上年该期利润表各个项目的名称和数字按本期的规定进行调整，填入利润表"上期金额"栏内。

另外，利润分配表可以作为利润表的一部分而纳入利润表，也可作为利润表的附表单独编制。由于利润分配表反映了企业全年利润分配情况，因此该表的各项目应分别根据"利润分配"账户及其所属的明细分类账户的全年累计发生额及年初、年末余额分析计算填列。

四、编制利润表的示范操作（见表 6-2-2）

表 6-2-2　利润表

2011 年 12 月

会企 02 表

编制单位：

单位：元

项　目	行次	本期金额	上期金额
一、营业收入	1	212 400.00	
减：营业成本	2	147 010.00	
营业税金及附加	3	159.80	
销售费用	4	3 000.00	
管理费用	5	27 820.00	
财务费用	6	442.50	

续表

项 目	行次	本期金额	上期金额
资产减值损失	7		
加：公允价值变动收益（损失以"－"号填列）	8		
投资收益（损失以"－"号填列）	9		
其中：对联营企业和合营企业的投资收益	10		
二、营业利润(亏损以"－"号填列)	11	33 967.70	
加：营业外收入	12	500.00	
减：营业外支出	13	8 000.00	
其中非流动资产处置损失	14		
三、利润总额(亏损以"－"号填列)	15	26 467.70	
减：所得税费用	16	6 616.93	
四、净利润（净亏损以"－"号填列）	17	19 850.77	

从编制依据、格式、反映内容、形态和填列方法等方面入手，对比资产负债表与利润表的不同之处。

任务提炼 利润表内主要项目的计算方法，见表6-2-3所示。

表6-2-3 利润表内主要项目的计算方法

项 目	计 算 方 法
营业收入	营业收入＝主营业务收入＋其他业务收入
营业成本	营业成本＝主营业务成本＋其他业务成本
营业利润	营业利润＝营业收入－营业成本－营业税金及附加－销售费用－管理费用－财务费用－资产减值损失＋公允价值变动损益（－公允价值变动损失）＋投资收益（－投资损失）
利润总额	利润总额＝营业利润＋营业外收入－营业外支出
净利润	净利润＝利润总额－所得税费用

小提示

现金流量表是反映单位在一定会计期间现金和现金等价物流入和流出的会计报表。

本项目会计从业资格考试大纲

一、财务会计报告的概念

二、财务会计报告的构成

三、财务会计报告的编制要求

（一）真实可靠

（二）全面完整

（三）编报及时

（四）便于理解

四、资产负债表

（一）资产负债表的概念和意义

（二）资产负债表的格式

（三）资产负债表编制的基本方法

1. 根据总账账户的余额直接填列

2. 根据总账账户的余额计算填列

3. 根据总账账户的余额分析填列

4. 根据明细账户的余额计算填列

5. 根据总账余额和明细账余额计算填列

6. 资产负债表附注的内容，根据实际需要和有关备查账簿等的记录分析填列

五、利润表

（一）利润表的概念和意义

（二）利润表的格式

（三）利润表编制的基本方法

1. 本期金额栏的填列方法

2. 上期金额栏的填列方法

项目 7
会计核算方法的归纳与账务处理程序的运用

项目介绍

　　为了减少会计人员的工作量，提高会计核算工作效率，在性质不同、规模不一和业务量不等的企业，尽管采用的会计核算方法相同，但选择的账务处理程序是不同的。

　　本项目通过归纳会计核算方法，通过分别选择根据记账凭证登记总账、根据科目汇总表登记总账和根据汇总记账凭证登记总账等任务的完成，掌握正确的企业会计核算的方法和不同的总账登记方法。

学习目标

☆　能力目标：能够熟练运用记账凭证账务处理程序和科目汇总表账务处理程序进行会计核算。

☆　知识目标：掌握会计核算的七种方法；了解账务处理程序的含义；熟悉各种账务处理程序的操作步骤；掌握各种账务处理程序的优缺点和适用范围；掌握科目汇总表和汇总记账凭证的编制。

☆　社会目标：培养理论联系实际的能力，在实践中提高分析问题、解决问题的能力。

学习内容

1. 会计核算的七种方法。
2. 记账凭证账务处理程序。
3. 科目汇总表账务处理程序。
4. 汇总记账凭证账务处理程序。

导 入

在前面的学习过程中，我们已经掌握了复式记账的概念和借贷记账法的运用，掌握了原始凭证的审核要求和记账凭证的编制方法，掌握了会计账簿的登记方法和期末结账，那么，如何将凭证、账簿、报表等这些我们已经掌握的单项技术进行有机的结合，才可既有利于会计工作的开展保证会计资料的质量，又能够在减轻会计人员的工作量同时保证核算工作的质量呢？

任务 1　归纳会计核算方法

提出任务　会计必须掌握一系列专门的方法，才能核算和监督会计对象，实现会计工作的目标。

描述任务　会计核算方法是对各单位已经发生的经济活动进行连续、系统、完整和综合的核算和监督所采用的方法。会计核算方法包括设置会计科目与账户、复式记账、填制和审核会计凭证、登记账簿、成本计算、财产清查、编制财务会计报告。

■ 任务演练

归纳企业的会计核算方法

资料　西安同仁有限公司 2011 年 12 月份账务处理过程。

要求　简单归纳西安同仁有限公司所采用的会计核算方法。

■ 相关知识

一、设置会计科目和账户

设置会计科目和账户是指会计对象的具体内容进行分门别类的核算，确定会计科目，并以会计科目为名称，在会计账簿中开设账户。

二、复式记账

复式记账是一种记账方法，是对企业单位发生的每一笔经济业务，都以相等的金额在两个或两个以上相互联系的账户中进行登记。

三、填制和审核会计凭证

任何一项经济业务的发生或完成，都要填制或取得相应的原始凭证，并由经办人员签名盖章。所有的原始凭证都要经过会计人员的审核，根据审核无误的原始凭证编制记账凭证，对作为登记账簿的依据。

四、登记账簿

登记账簿是会计运用复式记账的原理，将数量繁多的会计凭证分门别类地在账簿上进行连续、完整的记录和反映各项经济业务的一种专门方法。

五、成本计算

成本计算是把生产经营过程中发生的产品生产费用，按照各种不同的成本计算对象进行归集和分配，进而计算产品的总成本和单位成本的一种专门方法。

六、财产清查

财产清查是单位定期或不定期地通过盘点实物、核对账目，查明各项财产物资的实有数，并将实存数与账存数进行核对，确定账实是否相符，如果账实不符，查明原因，提出处理意见，并根据实存数调整账务，以确保账实相符的一种专门方法。

七、编制财务会计报告

根据账簿记录的数据资料采用一定的表格形式，概括地、综合地反映各单位财务状况和经营成果。

任务提炼　会计核算方法流程，如图 7-1-1 所示。

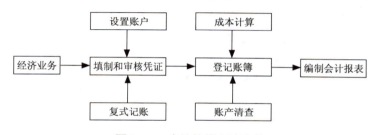

图 7-1-1　会计核算方法流程

任务延伸　西安同仁有限公司的会计核算方法？

任务 2　运用记账凭证账务处理程序

提出任务　作为会计人员，在企业经济业务事项的发生后，要会运用会计凭证登记总分类账。

描述任务　记账凭证账务处理程序是指对所发生的经济业务事项，根据原始凭证或汇总原始凭证编制记账凭证，然后直接根据记账凭证逐笔登记总分类账的一种账务处理程序。最基本的账务处理程序，其他账务处理程序都是在此基础上演变和发展形成的。它的显著特点是直接根据各种记账凭证逐笔登记总分类账。

■ 任务演练

总结企业记账凭证账务处理程序的步骤

资料　西安同仁有限公司 2011 年 12 月份已完成的会计核算资料。

要求　简单归纳西安同仁有限公司的账务处理程序。

相关知识

一、账务处理程序的概念

账务处理程序是指会计凭证、会计账簿与会计报表按一定的步骤或程序有机结合的方式。三者相互结合的方式不同，就形成了不同的账务处理程序。不同的账务处理程序又有不同的特点、方法和适用范围。我国常用的账务处理程序主要有记账凭证账务处理程序、科目汇总表账务处理程序和汇总记账凭证账务处理程序。这三种账务处理程序有许多共同之处，但也存在不同。它们的不同之处在于登记总分类账的依据和方法不同。

二、记账凭证账务处理程序的定义

记账凭证账务处理程序是指对所发生的经济业务事项，根据原始凭证或汇总原始凭证编制记账凭证，然后直接根据记账凭证逐笔登记总分类账的一种账务处理程序。

三、记账凭证账务处理程序的一般步骤

1）根据原始凭证编制汇总原始凭证（根据需要完成）。
2）根据审核无误的原始凭证或汇总原始凭证，编制记账凭证。
3）根据审核无误的收款凭证、付款凭证逐笔序时登记现金日记账和银行存款日记账。
4）根据审核无误的原始凭证、汇总原始凭证和记账凭证逐笔登记相关明细分账。
5）根据审核无误的记账凭证逐笔登记总分类账。
6）定期进行日记账与总账（现金、银行存款）、总账与所属明细账余额的核对，以保证账账相符。
7）期末（月末、季末、年末）结账后，根据总分类账和明细分类账的记录，编制会计报表。

四、记账凭证账务处理程序的特点、优缺点及适用范围

（一）特点

在记账凭证账务处理程序下，会计人员可以直接根据记账凭证登记总分类账。它是会计核算中最基本的账务处理程序，其显著特点是直接根据各种记账凭证逐笔登记总分类账，其他账务处理程序都是在这种账务处理程序的基础上发展、演变形成。

（二）优缺点

记账凭证账务处理程序的优点是记账程序简单明了、易于理解，总分类账可以较详细地反映经济业务的发生情况，便于查账。其缺点登记总分类账的工作量大。

（三）适用范围

该账务处理程序适用于规模小、经济业务量较小的单位。

任务提炼　记账凭证账务处理程序，如图7-2-1所示。

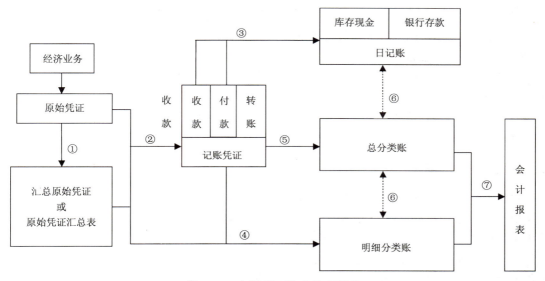

图 7-2-1　记账凭证账务处理程序

任务延伸　当企业规模比较大，经济业务比较多时，如果使用记账凭证账务处理程序会造成什么结果？

任务3　运用科目汇总表账务处理程序

提出任务　作为会计人员，在企业经济业务较多时，要会运用科目汇总表登记总分类账。

描述任务　科目汇总表凭证账务处理程序是根据记账凭证定期编制科目汇总表，然后根据科目汇总表登记总分类账的一种账务处理程序。

■ 任务演练

用科目汇总表为企业登记总分类账

资料　项目3中已编制完成的西安同仁有限公司 2011 年 12 月份的记账凭证。

要求　1. 根据记账凭证画出各"T"型账户。
2. 根据各"T"型账户本月借、贷方合计数，编制科目汇总表。
3. 根据科目汇总表登记总分类账。

183

■ 相关知识

一、科目汇总表账务处理程序的一般步骤

1）根据原始凭证编制汇总原始凭证（根据需要完成）。
2）根据审核无误的原始凭证或汇总原始凭证，编制记账凭证。
3）根据审核无误的收款凭证、付款凭证逐笔序时登记现金日记账和银行存款日记账。

4）根据审核无误的原始凭证、汇总原始凭证和记账凭证逐笔登记相关明细分账。

5）根据审核无误的各种记账凭证编制科目汇总表。

6）根据科目汇总表登记总分类账。

7）定期进行日记账与总账（现金、银行存款）、总账与所属明细账余额的核对，以保证账账相符。

8）期末（月末、季末、年末）结账后，根据总分类账和明细分类账的记录，编制会计报表。

二、科目汇总表的编制方法

科目汇总表是根据一定时期内的全部记账凭证，按照相同的会计科目进行归类，汇总计算出每一总账会计科目的借方本期发生额和贷方本期发生额合计数，填写在科目汇总表的相关栏内，全部科目的借方发生额合计数应与贷方发生额合计数相等。科目汇总表可每汇总一次编一张，也可以按句汇总一次，每月编制一张。任何格式的科目汇总表，都只反映各个会计科目的借方本期发生额和贷方发生额，不反映各个会计科目之间的对应关系。科目汇总表的一般格式，见表 7-3-1 所示。

表 7-3-1

编号：	附件共	张
现收	第　号至　号共	张
现付	第　号至　号共	张
银收	第　号至　号共	张
银付	第　号至　号共	张
转账	第　号至　号共	张

科 目 汇 总 表

年 月 日至 月 日

会 计 科 目	借　方	√	贷　方	√	会 计 科 目	借　方	√	贷　方	√
合计					合计				

财务主管　　　　记账　　　　　　　复核　　　　　制表

三、科目汇总表账务处理程序的特点、优缺点及适应范围

（一）特点

在科目汇总表账务处理程序下，会计人员先根据记账凭证，按各个会计科目定期归类、汇总编制科目汇总表（如按 5 日、10 日或 15 日汇总一次）。然后根据科目汇总表分次或分期登记总分类账（总分类账可以根据每次汇总编制的科目汇总表随时进行登记，也可以在月末根据科目汇总表的借方发生额和贷方发生额的全月合计数一次登记）从而简化了总分类账的登记工作。

（二）优缺点

科目汇总表的编制和使用较为简便，易学易做；根据科目汇总表一次或分次登记总分类账，可以大大减少登记总分类账的工作量；而且科目汇总表还可以起到试算平衡的作用，有利于保证总账登记的正确性。

然而，在科目汇总表的总分类账中，不反映各科目的对应关系，因而不便于根据账簿记录检查、分析经济业务的来龙去脉。

（三）适应范围

该账务处理程序适用于所有类型的单位，尤其适用于经济业务较多的单位。

 小提示

科目汇总表账务处理程序中，总账的登记时间必须与科目汇总表的编制时间一致。

四、编制科目汇总表的示范操作

1）西安同仁有限公司根据 12 月份记账凭证登记的各"T"型账户，如图 7-3-1 ~图 7-3-30 所示。

借	库存现金	贷
银付④　5 000	现付①　500	
现收①　　500	现付②　3 000	
	现付③　420	
本月合计　5 500	本月合计　3 920	

图 7-3-1　库存现金"T"型账户

借	实收资本	贷
		银收①　500 000
		本月合计　500 000

图 7-3-2　实收资本"T"型账户

借	累计折旧	贷	
		转⑤	11 500
		本月合计	11 500

图 7-3-3 累计折旧"T"型账户

借	其他应收款	贷	
现付②	3 000		
本月合计	3 000		

图 7-3-4 其他应收款"T"型账户

借	预收账款	贷	
		银收⑥	30 000
		本月合计	30 000

图 7-3-5 预收账款"T"型账户

借	原材料	贷	
银付②	167 500	转②	84 000
转①	27 500	转⑨	4 000
本月合计	195 000	本月合计	88 000

图 7-3-6 原材料"T"型账户

借	固定资产	贷	
银付①	8 000		
本月合计	8 000		

图 7-3-7 固定资产"T"型账户

借	库存商品	贷	
转⑦	158 900	转⑧	143 010
本月合计	158 900	本月合计	143 010

图 7-3-8 库存商品"T"型账户

借	应付职工薪酬	贷	
银付⑤	79 000	转③	79 000
本月合计	79 000	本月合计	79 000

图 7-3-9 应付职工薪酬"T"型账户

借	应付利息	贷	
		转①	442.50
		本月合计	442.50

图 7-3-10 应付利息"T"型账户

借	管理费用	贷	
转②	4 500	转⑬	27 820
转③	18 000		
现付①	300		
银付⑥	1 500		
现付③	420		
银付⑦	1 300		
转⑤	1 800		
本月合计	27 820	本月合计	27 820

图 7-3-11 管理费用"T"型账户

借	银行存款	贷	
银收①	500 000	银付①	9 360
银收②	100 000	银付②	195 975
银收③	136 890	银付③	32 175
银收④	6 318	银付④	5 000
银收⑤	87 750	银付⑤	79 000
银收⑥	30 000	银付⑥	3 500
		银付⑦	7 800
		银付⑧	3 000
		银付⑨	8 000
本月合计	860 958	本月合计	343 810

图 7-3-12 银行存款"T"型账户

借	应交税费		贷	
银付①	1 360	银收③		19 890
银付②	28 475	转④		15 300
转①	4 675	银收④		918
		转⑩		159.80
		转⑭		6 616.93
本月合计	34 510	本月合计		42 884.73

图 7-3-13　应交税费"T"型账户

借	制造费用		贷
转②	7 000	转⑥	38 400
转③	13 000		
现付①	200		
银付⑥	2 000		
银付⑦	6 500		
转⑤	9 700		
本月合计	38 400	本月合计	38 400

图 7-3-14　制造费用"T"型账户

借	短期借款		贷
		银收②	100 000
		本月合计	100 000

图 7-3-15　短期借款"T"型账户

借	应收账款		贷
转④	105 300	银收⑤	87 750
本月合计	105 300	本月合计	87 750

图 7-3-16　应收账款"T"型账户

借	应付账款		贷
银付③	32 175	转①	32 175
本月合计	32 175	本月合计	32 175

图 7-3-17　应付账款"T"型账户

借	生产成本		贷
转②	72 500	转⑦	158 900
转③	48 000		
转⑥	38 400		
本月合计	158 900	本月合计	158 900

图 7-3-18　生产成本"T"型账户

借	财务费用		贷
转⑪	442.50	转⑬	442.50
本月合计	442.50	本月合计	442.50

图 7-3-19　账雾费用"T"型账户

借	销售费用		贷
银付⑧	3 000	转⑬	3 000
本月合计	3 000	本月合计	3 000

图 7-3-20　销售费用"T"型账户

借	主营业务收入		贷
转⑫	207 000	银收③	117 000
		转④	90 000
本月合计	207 000	本月合计	207 000

图 7-3-21　主营业务收入"T"型账户

借	营业外收入		贷
转⑫	500	现收①	500
本月合计	500	本月合计	500

图 7-3-22　营业外收入"T"型账户

借	主营业务成本	贷
转⑧ 143 010	转⑬ 143 010	
本月合计 143 010	本月合计 143 010	

图 7-3-23 主营业务成本"T"型账户

借	营业外支出	贷
银付⑨ 8 000	转⑬ 8 000	
本月合计 8 000	本月合计 8 000	

图 7-3-24 营业外支出"T"型账户

借	营税金及附加	贷
转⑩ 159.80	转⑬ 159.80	
本月合计 159.80	本月合计 159.80	

图 7-3-25 营税金及附加"T"型账户

借	其他业务收入	贷
转⑫ 5 400	银收④ 5 400	
本月合计 5 400	本月合计 5 400	

图 7-3-26 其他业务收入"T"型账户

借	其他业务成本	贷
转⑨ 4 000	转⑬ 4 000	
本月合计 4 000	本月合计 4 000	

图 7-3-27 其他业务成本"T"型账户

借	所得税费用	贷
转⑭ 6 616.93	转⑮ 6 616.93	
本月合计 6 616.93	本月合计 6 616.93	

图 7-3-28 所得税费用"T"型账户

借	本年利润	贷
转⑬ 186 432.30	转⑪ 212 900	
转⑮ 6 616.93		
转⑯ 19 850.77		
	本月合计 212 900	

图 7-3-29 本年利润"T"型账户

借	利润分配	贷
	转⑯ 19 850.77	
	本月合计 19 850.77	

图 7-3-30 利润分配"T"型账户

所有"T"型账户的借方发生额合计数为 2 298 492.23;所有"T"型账户的贷方发生额合计数为 2 298 492.23。

2)西安同仁有限公司根据 12 月份各"T"型账户本月借、贷方合计数,编制的科目汇总表,见表 7-3-2 所示。

表 7-3-2

科 目 汇 总 表

2011 年 12 月 1 日至 12 月 31 日

编号：1 附件共　36　张	
现收	第 01 号至　号共 1 张
现付	第 01 号至 03 号共 3 张
银收	第 01 号至 06 号共 6 张
银付	第 01 号至 09 号共 9 张
转账	第 01 号至 16 号共 17 张

财务主管　　　记账

会计科目	借方	√	贷方	√	会计科目	借方	√	贷方	√
库存现金	5 500		3 920		应付利息			442.5	
银行存款	860 958		343 810		实收资本			500 000	
应收账款	105 300		87 750		财务费用	442.5		442.5	
其他应收款	3 000				管理费用	27 820		27 820	
原材料	195 000		88 000		销售费用	3 000		3 000	
库存商品	158 900		143 010		主营业务收入	207 000		207 000	
固定资产	8 000				主营业务成本	143 010		143 010	
累计折旧			11 500		营业税金及附加	159.8		159.8	
生产成本	158 900		158 900		其他业务收入	5 400		5 400	
制造费用	38 400		38 400		其他业务成本	4 000		4 000	
短期借款			100 000		营业外收入	500		500	
应付账款	32 175		32 175		营业外支出	8 000		8 000	
应付职工薪酬	79 000		79 000		所得税费用	6 616.93		6 616.93	
预收账款			30 000		本年利润	212 900		212 900	
应交税费	34 510		42 884.73		利润分配			19 850.77	
合计					合计	2 298 492.23		2 298 492.23	

财务主管　　　记账　　　复核　　　制表

3）西安同仁有限公司根据科目汇总表登记的总分类账见表 7-3-3～表 7-3-32 所示。

表 7-3-3　　　　　第 1 页

总 分 类 账

一级科目　库存现金

2011年		凭证		摘要	借方	核对	贷方	核对	借或贷	余额	核对
月	日	种类	号数								
12	1			期初余额					借	1 300 00	
12	31	科汇	1	本期发生额	5 500 00		3 920 00		借	2 880 00	

表 7-3-4　　　　　第 2 页

总 分 类 账

一级科目　银行存款

2011年		凭证		摘要	借方	核对	贷方	核对	借或贷	余额	核对
月	日	种类	号数								
12	1			期初余额					借	100 035 00	
12	31	科汇	1	本期发生额	860 958 00		343 810 00		借	617 183 00	

189

表 7-3-5　　　　　　　　　　　　　　　　　　　　　第 3 页

总 分 类 账

一级科目　　应收账款

2011年 月	日	凭证 种类	号数	摘要	借方 亿	千	百	十	万	千	百	十	元	角	分	核对	贷方 亿	千	百	十	万	千	百	十	元	角	分	核对	借或贷	余额 亿	千	百	十	万	千	百	十	元	角	分	核对
12	1			期初余额																									借					5	3	0	0	0	0	0	
12	31	科汇	1	本期发生额				1	0	5	3	0	0	0	0						8	7	7	5	0	0	0		借					7	0	5	5	0	0	0	

表 7-3-6　　　　　　　　　　　　　　　　　　　　　第 4 页

总 分 类 账

一级科目　　原材料

2011年 月	日	凭证 种类	号数	摘要	借方 亿	千	百	十	万	千	百	十	元	角	分	核对	贷方 亿	千	百	十	万	千	百	十	元	角	分	核对	借或贷	余额 亿	千	百	十	万	千	百	十	元	角	分	核对
12	1			期初余额																									借					7	6	3	0	0	0	0	
12	31	科汇	1	本期发生额				1	9	5	0	0	0	0	0						8	8	0	0	0	0	0		借				1	8	3	3	0	0	0	0	

表 7-3-7　　　　　　　　　　　　　　　　　　　　　第 5 页

总 分 类 账

一级科目　　其他应收款

2011年 月	日	凭证 种类	号数	摘要	借方 亿	千	百	十	万	千	百	十	元	角	分	核对	贷方 亿	千	百	十	万	千	百	十	元	角	分	核对	借或贷	余额 亿	千	百	十	万	千	百	十	元	角	分	核对
12	31	科汇	1	本期发生额						3	0	0	0	0	0														借						3	0	0	0	0	0	

表 7-3-8　　　　　　　　　　　　　　　　　　　　　第 6 页

总 分 类 账

一级科目　　库存商品

2011年 月	日	凭证 种类	号数	摘要	借方 亿	千	百	十	万	千	百	十	元	角	分	核对	贷方 亿	千	百	十	万	千	百	十	元	角	分	核对	借或贷	余额 亿	千	百	十	万	千	百	十	元	角	分	核对
12	1			期初余额																									借					2	3	0	0	0	0	0	
12	31	科汇	1	本期发生额				1	5	8	9	0	0	0	0					1	4	3	0	1	0	0	0		借					3	8	8	9	0	0	0	

表 7-3-9　　　　　　　　　　　　　　　　　　　　　第 7 页

总 分 类 账

一级科目　　固定资产

2011年 月	日	凭证 种类	号数	摘要	借方 亿	千	百	十	万	千	百	十	元	角	分	核对	贷方 亿	千	百	十	万	千	百	十	元	角	分	核对	借或贷	余额 亿	千	百	十	万	千	百	十	元	角	分	核对
12	1			期初余额																									借				3	3	0	0	0	0	0	0	
12	31	科汇	1	本期发生额						8	0	0	0	0	0														借				3	3	8	0	0	0	0	0	

表 7-3-10 第 8 页

总 分 类 账

一级科目　　累计折旧

月	日	种类	号数	摘要	借方亿	千	百	十	万	千	百	十	元	角	分	核对	贷方亿	千	百	十	万	千	百	十	元	角	分	核对	借或贷	余额亿	千	百	十	万	千	百	十	元	角	分	核对
12	1			期初余额																									贷					1	0	7	3	5	0	0	
12	31	科汇	1	本期发生额																									贷					2	2	2	3	5	0	0	

表 7-3-11 第 9 页

总 分 类 账

一级科目　　生产成本

月	日	种类	号数	摘要	借方亿	千	百	十	万	千	百	十	元	角	分	核对	贷方亿	千	百	十	万	千	百	十	元	角	分	核对	借或贷	余额亿	千	百	十	万	千	百	十	元	角	分	核对
12	31	科汇	1	本期发生额				1	5	8	9	0	0	0	0					1	5	8	9	0	0	0	0		平									θ			

表 7-3-12 第 10 页

总 分 类 账

一级科目　　短期借款

月	日	种类	号数	摘要	借方亿	千	百	十	万	千	百	十	元	角	分	核对	贷方亿	千	百	十	万	千	百	十	元	角	分	核对	借或贷	余额亿	千	百	十	万	千	百	十	元	角	分	核对
12	31	科汇	1	本期发生额															1	0	0	0	0	0	0	0	0		贷			1	0	0	0	0	0	0	0	0	

表 7-3-13 第 11 页

总 分 类 账

一级科目　　制造费用

月	日	种类	号数	摘要	借方亿	千	百	十	万	千	百	十	元	角	分	核对	贷方亿	千	百	十	万	千	百	十	元	角	分	核对	借或贷	余额亿	千	百	十	万	千	百	十	元	角	分	核对
12	31	科汇	1	本期发生额					3	8	4	0	0	0	0						3	8	4	0	0	0	0		平									θ			

表 7-3-14 第 12 页

总 分 类 账

一级科目　　应付账款

月	日	种类	号数	摘要	借方亿	千	百	十	万	千	百	十	元	角	分	核对	贷方亿	千	百	十	万	千	百	十	元	角	分	核对	借或贷	余额亿	千	百	十	万	千	百	十	元	角	分	核对
12	1	科汇		期初余额																									贷					6	9	7	0	0	0	0	
12	31			本期发生额																									贷					6	9	7	0	0	0	0	

表 7-3-15 第 13 页

总 分 类 账

一级科目　　应付职工薪酬

月	日	种类	号数	摘要	借方亿	千	百	十	万	千	百	十	元	角	分	核对	贷方亿	千	百	十	万	千	百	十	元	角	分	核对	借或贷	余额亿	千	百	十	万	千	百	十	元	角	分	核对
12	31	科汇	1	本期发生额					7	9	0	0	0	0	0						7	9	0	0	0	0	0		平									θ			

表 7-3-16

总 分 类 账

一级科目　预收账款

2011年 月	日	凭证 种类	号数	摘要	借方	核对	贷方	核对	借或贷	余额	核对
12	31	科汇	1	本期发生额			3 0 0 0 0 0 0 0		贷	3 0 0 0 0 0 0 0	

表 7-3-17

总 分 类 账

一级科目　应交税费

2011年 月	日	凭证 种类	号数	摘要	借方	核对	贷方	核对	借或贷	余额	核对
12	1			期初余额					贷	3 2 0 0 0 0	
12	31	科汇	1	本期发生额	3 4 5 1 0 0 0		4 2 8 8 4 7 3		贷	1 1 5 7 4 7 3	

表 7-3-18

总 分 类 账

一级科目　应付利息

2011年 月	日	凭证 种类	号数	摘要	借方	核对	贷方	核对	借或贷	余额	核对
12	31	科汇	1	本期发生额			4 4 2 5 0		贷	4 4 2 5 0	

表 7-3-19

总 分 类 账

一级科目　实收资本

2011年 月	日	凭证 种类	号数	摘要	借方	核对	贷方	核对	借或贷	余额	核对
12	1			期初余额					贷	5 0 0 0 0 0 0 0 0	
12	31	科汇	1	本期发生额			5 0 0 0 0 0 0 0 0		贷	1 0 0 0 0 0 0 0 0 0	

表 7-3-20

总 分 类 账

一级科目　财务费用

2011年 月	日	凭证 种类	号数	摘要	借方	核对	贷方	核对	借或贷	余额	核对
12	31	科汇	1	本期发生额	4 4 2 5 0		4 4 2 5 0		平	θ	

表 7-3-21

总 分 类 账

一级科目　管理费用

2011年 月	日	凭证 种类	号数	摘要	借方	核对	贷方	核对	借或贷	余额	核对
12	31	科汇	1	本期发生额	2 7 8 2 0 0 0		2 7 8 2 0 0 0		平	θ	

表 7-3-22　　　　　　　　　　　　　　　　　第 20 页

总 分 类 账

一级科目　　销售费用

2011年 月	日	凭证 种类	凭证 号数	摘要	借方 亿千百十万千百十元角分	核对	贷方 亿千百十万千百十元角分	核对	借或贷平	余额 亿千百十万千百十元角分	核对
12	31	科汇	1	本期发生额	3 0 0 0 0 0		3 0 0 0 0 0		平	θ	

表 7-3-23　　　　　　　　　　　　　　　　　第 21 页

总 分 类 账

一级科目　　主营业务收入

2011年 月	日	凭证 种类	凭证 号数	摘要	借方 亿千百十万千百十元角分	核对	贷方 亿千百十万千百十元角分	核对	借或贷平	余额 亿千百十万千百十元角分	核对
12	31	科汇	1	本期发生额	2 0 7 0 0 0 0 0		2 0 7 0 0 0 0 0		平	θ	

表 7-3-24　　　　　　　　　　　　　　　　　第 22 页

总 分 类 账

一级科目　　主要业务成本

2011年 月	日	凭证 种类	凭证 号数	摘要	借方 亿千百十万千百十元角分	核对	贷方 亿千百十万千百十元角分	核对	借或贷平	余额 亿千百十万千百十元角分	核对
12	31	科汇	1	本期发生额	1 1 4 3 0 1 0 0		1 4 3 0 1 0 0 0		平	θ	

表 7-3-25　　　　　　　　　　　　　　　　　第 23 页

总 分 类 账

一级科目　　营业税金及附加

2011年 月	日	凭证 种类	凭证 号数	摘要	借方 亿千百十万千百十元角分	核对	贷方 亿千百十万千百十元角分	核对	借或贷平	余额 亿千百十万千百十元角分	核对
12	31	科汇	1	本期发生额	1 5 9 8 0		1 5 9 8 0		平	θ	

表 7-3-26　　　　　　　　　　　　　　　　　第 24 页

总 分 类 账

一级科目　　其他业务收入

2011年 月	日	凭证 种类	凭证 号数	摘要	借方 亿千百十万千百十元角分	核对	贷方 亿千百十万千百十元角分	核对	借或贷平	余额 亿千百十万千百十元角分	核对
12	31	科汇	1	本期发生额	5 4 0 0 0 0		5 4 0 0 0 0		平	θ	

表 7-3-27　　　　　　　　　　　　　　　　　第 25 页

总 分 类 账

一级科目　　其他业务成本

2011年 月	日	凭证 种类	凭证 号数	摘要	借方 亿千百十万千百十元角分	核对	贷方 亿千百十万千百十元角分	核对	借或贷平	余额 亿千百十万千百十元角分	核对
12	31	科汇	1	本期发生额	4 0 0 0 0 0		4 0 0 0 0 0		平	θ	

表 7-3-28   第 26 页

总 分 类 账

一级科目 ___营业外收入___

2011年 月	日	凭证 种类	号数	摘要	借方 (亿千百十万千百十元角分)	核对	贷方 (亿千百十万千百十元角分)	核对	借或贷	余额 (亿千百十万千百十元角分)	核对
12	31	科汇	1	本期发生额	5 0 0 0 0		5 0 0 0 0		平	θ	

表 7-3-29   第 27 页

总 分 类 账

一级科目 ___营业外支出___

2011年 月	日	凭证 种类	号数	摘要	借方 (亿千百十万千百十元角分)	核对	贷方 (亿千百十万千百十元角分)	核对	借或贷	余额 (亿千百十万千百十元角分)	核对
12	31	科汇	1	本期发生额	8 0 0 0 0 0		8 0 0 0 0 0		平	θ	

表 7-3-30   第 28 页

总 分 类 账

一级科目 ___所得税费用___

2011年 月	日	凭证 种类	号数	摘要	借方 (亿千百十万千百十元角分)	核对	贷方 (亿千百十万千百十元角分)	核对	借或贷	余额 (亿千百十万千百十元角分)	核对
12	31	科汇	1	本期发生额	6 6 1 6 9 3		6 6 1 6 9 3		平	θ	

表 7-3-31   第 29 页

总 分 类 账

一级科目 ___本年利润___

2011年 月	日	凭证 种类	号数	摘要	借方 (亿千百十万千百十元角分)	核对	贷方 (亿千百十万千百十元角分)	核对	借或贷	余额 (亿千百十万千百十元角分)	核对
12	31	科汇	1	本期发生额	2 1 2 9 0 0 0 0		2 1 2 9 0 0 0 0		平	θ	

表 7-3-32   第 30 页

总 分 类 账

一级科目 ___利润分配___

2011年 月	日	凭证 种类	号数	摘要	借方 (亿千百十万千百十元角分)	核对	贷方 (亿千百十万千百十元角分)	核对	借或贷	余额 (亿千百十万千百十元角分)	核对
12	31	科汇	1	本期发生额			1 9 8 5 0 7 7		贷	1 9 8 5 0 7 7	

任务提炼　科目汇总表账务处理程序，如图 7-3-31 所示。

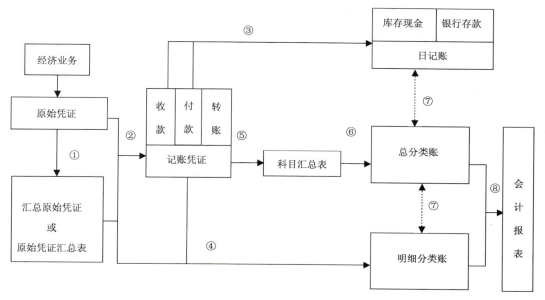

图 7-3-31 科目汇总表账务处理程序

任务延伸 科目汇总表的编制比较麻烦，对于转账业务较少的企业，可不可以采用另外的账务处理程序呢？

任务4 运用汇总记账凭证账务处理程序

提出任务 作为会计人员，在企业收、付款经济业务事项较多时，要会运用汇总记账凭证登记总分类账。

描述任务 汇总记账凭证账务处理程序是指根据原始凭证或汇总原始凭证编制记账凭证，定期根据记账凭证分类编制汇总收款凭证、汇总付款凭证和汇总转账凭证（也可采用通用的统一格式），再根据汇总记账凭证登记总分类账的一种账务处理程序。

任务演练

用汇总记账凭证为企业登记总分类账

资料 项目3中已编制完成的西安同仁有限公司 2011 年 12 月份记账凭证。

要求 1. 根据记账凭证编制汇总记账凭证。

2. 根据汇总记账凭证登记相关总账。

相关知识

一、汇总记账凭证账务处理程序的一般步骤

1）根据原始凭证编制汇总原始凭证或原始凭证汇总表（按需要完成）；

2）根据审核无误的原始凭证或汇总原始凭证，编制记账凭证；

3）根据审核无误的收款凭证、付款凭证逐笔序时登记现金日记账和银行存款日记账；

4）根据审核无误的原始凭证、汇总原始凭证和各种记账凭证逐笔登记相关明细分类账；

5）定期根据审核无误的各种记账凭证编制汇总记账凭证；

6）根据汇总记账凭证内各科目借、贷方发生额的汇总金额登记相关总分类账；

7）定期进行日记账与总账（现金、银行存款）、总账与所属明细账余额的核对，以保证账账相符；

8）期末（月末、季末、年末）结账后，根据总分类账和明细分类账的记录，编制会计报表。

二、汇总记账凭证的编制方法

汇总记账凭证不同于科目汇总表，它是按每个科目设置，并按科目借方或贷方的对应科目进行汇总。汇总记账凭证分为汇总收款凭证、汇总付款凭证和汇总转账凭证三种格式。

（一）汇总收款凭证的编制方法

汇总收款凭证是指按"库存现金"和"银行存款"科目的借方分别设置的一种汇总记账凭证，它汇总了一定时期内现金和银行存款的收款业务。汇总收款凭证的一般格式见表 7-4-1 所示。

表 7-4-1　汇总收款凭证

汇总收款凭证

借方账户：　　　　　　　　　　　　年　月　　　　　　　　__收汇__号

| 贷方账户 | 金　额（元） | | | | 总账页数 | |
	__日至__日__张	__日至__日__张	__日至__日__张	合　计	借	贷
合　计						

汇总收款凭证的编制方法是将一定时期内全部库存现金和银行存款收款凭证，分别按其对应的贷方科目进行归类，计算出每个贷方科目发生额合计数，填入汇总收款凭证中。

（二）汇总付款凭证的编制方法

汇总付款凭证是指按"库存现金"和"银行存款"科目的贷方分别设置的一种汇总记账凭证，它汇总了一定时期内现金和银行存款的付款业务。汇总付款凭证的一般格式见表 7-4-2 所示。

表7-4-2　汇总付款凭证

汇总付款凭证

贷方账户：　　　　　　　　　　　　　　　年　月　　　　　　　　　　　__付汇__号

借方账户	金　额（元）				总账页数	
	__日至__日__张	__日至__日__张	__日至__日__张	合　计	借	贷
合　计						

　　汇总付款凭证的编制方法是将一定时期内全部现金和银行存款付款凭证，分别按其对应的借方科目进行归类，计算出每个借方科目发生额合计数，填入汇总付款凭证中。

（三）汇总转账凭证的编制方法

　　汇总转账凭证是指按每一贷方科目贷方分别设置的一种汇总记账凭证，它汇总了一定时期内转账业务。汇总转账凭证的一般格式见表7-4-3所示。

表7-4-3　汇总转账凭证

汇总转账凭证

贷方账户：　　　　　　　　　　　　　　　年　月　　　　　　　　　　　转汇__号

借方账户	金　额（元）				总账页数	
	__日至__日__张	__日至__日__张	__日至__日__张	合　计	借	贷
合　计						

　　汇总转账凭证的编制方法是将一定时期内全部转账凭证，分别按其对应的借方科目进行归类，计算出每个借方科目发生额合计数，填入汇总转账凭证中。登记总分类账时，应根据汇总付款凭证上的合计数，记入"库存现金"或"银行存款"总分类账户的贷方；根据汇总付款凭证上各借方科目的合计数分别记入有关总分类账户的借方。

　　编制完汇总记账凭证，据以登记总分类账。总分类账的登记在月终进行。应根据汇总收款凭证上的合计数，记入总分类账户"库存现金"或"银行存款"账户的借方，以及有关账户的贷方；应根据汇总付款凭证上的合计数，记入总分类账户"库存现金"或"银行存款"账户的贷方，以及有关账户的借方。应根据汇总转账凭证的合计数，记入总分类账户设置科目的贷方，以及有关账户的借方。

> **小提示**
>
> 　　记账凭证账务处理程序中对记账凭证有特殊要求，即应当采用收款凭证、付款凭证和转账凭证，不得采用通用记账凭证。

三、汇总记账凭证账务处理程序的优缺点和适应范围

（一）特点

在汇总记账凭证账务处理程序下，会计人员可以定期根据记账凭证分类编制汇总收款凭证、汇总付款凭证和汇总转账凭证，再根据汇总记账凭证登记总分类账。对于现金、银行存款之间的相互划转业务，应以付款凭证为依据进行汇总。汇总记账凭证应定期汇总，如按 5 日、10 日或 15 日汇总一次，月终一次计入总分类账。

（二）优缺点

汇总记账凭证账务处理程序的优点是：根据汇总记账凭证月终一次登记总分类账，可以克服记账凭证账务处理程序登记总分类账工作量大的缺点，大大减轻登记总账的工作量；而且在汇总记账凭证中仍然存在账户的对应关系，所以能够清楚的了解经济业务的来龙去脉，便于查对和分析账目，从而克服科目汇总表账务处理程序的缺点。

汇总记账凭证财务处理程序的缺点是：编制汇总记账凭证的程序，比较繁琐；按每一贷方科目编制汇总转账凭证，不利于会计核算的日常分工；当转账凭证较多时，编制汇总转账凭证的工作量较大。

（三）适应范围

该账务处理程序适用于规模较大、经济业务较多的单位。

四、编制汇总记账凭证的示范操作

西安同仁有限公司根据 12 月份记账凭证，编制的汇总记账凭证见表 7-4-4 ～表 7-4-10 所示。

表 7-4-4　汇总收账凭证

汇总收账凭证

借方账户：库存现金　　　　　　　2011 年 12 月　　　　　　　现 收汇 1 号

贷方账户	金　额（元）				总账页数	
	__日至__日__张	__日至__日__张	21 日至 31 日 1 张	合　计	借	贷
营业外收入			500.00	500.00		27
合　计			500.00	500.00	1	

表 7-4-5　汇总付款凭证

汇总付款凭证

贷方账户：库存现金			2011 年 12 月		现付汇 1 号	
借方账户	金　额（元）				总账页数	
	__日至__日__张	__日至__日__张	21 日至 31 日 3 张	合　计	借	贷
其他应收款			3 000.00	3 000.00	4	
制造费用			200.00	200.00	10	
管理费用			720.00	720.00	19	
合　计			3 920.00	3 920.00		1

表 7-4-6　汇总收款凭证

汇总收款凭证

借方账户：银行存款			2011 年 12 月		银 收汇 1 号	
贷方账户	金　额（元）				总账页数	
	1 日至 10 日 2 张	__日至__日__张	21 日至 31 日 4 张	合　计	借	贷
实收资本	500 000.00			500 000.00		17
短期借款	100 000.00			100 000.00		11
主营业务收入			117 000.00	117 000.00		21
其他业务收入			5 400.00	5 400.00		24
应交税费			20 808.00	20 808.00		15
应收账款			87 750.00	87 750.00		3
预收账款			30 000.00	30 000.00		14
合　计	600 000.00		260 958.00	860 958.00	2	

表 7-4-7　汇总付款凭证

汇总付款凭证

贷方账户：银行存款			2011 年 12 月		银 付汇 1 号	
借方账户	金　额（元）				总账页数	
	1 日至 10 日 1 张	11 日至 20 日 2 张	21 日至 31 日 6 张	合　计	借	贷
固定资产	8 000.00			8 000.00	4	
应交税费	1 360.00	28 475.00		29 835.00	10	
原材料		167 500.00		167 500.00	19	
应付账款		32 175.00		32 175.00	12	
库存现金			5 000.00	5 000.00	1	
应付职工薪酬			79 000.00	79 000.00	13	
制造费用			8 500.00	8 500.00	10	
管理费用			2 800.00	2 800.00	19	
销售费用			3 000.00	3 000.00	20	
营业外支出			8 000.00	8 000.00	28	
合　计	9 360.00	228 150.00	106 300.00	343 810.00		2

表 7-4-8　汇总转账凭证

汇总转账凭证

贷方账户：应付账款　　　2011 年 12 月　　　转汇_1_号

借方账户	金　额（元）			合　计	总账页数	
	_日至_日_张	11 日至 20 日 1 张	_日至_日_张		借	贷
原材料		27 500.00		27 500.00	19	
应交税费		4 675.00		4 675.00	10	
合　计		32 175.00		32 175.00		12

表 7-4-9　汇总转账凭证

汇总转账凭证

贷方账户：原材料　　　2011 年 12 月　　　转汇_2_号

借方账户	金　额（元）			合　计	总账页数	
	_日至_日_张	_日至_日_张	21 日至 31 日 1 张		借	贷
生产成本			72 500.00	72 500.00	9	
制造费用			7 000.00	7 000.00	10	
管理费用			4 500.00	4 500.00	19	
其他业务成本			4 000.00	4 000.00	26	
合　计			88 000.00	88 000.00		19

表 7-4-10　汇总转账凭证

汇总转账凭证

贷方账户：应付职工薪酬　　　2011 年 12 月　　　转汇_3_号

借方账户	金　额（元）			合　计	总账页数	
	_日至_日_张	_日至_日_张	21 日至 31 日 1 张		借	贷
生产成本			48 000.00	48 000.00	9	
制造费用			13 000.00	13 000.00	10	
管理费用			18 000.00	18 000.00	19	
合　计			79 000.00	79 000.00		13

200

 小提示

因编制汇总转账凭证的方法比较容易掌握，故不再重复编制其余凭证。

任务提炼 科目汇总表账务处理程序如图 7-4-1 所示。

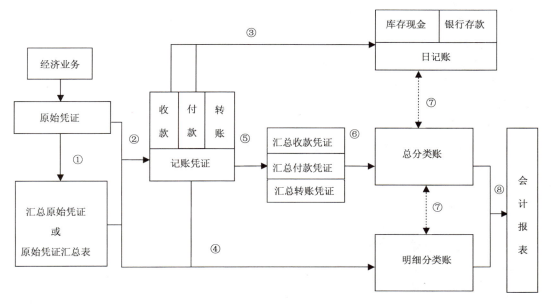

图 7-4-1 科目汇总表账务处理程序

本项目会计从业资格考试大纲

一、记账凭证账务处理程序

（一）一般步骤

1. 根据原始凭证编制汇总原始凭证

2. 根据原始凭证或汇总原始凭证编制收款凭证、付款凭证和转账凭证（也可采用通用的记账凭证）

3. 根据收款凭证、付款凭证逐笔登记现金日记账和银行存款日记账

4. 根据原始凭证、汇总原始凭证和记账凭证，登记各种明细分类账

5. 根据记账凭证逐笔登记总分类账

6. 期末，现金日记账、银行存款日记账和明细分类账的余额同有关总分类账的余额核对相符

7. 期末，根据总分类账和明细分类账的记录，编制会计报表

（二）记账凭证账务处理程序的特点、优缺点及适用范围

1. 特点

2. 优缺点

3. 适用范围

二、科目汇总表账务处理程序

（一）科目汇总表的编制方法

（二）一般编制步骤

1. 根据原始凭证编制汇总原始凭证

2. 根据原始凭证或汇总原始凭证，编制记账凭证

3. 根据收款凭证、付款凭证逐笔登记现金日记账和银行存款日记账

4. 根据原始凭证、汇总原始凭证和记账凭证，登记各种明细分类账

5. 根据各种记账凭证编制科目汇总表

6. 根据科目汇总表登记总分类账

7. 期末，现金日记账、银行存款日记账和明细分类账的余额同有关总分类账的余额核对相符

8. 期末，根据总分类账和明细分类账的记录，编制会计报表

（三）科目汇总表账务处理程序的特点、优缺点和适用范围

1. 特点

2. 优缺点

3. 适用范围

三、汇总记账凭证账务处理程序

（一）汇总记账凭证的编制方法

汇总记账凭证分为汇总收款凭证、汇总付款凭证和汇总转账凭证三种格式。

1. 汇总收款凭证的编制

2. 汇总付款凭证的编制

3. 汇总转账凭证的编制

（二）一般编制步骤

1. 根据原始凭证编制汇总原始凭证

2. 根据原始凭证或汇总原始凭证，编制收款凭证、付款凭证和转账凭证，也可采用通用的记账凭证

3. 根据收款凭证、付款凭证逐笔登记现金日记账和银行存款日记账

4. 根据原始凭证、汇总原始凭证和记账凭证，登记各种明细分类账

5. 根据各种记账凭证编制有关汇总记账凭证

6. 根据各种汇总记账凭证登记总分类账

7. 期末，现金日记账、银行存款日记账和明细分类账的余额同有关总分类账的余额核对相符

8. 期末，根据总分类账和明细分类账的记录，编制会计报表

（三）汇总记账凭证账务处理程序的特点、优缺点与适用范围

1. 特点

2. 优缺点

3. 适用范围

项目8
会计档案的管理

项目介绍

　　会计档案是指会计凭证、会计账簿和财务报告等会计核算专业资料，是记录和反映单位经济业务的重要史料和证据。整理与保管会计档案，是会计工作的最终环节。每年对形成的凭证、账簿、报表等会计档案，要按照《会计档案管理办法》的规定进行整理与保管。本项目通过归档和保管会计档案、查阅和复制会计档案、销毁会计档案等任务，正确掌握企业会计档案的保管方法。

学习目标

☆　能力目标：能用正确的方法对会计档案进行归档与保管。

☆　知识目标：掌握归档和保管会计档案、查阅和复制会计档案、销毁到期会计档案的要求。

☆　社会目标：培养从细节入手，从点滴做起的工作态度。

学习内容

1. 会计档案的归档和保管。
2. 会计档案的查阅和复制。
3. 会计档案的销毁。

导 入

在前面的学习过程中，我们已经掌握了原始凭证和记账凭证的编制，掌握了会计账簿的登记，掌握了会计报表的编制等会计资料的运用，那么，在会计期末如何将会计凭证、账簿、报表等这些记录着企业经济业务的具有商业秘密的会计资料归类、整理和保管，才可既有利于方便查阅，又能够保证资料不会散失、不被泄密呢？

任务1 归档和保管会计档案

提出任务 每个会计年度结束，对本年度形成的会计凭证、会计账簿、会计报表等会计档案要进行整理与保管。

描述任务 作为企业会计人员，要完成整理与保管会计档案的任务，必须熟悉会计档案整理与保管的要求，掌握会计档案整理与保管的方法。

▌任务演练

为企业归档和保管会计档案

资料 西安同仁有限公司2011年12月份已完成的会计凭证、会计账簿和会计报表。

要求 想一想如何归档和保管这些会计档案？它们的保管期限是否一致。

▌相关知识

一、会计档案的概念

会计档案是指会计凭证、会计账簿和财务报告等会计核算专业资料，是记录和反映单位经济业务的重要史料和证据。会计档案对于总结经济工作，指导生产经营管理和事业管理，查验经济财务问题，防止贪污舞弊，研究经济发展的方针、战略都具有重要作用。因此，各单位必须加强对会计档案的管理，确保会计档案资料的安全和完整，并充分加以利用。

二、会计档案的内容

会计档案的内容是指会计档案的范围，具体包括会计凭证、会计账簿、财务会计报告和其他会计核算资料四类。

（一）会计凭证类

包括原始凭证、记账凭证、汇总凭证和其他会计凭证。

（二）会计账簿类

包括总账、明细账、日记账、固定资产卡片、辅助账簿和其他会计账簿。

（三）财务会计报告类

包括月度、季度、年度财务会计报告和其他财务会计报告。

（四）其他类

包括银行存款余额调节表、银行对账单、其他应当保存的会计核算专业资料、会计档案移交清册、会计档案保管清册、会计档案销毁清册。

预算、计划、制度等文件材料，不属于会计档案，应当作为文档进行管理。

三、会计档案的归档

各单位每年形成的会计档案，在会计年度终了后，应由单位会计机构按照归档的要求，负责整理立卷，装订成册，并编制会计档案保管清册。

会计档案中，会计凭证一般每月装订一次。各类会计账簿在年终办理了年度结账后，都应按时整理立卷（跨年度连续使用的账簿除外）。财务会计报告编制完成并及时报出后，留存的财务会计报告应按月装订，谨防丢失。

当年形成的会计档案，在会计年度终了，可暂由本单位财务会计部门保管一年。期满之后，原则上应由财务会计部门编造清册，移交本单位的档案部门保管；未设立档案部门的，应当在财务会计部门内部指定专人保管。出纳人员不得兼管会计档案。

移交本单位的档案部门保管的会计档案，原则上应当保持原卷册的封装，个别需要拆封重新整理的，应当会同原财务会计部门和经办人共同拆封整理。

四、会计档案的保管

（一）会计凭证的保管方法

会计凭证的保管，是指会计凭证登账后的整理、装订和归档存查。会计凭证是记账的依据，是重要的经济档案和历史资料，所以对会计凭证必须妥善整理和保管，不得丢失和任意销毁。

会计凭证的保管，既要做到凭证的安全和完整无缺，又要便于凭证的事后调阅和查找。会计凭证归档保管的主要方法和要求如下：

1. 会计凭证应定期装订成册，防止失散

会计部门在依据会计凭证记账以后，应定期（每天、每旬或每月）对各种会计凭证进行分类整理，将各种记账凭证按照编号顺序，连同所附的原始凭证一起加具封面、封底，装订成册，并在装订线上加贴封签，有装订人员在装订封签初签名或盖章。会计凭证的封面格式如图 8-1-1 所示。

年 月 第 册		（会计主体名称）			
		年　月　共　册第　册			
	收款 付款 转账	凭证　　第　　号至第　　号共　　张			
		附：原始凭证共　　张			
		会计主管（签章）　　　　　　保管（签章）			

图 8-1-1　会计凭证封面的格式

从外单位取得的原始凭证遗失时，应取得原签发单位盖有公章的证明，并注明原始凭证的号码、金额、内容等，由经办单位会计机构负责人、会计主管人员和单位负责人批准后，才能代作原始凭证。若确实无法取得证明的，如车票丢失，则应由当事人写明详细情况，由经办单位会计机构负责人、会计主管人员和单位负责人批准后，代作原始凭证。

2. 会计凭证封面的事项

会计凭证封面应注明单位名称、凭证种类、凭证张数、起止号数、年度、月份、会计主管人员、装订人员等相关事项，会计主管人员和保管人员应在封面上签章。

3. 会计凭证应加贴封条，防止抽换凭证

原始凭证不得外借，其他单位如有特殊原因确实需要使用时，可以复制。向外单位提供的原始凭证复制件，应在专设的登记簿上登记，并由提供人员共同签名、盖章。

4. 原始凭证较多时的单独装订

原始凭证较多时，可以单独装订，但应在凭证封面上注明所属记账凭证的日期、编号和种类，同时，在所属的记账凭证上应注明"附件另订"及原始凭证的名称和编号，以便查阅。对各种重要的原始凭证，如押金收据、提货单等，以及各种需要随时查阅的退回的单据，应另编目录，单独保管，并在有关的记账凭证和原始凭证上分别注明日期和编号。

5. 会计凭证装订成册后的保管

每年装订成册的会计凭证，在年度终了时可暂由本单位会计机构保管 1 年，期满后应当移交本单位档案机构统一保管；未设立档案机构的，应当在会计机构内指定专人保管。出纳人员不得兼管会计档案。

（二）会计账簿的更换与保管方法

1. 会计账簿的更换

会计账簿的更换通常在新会计年度建账时进行。总账、日记账和多数明细账应每年更换一次。在更换新账时，应将各账户的余额结转到新账簿第一行的余额栏内，并注明方向，同时在摘要栏内注明"上年结转"字样。变动小的明细账可以连续使用，不必每年更换。备查账簿可以连续使用。

2. 会计账簿的保管

各种账簿与会计凭证、会计报表一样，必须按照国家统一的会计制度的规定妥善保管，做到既安全完整，又在需要时方便查找。年度终了，各种账户在结转下年、建立新账后，一般都要把旧账送交总账会计集中统一管理。会计账簿暂由本单位财务会计部门保管 1 年，期满之后，由财务会计部门编造清册移交本单位的档案部门保管。

（三）会计档案的保管期限

各种会计档案的保管期限，根据其特点，分为永久和定期两类。永久把保管会计档案应长期保管，不可销毁，如年度财务报告、会计档案保管清册、会计档案销毁清册；定期保管档案根据保管期限分为 3年、5年、10年、15年、25年五类。会计档案的保管期限从会计年度终了后的第一天算起。

各类会计档案的保管原则上应当按照表 8-1-1和表 8-1-2所列期限执行，表中会计档案保管期限为最低保管期限。各单位会计档案的具体名称如有与表中所列档案名称不符的，可以比照类似档案的保管期限办理。

表 8-1-1　企业和其他组织会计档案保管期限表

序号	档案名称	保管期限	备　注
	一、会计凭证类		
1	原始凭证	15年	
2	记账凭证	15年	
3	汇总凭证	15年	
	二、会计账簿类		
4	总账	15年	包括日记总账
5	明细账	15年	
6	日记账	15年	现金和银行日记账保管 25年
7	固定资产卡片		固定资产报废清理后保管 5年
8	辅助账簿	15年	
	三、财务报告类		包括各级主管部门汇总财务保管
9	月、季度财务报告	3年	包括文字分析
10	年度财务报告（决算）	永久	包括文字分析
	四、其他类		
11	会计移交清册	15年	
12	会计档案保管清册	永久	
13	会计档案销毁清册	永久	
14	银行存款余额调节表	5年	
15	银行对账单	5年	

小提示

《会计档案管理办法》规定了我国企业和其他组织、预算单位等会计档案管理期限，该办法规定的会计档案保管期限为最低保管期限。

表 8-1-2　财政总预算、行政单位、事业单位和税收会计档案保管期限表

序号	档案名称	保管期限			备　注
		财政总预算	行政单位事业单位	税收会计	
	一、会计凭证类				
1	国家金库编送的各种报表及缴库退库凭证	10年		10年	
2	各收入机关编送的报表	10年			
3	行政单位和事业单位的各种会计凭证		15年		包括：原始凭证、记账凭证和传票汇总表
4	各种完税凭证和缴、退库凭证			15年	缴款书存根联在销号后保管 2年
5	财政总预算拨款凭证及其他会计凭证	15年			包括：拨款凭证和其他会计凭证

续表

序号	档案名称	保管期限			备注
		财政总预算	行政单位事业单位	税收会计	
6	农牧业税结算凭证			15年	
	二、会计账簿类				
7	日记账		15年	15年	
8	总账	15年	15年	15年	
9	税收日记账(总账)和税收票证分类出纳账			25年	
10	明细分类、分户账或登记簿	15年	15年	15年	
11	现金出纳账、银行存款账		25年	25年	
12	行政单位和事业单位固定资产明细账(卡片)				行政单位和事业单位固定资产报废清理后保管5年
	三、财务报告类				
13	财政总预算	永久			
14	行政单位和事业单位决算	10年	永久	14	行政单位和事业单位决算
15	税收年报(决算)	10年		永久	
16	国家金库年报(决算)	10年			
17	基本建设拨、贷款年报(决算)	10年			
18	财政总预算会计旬报	3年			所属单位报送保管2年
19	财政总预算会计月、季度报表	5年			所属单位报送的保管2年
20	行政单位和事业单位会计月、季度报表		5年		所属单位报送的保管2年
21	税收会计报表(包括票证报表)			10年	电报保管1年,所属税务机关报送的保管3年
	四、其他类				
22	会计移交清册	15年	15年	15年	
23	会计档案保管清册	永久	永久	永久	
24	会计档案销毁清册	永久	永久	永久	

注:税务机关的税务经费会计档案保管期限,按行政单位会计档案保管期限规定办理。

任务提炼 不同类型会计档案,见表 8-1-3所示。不同类型会计档案保管期限,见表 8-1-4所示。

表8-1-3 不同类型的会计档案

会计档案分类	会计档案的内容
会计凭证类	原始凭证、记账凭证、汇总凭证、其他会计凭证
会计账簿类	总账、明细账、日记账、固定资产卡片、辅助账簿、其他会计账簿
财务会计报告类	财务报告(月度、季度和年度),包括会计报表、附表、报表附注及文字说明、其他财务报告
其他会计资料类	银行存款余额调节表、银行对账单、其他应当保存的会计核算专业资料、会计档案移交清册、会计档案保管清册、会计档案销毁清册

表8-1-4 不同类型会计档案的保管期限

保管期限	会计档案名称
永久保管	会计档案保管清册、会计档案销毁清册以及年度财务报告、财政总预算、行政单位和事业单位决算、税收年报(决算)
保管期限25年	现金出纳账(现金日记账)、银行存款账(银行存款日记账)、税收日记账(总账)和税收票证分类出纳账

续表

保管期限	会计档案名称
保管期限15年	原始凭证、记账凭证、汇总凭证、总账、明细账、日记账(除现金和银行存款)和辅助账簿;行政和事业单位的各种会计凭证;各种完税凭证和缴库、退库凭证;财政总预算拨款凭证及其他会计凭证;农牧业税结算凭证;会计移交清册
保管期限10年	国家金库编送的各种报表及缴库退库凭证;各收入机关编送的报表;财政总预算行政单位和事业单位决算、税收年报(决算)、国家金库年报(决算)、基本建设拨贷款年报(决算);预算会计报表(包括票证报表)
保管期限5年	固定资产卡片于固定资产报废清理后 5年;银行存款余额调节表;银行对账单;财政总预算会计月、季度报表;行政和事业单位会计月、季度报表
保管期限3年	月、季度财务报告(包括文字分析);财政总预算会计旬报

任务延伸 当本企业或相关公司和部门因工作等需要,要求查阅或复制有关会计资料时,应履行哪些手续呢?

任务2   查阅和复制会计档案

提出任务 会计档案是重要的历史资料,必须妥善保管,不得随意借出。

描述任务 各单位应当建立健全会计档案查阅、复制登记制度,严格查阅复制和收回制度,保证会计档案的安全完整。

任务演练

企业会计档案的查阅和复制

资料 安康新华公司因投资需要,欲借阅和复制西安同仁有限公司2011年12月的已装订成册的会计凭证及所附原始凭证,以便判断其投资对象的业务状况,作出是否投资的决定。

要求 1.说明这项工作必须经过哪些程序。

2.会计档案保管人员应要求对方履行哪些手续?

相关知识

各单位保存的会计档案不得借出。如有特殊需要,经本单位负责人批准,可以查阅或者复制,并办理登记手续,查阅或者复制会计档案的人员,严禁在会计档案上涂画、拆封和抽换。借出的会计档案,会计档案管理人员要按期如数收回,并办理注销借阅手续。

各单位应当建立健全会计档案查阅、复制登记制度,确保会计档案安全完整。

会计档案保管期满后该如何处理呢?

任务3   销毁会计档案

提出任务 保管期满的会计档案,可以按照程序销毁。

描述任务 保管期满的会计档案可以销毁，但必须按一定的程序完成。

任务演练

为企业销毁保管期满的会计档案

资料 西安同仁有限公司财务科只有一个会计档案室，存放了各种会计资料，其中有原始凭证、记账凭证、各种总分类账和明细账，其中大多数会计资料是公司20年前的会计档案，今年公司又增加了不少新的会计资料，会计档案室存放会计资料的空间非常紧张。

要求 1. 明确以上会计档案能否销毁。
2. 若能销毁则有哪些工作程序？

相关知识

一、能销毁的会计档案

会计档案保管期满要按程序进行销毁。销毁工作可以按照以下程序：

第一步，由本单位档案机构提出销毁意见，编制会计档案销毁清册，列明销毁会计档案的名称、卷号、册数、起止年度和档案编号、应保管期限、已保管期限、销毁时间等内容。

第二步，单位负责人在会计档案销毁清册上签署意见。

第三步，销毁会计档案时，应当由会计档案机构和会计机构共同派员监督销毁。国家机关销毁会计档案时，应当由同级财政部门、审计部门派员参加监销。财政部门销毁会计档案时，应当由同级审计部门派员参加监销。

第四步，监销人员在销毁会计档案前，应当按照会计档案销毁清册所列内容清点核对所要销毁的会计档案；销毁后，应当在会计档案销毁清册上签名盖章，并将监销情况报告本单位负责人。

二、不得销毁的会计档案

对于保管期满但未结清的债权债务原始凭证和涉及其他未了事项的原始凭证，不得销毁，应当单独抽出立卷，保管到未了事项完结为止。单独抽出立卷的会计档案，应当在会计档案销毁清册和会计档案保管清册中列明。

本项目会计从业资格考试大纲

一、会计档案的概念
二、会计档案的内容
（一）会计凭证类
（二）会计账簿类
（三）财务报告类
（四）其他类

三、会计档案的归档

四、会计档案的保管

（一）会计凭证的保管方法

（二）会计账簿的更换与保管方法

（三）会计档案的保管期限

五、会计档案的查阅和复制

六、会计档案的销毁

项目 *9*
企业主要经济业务事项的账务处理

项目介绍

　　企业是以产品的加工制造和销售为主要经营活动的营利性经济组织，其主要的会计核算内容包括：款项和有价证券的收付、财产物资的收发与增减和使用、债权与债务的发生和结算、资本的增减、收入与成本和费用的计算、财务成果的计算这六个方面。而每个方面都会发生相应的经济业务事项，都需要会计人员运用专门的方法，及时、准确地做出相应的账务处理。

学习目标

☆　能力目标：能对企业主要经济业务事项做正确的账务处理。

☆　知识目标：掌握企业主要经济业务事项所涉及的主要账户的性质、用途和结构；掌握企业主要经济业务事项的账务处理。

☆　社会目标：培养运用所学知识处理会计业务的能力。

学习内容

1. 款项和有价证券收付的账务处理。
2. 财产物资收发与增减和使用的账务处理。
3. 债权与债务发生和结算的账务处理。
4. 资本增减的账务处理。
5. 收入与成本和费用的账务处理。
6. 财务成果计算的账务处理。

> ┌─ **导 入** ─────────────────────────────
> 经过一段时间的学习，我们掌握了企业许多经济业务事项最基本的会计核算方法，但是企业许多经济业务事项是有其共性和差异的，它们的账务处理也有其相同和不同之处。

任务1 企业款项和有价证券收付的账务处理

提出任务 当企业购入原材料时，需要以银行存款支付货款和税费，销售收入取得或收到票据该如何进行财务处理？

描述任务 企业日常经营活动中涉及的款项主要包括现金、银行存款、银行汇票存款、银行本票存款、信用保证金存款、信用卡存款、外部存款和存出投资款等。有价证券是指企业持有的交易性金融资产、可供出售金融资产等。而交易性金融资产主要是指企业为了近期出售而持有的金融资产，例如企业以赚取差价为目的从二级市场购入的股票、债券、基金等。本任务主要完成现金、银行存款和交易性金融资产的账务处理。

■ 任务演练1

企业现金和银行存款的账务处理

资料 2011年1月4日，甲企业库存现金不足，从其在工商银行开设的基本账户中提取现金40 000元，以备日常零星开支。2011年1月20日，甲企业将当日超过备用限额的60 000元现金存入基本账户。

要求 1. 分析该经济业务事项需要设置的账户及其性质、用途和结构。
2. 写出该经济业务事项的会计分录。

相关知识

一、根据所给资料设置的主要账户

（一）"库存现金"账户

1）账户性质：资产类账户。
2）账户用途：用于核算库存现金的收入和支出及结余情况。
3）账户结构：借方登记现金的增加额；贷方登记现金的减少额；期末余额在借方，表示企业库存现金的结余额。
4）明细设置：本账户不设明细账。

（二）"银行存款"账户

1）账户性质：资产类账户。
2）账户用途：用于核算企业存入银行或其他金融机构的各种款项。
3）账户结构：借方登记银行存款的增加额；贷方登记银行存款的减少额；期末余额在借方，表示企业银行存款的实有数。

213

4）明细设置：本账户应按照开户银行及银行存款种类设明细账，进行明细分类核算。

小提示

银行汇票存款、银行本票存款、信用保证金存款、信用卡存款、外埠存款和存出投资款，不在"银行存款"账户核算，而是通过"其他货币资金"账户核算。

二、根据所给资料进行的账务处理

（一）2011 年 1 月 4 日，提现的账务处理

借：库存现金   40 000

    贷：银行存款——工商银行   40 000

（二）2011 年 1 月 20 日，存现的账务处理

借：银行存款——工商银行   60 000

    贷：库存现金   60 000

任务提炼 企业现金和银行存款账务处理涉及的主要账户及记账方向，见表 9-1-1 所示。

表 9-1-1　企业现金和银行存款账务处理涉及的主要账户及记账方向

记账方向\主要账户	借方	贷方	期末余额
库存现金	增加	减少	借方
银行存款	增加	减少	借方

任务演练 2

企业交易性金融资产的账务处理

资料 2011 年 2 月 20 日，甲企业购入在上海交易所上市的乙公司股票 100 000 股，每股市价 10 元，另支付相关交易费用 2 100 元，甲企业将其划分为交易性金融资产进行核算。2011 年 4 月 16 日，甲企业出售了所持有的乙公司股票，每股售价 12 元，另支付相关交易费用 4 900 元。

要求 1. 分析该经济业务事项需要设置的账户及其性质、用途和结构。

2. 写出该经济业务事项的会计分录。

相关知识

一、根据所给资料设置的主要账户

（一）"交易性金融资产"账户

1）账户性质：资产类账户。

2）账户用途：用于核算企业为交易目的所持有的债券投资、股票投资、基金投资等交易性金融资产的公允价值。

3）账户结构：借方登记交易性金融资产的取得成本等；贷方登记出售交易性金融资产结转的成本等。

4）明细设置：本账户应按照交易性金融资产的类别和品种设置明细账户，进行明细分类核算。

（二）"投资收益"账户

1）账户性质：损益类账户。

2）账户用途：用于核算企业持有交易性金融资产等期间取得的投资收益以及处置交易性金融资产等实现的投资收益或投资损失。

3）账户结构：贷方登记企业出售交易性金融资产等实现的投资收益；借方登记企业出售交易性金融资产等发生的投资损失。

4）明细设置：本账户应按照投资收益的种类设置明细账户，进行明细分类核算。

二、根据所给资料进行账务处理的示范操作

（一）取得交易性金融资产的账务处理

1. 2011年2月20日，购入乙公司股票

借：交易性金融资产——成本　　　　　　　　　　1 000 000
　　贷：银行存款　　　　　　　　　　　　　　　　　1 000 000

2. 2011年2月20日，购入股票时支付交易费用

借：投资收益　　　　　　　　　　　　　　　　　2 100
　　贷：银行存款　　　　　　　　　　　　　　　　　2 100

 小提示

取得交易性金融资产发生的交易费用应当在发生时直接计入投资收益。

215

（二）2011年4月16日，出售交易性金融资产的账务处理

借：银行存款　　　　　　　　　　　　　　　　　1 195 100
　　贷：交易性金融资产——成本　　　　　　　　　　1 000 000
　　　　投资收益　　　　　　　　　　　　　　　　　195 100

 小提示

出售股票发生的交易费用直接冲减投资收益，并从出售所得款中直接扣减。因此，分录中的银行存款为1 195 100元（100 000×12-4 900）。

任务提炼 企业交易性金融资产账务处理涉及的主要账户及记账方向，见表9-1-2所示。

表9-1-2 企业交易性金融资产账务处理涉及的主要账户及记账方向

记账方向＼主要账户	借方	贷方	期末余额
交易性金融资产	购入成本	结转成本	借方
投资收益	投资损失	投资收益	一般无余额

任务延伸 企业除了库存现金、交易性金融资产这些资产外，还有哪些资产？

任务2　企业财产物资收发与增减和使用的账务处理

提出任务 企业有哪些属于财产物资？财产物资收发与增减和使用的方法有哪些？应怎样通过财务进行处理？

描述任务 企业的财产物资主要包括存货和固定资产。存货是指日常活动中持有以备出售的产成品或商品、处在生产过程中的在产品、在生产过程或提供劳务过程中耗用的材料、物料等，包括原材料、在产品、半成品、商品和周转材料等。固定资产是指为生产商品、提供劳务、出租或经营管理而持有的、使用寿命超过一个会计年度的有形资产，包括房屋、建筑屋、机器、设备等。本任务主要完成原材料和库存商品的收发以及固定资产增减使用情况的账务处理。

任务演练1

企业原材料的账务处理

资料 2011年4月5日，甲企业购入C材料一批，取得的增值税专用发票上记载的价款为50 000元，增值税额为8 500元，款项通过银行转账支付，材料同日验收入库。根据甲企业"发料凭证汇总表"的记录，2011年4月，基本生产车间领用C材料20 000元，辅助生产车间领用C材料10 000元，车间管理部门领用C材料5 000元，企业行政管理部门领用C材料3 000元。

要求 1. 分析该经济业务事项需要设置的账户及其性质、用途和结构。
2. 写出该经济业务事项的会计分录。

小提示

本项目中的企业和公司均假设为增值税一般纳税人，增值税率为17%。

相关知识

一、根据所给资料设置的主要账户

（一）"原材料"账户

1）账户性质：资产类账户。

2）账户用途：用于核算企业各种库存材料的收发和结存情况。

3）账户结构：借方登记入库材料的实际成本；贷方登记发出材料的实际成本；期末余额在借方，反映企业库存材料的实际成本。

4）明细设置：本账户按照材料品种或类别设置明细账，进行明细分类核算。

（二）"生产成本"账户

1）账户性质：成本类账户。

2）账户用途：用于核算企业为生产产品而发生的各项生产费用。

3）账户结构：借方登记生产费用的发生额，即平时发生的直接材料、直接人工及月末分配转来的制造费用；贷方登记转入"库存商品"账户的完工并验收入库产品的成本；月末如有余额一般在借方，表示尚未完工的在产品成本。

4）明细设置：本账户应按照产品种类设置明细账，进行明细分类核算。

（三）"应交税费"账户

1）账户性质：负债类账户。

2）账户用途：用于核算企业应交纳的各种税费，如增值税、消费税、营业税、所得税、城市维护建设税、教育费附加等。

3）账户结构：贷方登记应交纳的税金数；借方登记实际交纳的税金数；期末余额一般在贷方，表示企业应交而未交的税金数。如期末余额在借方，则表示多交或尚未抵扣的税金数。

4）明细设置：本账户应按照税种设置明细账户，进行明细分类核算。

 小提示

企业交纳的印花税、耕地占用税以及其他不需预计应交数的税金，不在本账户核算。

217

（四）"制造费用"账户

1）账户性质：成本类账户。

2）账户用途：用于核算企业生产车间为组织和管理生产而发生的各项间接费用，包括车间管理人员的薪酬、车间固定资产的折旧费、车间办公费、水电费等。

3）账户结构：借方登记月内生产车间发生的各项间接费用；贷方登记月末分配转入"生产成本"账户的数额；月末无余额。

4）明细设置：本账户应按照车间及制造费用的项目设置明细账户，进行明细分类核算。

（五）"管理费用"账户

1）账户性质：损益类账户。

2）账户用途：用于核算企业行政管理部门为组织和管理生产经营活动而支出的各项费用，包括企业经费（行政管理部门人员的薪酬、修理费、办公费、差旅费）工会经费、职工教育费、业务招待费、印花税等。

3）账户结构：借方登记月内行政管理部门发生的各项管理费用；贷方登记月末转入"本年利润"账户的数额；月末无余额。该账户应按费用项目设置明细账。

4）明细设置：本账户应按照管理费用项目设置明细账户，进行明细分类核算。

二、根据所给资料进行账务处理的示范操作

（一）2011 年 4 月 5 日，购买原材料的账务处理

```
借：原材料——C材料                                          50 000
    应交税费——应交增值税（进项税额）                          8 500
    贷：银行存款                                             58 500
```

（二）2011 年 4 月 30 日，发出原材料的账务处理

```
借：生产成本——基本生产成本                                  20 000
            ——辅助生产成本                                 10 000
    制造费用                                               5 000
    管理费用                                               3 000
    贷：原材料——C 材料                                      38 000
```

 小提示

本任务中，根据领用材料的部门不同，基本生产车间领用的 20 000 元材料应记入"生产成本——基本生产成本"账户，辅助生产车间领用的 10 000 元材料应记入"基本生产——辅助生产成本"账户，车间管理部门领用的 5 000 元材料应记入"制造费用"账户，行政管理部门领用的 3 000 元材料应记入"管理费用"账户。

任务提炼 企业原材料账务处理涉及的主要账户及记账方向，见表9-2-1 所示。

表 9-2-1　企业原材料账务处理涉及的主要账户及记账方向

记账方向　主要账户	借方	贷方	期末余额
原材料	增加	减少	借方
生产成本	发生的生产费用	结转完工产品的成本	借方
应交税费	已交税金数	应交税金数	一般在贷方

续表

记账方向 主要账户	借方	贷方	期末余额
制造费用	增加	结转到生产成本的金额	无余额
管理费用	增加	结转到本年利润的金额	无余额

■ 任务演练2

企业库存商品的账务处理

资料　2011年4月30日，甲企业"商品入库汇总表"记载，该月已验收入库A产品500台，实际单位成本2 000元；B产品1 000台，实际单位成本9 00元。在该月汇总的发出商品中，当月已实现销售的A产品有300台，B产品有900台。

要求　1. 分析该经济业务事项需要设置的账户及其性质、用途和结构。
　　　2. 写出该经济业务事项的会计分录。

相关知识

一、根据所给资料设置的主要账户

（一）"库存商品"账户

1）账户性质：资产类账户。

2）账户用途：用于核算各种商品（包括库存产成品、外购商品、存放在门市部准备出售的商品、发出展览的商品以及寄存在外的商品等）的收发和使用情况。

3）账户结构：借方登记完工验收入库的库存商品的生产成本；贷方登记发出的库存商品成本；期末余额在借方，反映尚未出售的各种库存商品的实际成本或计划成本。

4）明细设置：本账户应按照产品种类设置明细账户，进行明细分类核算。

（二）"主营业务成本"账户

1）账户性质：损益类账户。

2）账户用途：用于核算销售商品或提供劳务而发生的实际成本。

3）账户结构：借方登记已销商品实际成本的结转额；贷方登记月末转入"本年利润"账户的数额；期末结转后本账户无余额。

4）明细设置：本账户应按照产品的种类设置明细账户，进行明细分类核算。

二、根据所给资料进行账务处理的示范操作

（一）2011年4月，产成品入库的账务处理

借：库存商品——A产品　　　　　　　　　　　　　　　1 000 000
　　　　　　——B产品　　　　　　　　　　　　　　　　900 000

219

贷：生产成本——基本生产成本(A 产品)   1 000 000
             (B 产品)   900 000

（二）2011 年 4 月，已销商品成本结转的账务处理

借：主营业务成本——A产品   600 000
      ——B产品   810 000
  贷：库存商品——A产品   600 000
      ——B产品   810 000

任务提炼 企业库存商品账务处理涉及的主要账户及记账方向，见表 9-2-2 所示。

表 9-2-2 企业库存商品账务处理涉及的主要账户及记账方向

记账方向 主要账户	借方	贷方	期末余额
库存商品	增加	减少	借方
主营业务成本	已销商品成本	结转到本年利润账户的金额	无余额

小提示

  根据我国会计准则和会计制度的规定，当月增加的固定资产，当月不计提折旧，从下月起开始计提折旧；当月减少的固定资产，当月照提折旧，从下月起不再计提。本资料中的生产设备购买于 2010 年 12 月，应从 2011 年开始计提折旧。

任务演练 3

企业固定资产的账务处理

资料 1. 2010 年 12 月 23 日，甲企业购入一台不需要安装就可以投入使用的生产设备，取得的增值税专用发票上注明的设备价款为 600 000 元，增值税额为 102 000 元，以上均以银行转账支票付。假定不考虑其他税费。该生产设备采用年限平均法计提折旧，预计使用年限为 10 年，预计净残值为 6 000 元，采用年限平均法计提折旧。假定甲企业按年计提折旧，自 2011 年起，每年应计提的折旧额为：(600 000-6 000)÷10=59 400 元。

   2. 2010 年 2 月 20 日甲企业购入一台机器设备并投入使用，取得增值税专用发票上注明的设备价款为 100 000 元，增值税税额为 17 000 元。甲企业采用年限平均法计提折旧，该设备预计使用寿命为 10 年，预计净残值率为固定资产原价的 3%。因产品转型，2012 年 2 月 28 日，甲企业将该机器设备出售给乙公司，开具的增值税专用发票上注明的价款为 82 000 元，增值税额为 13 940 元。假定不考虑其他相关税费，该设备未提取过减值准备。

要求 1. 分析该经济业务事项需要设置的账户及其性质、用途和结构。
   2. 写出该经济业务事项的会计分录。

相关知识

一、根据所给资料设置的主要账户

（一）"固定资产"账户

1）账户性质：资产类账户。

2）账户用途：用于核算企业固定资产原值的增减变动及结余情况。

3）账户结构：借方登记增加的固定资产原值；贷方登记减少的固定资产原值；期末余额在借方，表示现存固定资产的原值。

4）明细设置：本账户应按照固定资产类别、使用部门和每项固定资产设置卡片式明细账，进行明细分类核算。

（二）"累计折旧"账户

1）账户性质：资产类账户，属于"固定资产"账户的抵减账户。

2）账户用途：用于核算企业固定资产因损耗而减少的价值即累计折旧。

3）账户结构：贷方登记固定资产计提折旧的增加数；借方登记固定资产减少时折旧的冲销数；期末余额在贷方，表示现有固定资产已计提的累计折旧额。

4）明细设置：本账户应按照固定资产类别、使用部门和每项固定资产设置卡片式明细账，进行明细分类核算。

（三）"固定资产清理"账户

1）账户性质：资产类账户。

2）账户用途：用于核算企业因出售、报废和毁损等原因转入清理的固定资产价值及其在清理过程中所发生的清理费用、清理收入和净损益。

3）账户结构：借方登记转入清理的固定资产的账面净值（固定资产原值－累计折旧）、清理过程中发生的各项清理费用等；贷方登记清理固定资产产生的各项收入等；期末余额在贷方，表示固定资产清理收益；期末余额在借方，表示固定资产清理损失。

4）明细设置：本账户应按照被清理固定资产设置明细账，进行明细分类核算。

（四）"营业外收入"账户

1）账户性质：损益类账户。

2）账户用途：用于核算企业发生的与日常生产经营活动无直接关系的各项收入。主要有处置固定资产的净收入、收取的罚金和违约金等。

3）账户结构：贷方登记月内企业取得的各项营业外收入；借方登记月末转入"本年利润"账户的营业外收入；期末结转后本账户无余额。

4）明细设置：本账户应按照收入项目设置明细账，进行明细分类核算。

221

二、根据所给资料进行账务处理的示范操作

（一）2010 年 12 月 23 日，购入不需要安装的固定资产的账务处理

借：固定资产——××设备   600 000
  应交税费——应交增值税（进项税额）   102 000
  贷：银行存款   702 000

（二）2011 年 1 月，固定资产计提折旧的账务处理

借：制造费用   59 400
  贷：累计折旧   59 400

 小提示

  采用年限法计算固定资产折旧的计算公式为：年折旧额＝（固定资产原价－预计净产值）÷预计使用年限

（三）固定资产处置的账务处理

1.2010 年 2 月 20 日，甲企业购入机器设备

借：固定资产——××设备   100 000
  应交税费——应交增值税（进项税额）   17 000
  贷：银行存款   117 000

2.2012 年 2 月 28 日，固定资产转入清理

 小提示

  至 2012 年 2 月 28 日，该固定资产已计提折旧 19 400 元。计算过程为
$$[100\,000-（100\,000×3\%）]÷10×2=19\,400$$

借：固定资产清理——××设备   80 600
  累计折旧   19 400
  贷：固定资产——××设备   100 000
固定资产清理的借方金额＝固定资产原价－固定资产的累计折旧。

3.2012 年 2 月 28 日，取得出售固定资产收入

借：银行存款   95 940
  贷：固定资产清理——××设备   82 000
    应交税费——应交增值税（销项税额） 13 940

4. 2011 年 2 月 28 日，结转固定资产净损益

借：固定资产清理　　　　　　　　　　　　　　　　　　　　　　　　1 400
　　贷：营业外收入　　　　　　　　　　　　　　　　　　　　　　　　1 400

小提示

固定资产净损益＝固定资产清理账户的贷方金额－固定资产清理账户的借方金额

提炼任务　企业固定资产账务处理涉及的主要账户及记账方向，见表9-2-3所示。

表9-2-3　企业固定资产账务处理涉及的主要账户及记账方向

记账方向＼主要账户	借方	贷方	期末余额
固定资产	增加	减少	借方
累计折旧	减少	增加	贷方
固定资产清理	净值	收入	贷方或借方
营业外收入	结转到本年利润账户的金额	增加	无余额

任务3　企业债权、债务的发生和结算的账务处理

提出任务　企业的债权债务是在何类业务中才会出现？其表现方式有哪些？可以通过哪些途径进行债权债务的结清？

描述任务　企业生产经营过程中常见的债权债务包括各种应收、预付、应付、应交款项以及各种借款等。企业生产经营过程中形成的债权主要包括应收票据、应收账款、预付账款等；债务主要包括应付票据、应付账款、预收账款、应付职工薪酬和应交税费等。本任务主要介绍应收账款、预付账款、应付账款、应付职工薪酬、应交税费、短期借款、长期借款等债权债务发生和结算的账务处理。

任务演练 1

企业应收及预付款项的账务处理

资料　1. 应收账款的资料。

2010 年 11 月 6 日，甲公司采用托收承付结算方式向乙公司销售一批商品，开具的增值税专用发票上记载的价款为 200 000 元，增值税额 34 000 元，已办理托收手续。2011 年 12 月 6 日，收到银行通知款项已收妥。

2. 应收账款减值的资料。

（1）2010 年 12 月 31 日，甲公司对应收乙公司的账款进行减值测试。应收账款余额合计为 100 000 元，甲公司根据乙公司的资信情况确定按 10% 计提坏账准备。假定 2010 年 12 月 31 日"坏账准备"科目余额为 0，则甲公司应计提的坏账准备为 10 000 元（100 000×10% － 0）。假设 2011

年 6 月，甲公司对乙公司的应收账款实际发生坏账损失 7 000 元。

（2）沿用（1），甲公司 2011 年末应收乙公司的账款金额为 120 000 元，经减值测试，甲公司决定仍按 10% 计提坏账准备。则甲公司应计提的坏账准备为 9 000 元 [120 000×10%－（10 000－7 000）]。

3. 预付账款的资料。

甲公司向乙公司采购材料 5 000 吨，单价 10 元，所需支付的款项总额 50 000 元。2011 年 9 月 12 日，甲公司按照合同规定向乙公司预付货款的 50%。9 月 30 日，收到乙公司发来的 5 000 吨材料，取得的增值税专用发票上记载的价款为 50 000 元，增值税额为 8 500 元，甲公司以银行存款补付其余额款。假定不考虑其他税费。

要求　1. 分析该经济业务事项需要设置的账户及其性质、用途和结构。

2. 写出该经济业务事项的会计分录。

相关知识

一、根据所给资料设置的主要账户

（一）"应收账款"账户

1）账户性质：资产类账户。

2）账户用途：用于核算应收账款的增减变动及其结存情况。

3）账户结构：借方登记应收账款的增加；贷方登记应收账款的收回及确认的坏账损失；期末余额一般在借方，反映企业尚未收回的应收账款；如果余额在贷方，则反映企业预收的款项。

4）明细设置：本账户应按照不同的购货单位或接受劳务单位设置明细账，进行明细分类核算。

小提示

不单独设置"预收账款"科目的企业，预收账款也在"应收账款"科目核算。

（二）"坏账准备"账户

1）账户性质：资产类账户。

2）账户用途：核算应收款项坏账准备的计提、转销等情况。

3）账户结构：贷方登记当期计提的坏账准备金额；借方登记实际发生的坏账损失金额和冲减的坏账准备金额；期末余额一般在贷方，反映企业已计提但尚未转销的坏账准备。

4）明细设置：本账户一般不设明细账。

小提示

企业应当在资产负债表日对应收账款的账面价值进行检查，有客观证据表明该收款项发生减值的，应当将该应收款的账面价值减记至预计未来现金流量现值，减记的金额确认减值损失，计提坏账准备。

（三）"预付账款"账户

1）账户性质：资产类账户。
2）账户用途：用于核算预付账款的增减变动及结存情况。
3）账户结构：借方登记企业根据购货合同规定向供应单位预付的款项；贷方登记企业收到所购物资成本的金额。
4）明细设置：本账户应按照供应单位设置明细账，进行明细分类核算。

小提示

预付账款不多的企业，可以不设置"预付账款"科目，直接通过"应付账款"科目核算。

二、根据所给资料进行账务处理的示范操作

（一）应收账款的账务处理

1. 2010 年 11 月 6 日，应收账款的发生

借：应收账款——乙公司　　　　　　　　　　　　　　　　　　234 000
　　贷：主营业务收入　　　　　　　　　　　　　　　　　　　　　200 000
　　　　应交税费——应交增值税（销项税额）　　　　　　　　　　34 000

2. 2010 年 12 月 6 日，应收账款的收回

借：银行存款　　　　　　　　　　　　　　　　　　　　　　　234 000
　　贷：应收账款——乙公司　　　　　　　　　　　　　　　　　　234 000

（二）应收款项减值的账务处理

1. 2010 年 12 月 31 日，甲公司首次计提坏账准备

借：资产减值损失　　　　　　　　　　　　　　　　　　　　　100 000
　　贷：坏账准备　　　　　　　　　　　　　　　　　　　　　　100 000

2. 2011 年 6 月，甲公司确认坏账损失

借：坏账准备　　　　　　　　　　　　　　　　　　　　　　　　7 000
　　贷：应收账款——乙公司　　　　　　　　　　　　　　　　　　7 000

小提示

　　坏账准备计算公式：当前应计提的坏账准备＝当期应收账款余额×坏账准备计提率－（或＋）"坏账准备"科目的贷方（借方）余额。

　　3. 2011 年末，甲公司计提坏账准备

借：资产减值损失		9 000
贷：坏账准备		9 000

（三）预付账款的账务处理

1. 2011 年 9 月 12 日，预付 50% 货款

借：预付账款——乙公司		250 000
贷：银行存款		250 000

2. 2011 年 9 月 30 日，收到材料补付其余款项

借：原材料——××材料		50 000
应交税费——应交增值税（进项税额）		8 500
贷：预付账款——乙公司		58 500
借：预付账款——乙公司		33 500
贷：银行存款		33 500

任务提炼 企业应收及预付款项账务处理涉及的主要账户及记账方向，见表9-3-1所示。

表9-3-1　企业应收及预付款项账务处理涉及的主要账户及记账方向

记账方向／主要账户	借方	贷方	期末余额
应收账款	增加	减少	借方
坏账准备	转销	计提	贷方
预付账款	增加	减少	借方

226

任务演练 2

企业应付账款经济业务事项

资料　2011 年 5 月 5 日，甲百货商场从乙百货公司购入一批家电产品并已验收入库。取得增值税专用发票上记载的价款为 100 万元，增值税为 17 万元。2011 年 5 月 23 日，甲百货商场通过银行转账偿付所欠货款。

要求　1. 分析该经济业务事项需要设置的账户及其性质、用途和结构。

　　　　2. 写出该经济业务事项的会计分录。

相关知识

一、根据所给资料设置的主要账户

1）账户性质：负债类账户。

2）账户用途：用于核算应付账款的增减变动及其结存情况。

3）账户结构：贷方登记企业购买材料、商品和接受劳务等而发生的应付账款；借方登记偿还的应付账款或已冲销的无法支付的应付账款等；期末余额一般在贷方，反映企业尚未支付的应付账款。

4）明细设置：本账户应按照供应单位设置明细账，进行明细分类核算。

不单独设置"预付账款"科目的企业，预付的账款通过"应付账款"科目核算。

二、根据所给资料进行账务处理的示范操作

（一）2011 年 5 月 5 日，购买产品

借：库存商品	1 000 000
应交税费——应交增值税（进项税额）	170 000
贷：应付账款——乙公司	1 170 000

（二）2011 年 5 月 23 日，偿付货款

借：应付账款——乙公司	1 170 000
贷：银行存款	1 170 000

任务提炼　企业应付款项账务处理涉及的主要账户及记账方向，见表 9-3-2 所示。

表 9-3-2　企业应付账款账务处理涉及的主要账户及记账方向

记账方向　主要账户	借方	贷方	期末余额
应付账款	减少	增加	贷方

任务演练 3

企业应付职工薪酬经济业务事项

资料　2011 年 9 月，甲公司本月应付职工工资总额为 500 000 元，工资费用分配汇总表中列示的产品生产人员的工资为 380 000 元，车间管理人员的工资为 40 000 元，企业行政管理人员的工资为 50 000 元，销售人员工资为 30 000 元。9 月 30 日，甲公司通过银行代发了本月工资，不考虑其他因素。

要求　1. 分析该经济业务事项需要设置的账户及其性质、用途和结构。

2. 写出该经济业务事项的会计分录。

227

相关知识

一、根据所给资料设置的主要账户

（一）"应付职工薪酬"账户

1）账户性质：负债类账户。

2）账户用途：用于核算企业根据有关规定应付给职工的各种薪酬。

3）账户结构：贷方登记已分配计入有关成本费用项目的职工薪酬的数额；借方登记实际发放职工薪酬的数额；期末余额在贷方，反映企业应付未付的职工薪酬。

4）明细设置：本账户应按照工资、职工福利、社会保险、住房公积金、工会经费、职工教育经费等设置明细账，进行明细分类核算。

 小提示

职工的各种薪酬包括职工工资、奖金、津贴和补贴、职工福利费等。

（二）"销售费用"账户

1）账户性质：损益类账户。

2）账户用途：用于核算企业在销售商品和材料、提供劳务过程中发生的各种费用，包括企业在销售商品中发生的包装费、保险费、展览费和广告费等，以及企业发生的为销售本企业商品而专设的销售机构的职工薪酬、业务费、折旧费等。

3）账户结构：借方登记月销售部门发生的各项费用；贷方登记本月末转入"本年利润"账户的数额；月末无余额。该账户应按费用项目设置明细账。

4）明细设置：本账户应按照管理费用项目设置明细账，进行明细分类核算。

二、根据所给资料进行账务处理的示范操作

（一）2011 年 9 月，计提工资

借：生产成本——基本生产成本   380 000
   制造费用   40 000
   管理费用   50 000
   销售费用   30 000
  贷：应付职工薪酬   500 000

 小提示

根据不同职工提供服务的受益对象不同，产品生产人员工资分别计入"生产成本——基本生产成本"、"制造费用"、"管理费用"、"销售费用"科目。

（二）2011 年 9 月 30 日，发放工资

借：应付职工薪酬   500 000
   贷：银行存款   500 000

任务提炼 企业应付职工薪酬账务处理涉及的主要账户及记账方向，见表 9-3-3 所示。

表 9-3-3 企业应付职工薪酬账务处理涉及的主要账户及记账方向

记账方向 主要账户	借方	贷方	期末余额
应付职工薪酬	减少	增加	贷方
销售费用	增加	结转到本年利润的金额	无余额

任务演练 4

企业应交税费经济业务事项

资料 2011 年 8 月，甲管理咨询公司本月的营业收入为 3 000 000 元，适用的营业税率为 5%，城市维护建设税率为 7%，教育费附加税率为 3%。9 月 7 日，甲公司通过银行转账的方式缴纳了 8 月份的营业税、城市维护建设税和教育附加，不考虑其他税费。

要求 1. 分析该经济业务事项需要设置的账户及其性质、用途和结构。
      2. 写出该经济业务事项的会计分录。

相关知识

一、根据所给资料设置的主要账户

（一）"应交税费"账户

1）账户性质：负债类账户。
2）账户用途：用于核算企业根据税法规定应交的税费。
3）账户结构：贷方登记应交纳的各种税费；借方登记实际交纳的税费；期末余额在贷方，反映企业尚未交纳的税费，余额在借方反映企业多交或尚未抵扣的税费。
4）明细设置：本账户应按照税种设置明细账，进行明细分类核算。

小提示

税法规定企业应交纳的税包括增值税、消费税、营业税、城市维护建设税、资源税、所得税、土地增值税、房产税、车船税等。

（二）"营业税金及附加"账户

1）账户性质：损益类账户。

229

2）账户用途：用于核算企业日常主要经营活动应负担的税金及附加，包括营业税、消费税、城市维护建设税、资源税和教育费附加等相关税费。

3）账户结构：借方登记根据规定计算出应负担的各种税金及附加；贷方登记月末从本账户转入"本年利润"账户的数额；月末无余额。

4）明细设置：本账户应按照税金及附加的种类设置明细账，进行明细分类核算。

二、根据所给资料进行账务处理的示范操作

小提示

应交增值税的账务处理参见本项目任务 1 和任务 2，以下只说明应交营业税、城市维护建设税和教育费附加的账务处理。

（一）2011 年 8 月 31 日，计算应交营业税、城市维护建设税和教育费附加

借：营业税金及附加 165 000
　　贷：应交税费——应交营业税 150 000
　　　　　　　——应交城市维护建设税 10 500
　　　　　　　——应交教育费附加 4 500

小提示

应交营业税 = 3 000 000×5% = 150 000（元）
应交城市维护建设税 = 150 000×7% = 10 500（元）
应交教育费附加 = 150 000×3% = 4 500（元）

（二）2011 年 9 月 7 日，缴纳营业税、城市维护建设税和教育费附加

借：应交税费——应交营业税 150 000
　　　　　　——应交城市维护建设税 10 500
　　　　　　——应交教育附加 4 500
　　贷：银行存款 165 000

任务提炼　企业应交税费账务处理涉及的主要账户及记账方向，见表 9-3-4 所示。

表 9-3-4　企业应交税费账务处理涉及的主要账户及记账方向

记账方向＼主要账户	借方	贷方	期末余额
应交税费	实际交纳的税费	应交纳的税费	贷方：尚未交纳的税费 借方：多交或尚未抵扣的税费
营业税金及附加	与经营活动相关的税费	结转到本年利润的金额	无余额

任务演练5

企业借款的账务处理

资料　1. 2010 年 1 月 1 日向银行借入一笔生产经营用短期借款，共计 800 000 元，期限为 6 个月，年利率为 6% 。根据与银行签署的借款协议，该项借款的本金到期后一次归还；利息分月预提，按季支付。

　　2. 2010 年 1 月 1 日，甲公司为集中购买一批材料向银行借入资金 3 000 000 元，借款期限为 3 年，年利率为 8%（到期一次还本付息，不计复利），所借款项已存入银行。

要求　1. 分析该经济业务事项需要设置的账户及其性质、用途和结构。

　　2. 写出该经济业务事项的会计分录。

相关知识

一、根据所给资料设置的主要账户

（一）"短期借款"账户

1）账户性质：负债类账户。

2）账户用途：用于核算企业向银行或非银行金融机构借入的用于企业经营活动、归还期在一年或超过一年的一个营业周期以内的各种借款的取得、归还情况。

3）账户结构：贷方登记借入的各项短期借款的本金；借方登记归还的短期借款；期末余额在贷方，表示期末尚未归还的短期借款数额。

4）明细设置：本账户应按照债权人名称设置明细账，结合借款种类进行明细分类核算。

（二）"长期借款"账户

1）账户性质：负债类账户。

2）账户用途：用于核算企业借入的归还期在一年或长于一年的一个营业周期以上的各种借款的取得、利息和偿还情况。

3）账户结构：贷方登记企业取得的各种长期借款的本金；借方登记到期已归还的长期借款本金；期末余额在贷方，表示尚未归还的长期借款的本金。

4）明细设置：本账户应按照债权人名称设置明细账，进行明细分类核算。

（三）"应付利息"账户

1）账户性质：负债类账户。

2）账户用途：用于核算企业按照合同约定应支付的利息，包括吸收存款，分期付息到期还本的长期借款，企业债券等应支付的利息。

3）账户结构：贷方登记应付未付的利息；借方登记实际支付利息；期末余额在贷方，反映企业应付未付的利息。

4）明细设置：本账户应按照存款人或债权人设置明细账，明细分类核算。

231

（四）"财务费用"账户

1）账户性质：损益类账户。

2）账户用途：用于核算企业在生产经营过程中为筹集资金而发生的各项费用。包括企业生产经营期间发生的利息支出（减利息收入）、汇兑净损失（有的企业如商品流通企业、保险企业进行单独核算，不包括在财务费用）、金融机构手续费，以及筹资发生的其他财务费用如债券印刷费、国外借款担保费等。

3）账户结构：借方登记企业发生的财务费用；贷方登记发生的冲减财务费用的利息收入、汇兑收益；期末应将本账户的余额转入"本年利润"账户。

4）明细设置：本账户应按照费用项目设置明细账，明细分类核算。

二、根据所给资料进行账务处理的示范操作

（一）借入短期借款的账务处理

1. 2010 年 1 月 1 日，借入短期借款

借：银行存款	800 000
贷：短期借款	800 000

2. 2010 年 1 月 31 日，计提利息

小提示

本月应计提的利息金额 = 800 000×6%÷12 = 4 000（元）

借：财务费用	4 000
贷：应付利息	4 000

2 月末计提利息费用的账务处理同上。

3. 2010 年 3 月 31 日，支付第一季度利息费用

借：应付利息	8 000
财务费用	4 000
贷：银行存款	12 000

4. 2010 年 4 月 30 日，计提利息

借：财务费用	4 000
贷：应付利息	4 000

5 月末计提利息费用的账务处理同上。

5. 2010 年 6 月 30 日，支付第二季度利息费用，同时归还本金

借：应付利息	8 000

```
            财务费用                                        4 000
          贷：银行存款                                           12 000
      借：短期借款                                    800 000
          贷：银行存款                                          800 000
```

（二）借入长期借款的账务处理

1. 2010 年 1 月 1 日，借入长期借款

```
      借：银行存款                                  3 000 000
          贷：长期借款——本金                                3 000 000
```

2. 2010 年 1 月 31 日，甲公司计提长期借款利息

小提示

应计提的利息金额 = 3 000 000×8%÷12 = 20 000（元）

```
      借：财务费用                                    20 000
          贷：应付利息                                        20 000
```
2010 年 2 月至 2012 年 11 月，各月计提利息账务处理同上。

3. 2012 年 12 月 31 日，归还长期借款和利息

```
      借：长期借款——本金                            3 000 000
          应付利息                                  700 000
          财务费用                                   20 000
          贷：银行存款                                      3 720 000
```

小提示

企业借入长期借款，应按实际收到的金额，借记"银行存款"科目，贷记"长期借款——本金"科目；如存在差额，还应借记"长期借款——利息调整"科目。

任务提炼 企业借款账务处理涉及的主要账户及记账方向，见表 9-3-5 所示。

表 9-3-5 企业借款账务处理涉及的主要账户及记账方向

记账方向 主要账户	借方	贷方	期末余额
短期借款	到期偿还本金	借入短期借款	贷方
长期借款	到期偿还本金	借入长期借款	贷方
应付利息	实际支付利息	应付未付的利息	贷方
财务费用	利息、手续费支出等	利息收入、汇兑收益等	无余额

任务4 企业资本增减的账务处理

提出任务 资本是什么？企业在什么情况下会引起其资本的增减？该如何进行财务处理？

描述任务 资本主要包括实收资本和资本公积。实收资本是指投资者按照企业章程或合同、协议的规定，实际投入企业的资本。资本公积是指企业收到投资者的超出其在企业注册资本（或股本中所占份额的投资，以及直接计入所有者权益的利得和损失等）。本任务简要介绍实收资本增减的账务处理。

任务演练1

企业接受投资的账务处理

资料 1. 接受现金资产投资的资料

（1）甲、乙、丙共同投资设立A有限责任公司，注册资本为2 000 000元，甲、乙、丙持股比例分别为55%、25%和20%。按照章程规定，甲、乙、丙投入资本分别为1 100 000元、500 000元和400 000元。A公司已如期收到各投资者一次缴足的款项。不考虑其他因素。

（2）沿用（1），一年后，为扩大经营规模，经批准，A有限责任公司注册资本增加到2 500 000元，并引入第四位投资者丁加入。按照投资协议，丁需缴入现金850 000元，同时享有该公司20%的股份。A有限责任公司已收到丁的现金投资。不考虑其他因素。

2. 接受非现金资产投资的资料

B有限责任公司于设立时收到甲公司作为资本投资投入的办公楼一栋，合同约定该办公楼的价值为50 000 000元。假定合同约定的固定资产价值与公允价值相符，不考虑其他因素。

要求 1. 分析该经济业务事项需要设置的账户及其性质、用途和结构。

2. 写出该经济业务事项的会计分录。

相关知识

一、 根据所给资料设置的主要账户

（一）"实收资本"账户

1）账户性质：所有者权益类账户。

2）账户用途：用于核算企业收到投资者投入资本的情况。

3）账户结构：贷方登记投资者投入企业的资本；借方登记资本的减少额；期末余额在贷方，反映企业实收资本的结存额。

4）明细设置：本账户应按照投资者设置明细账，进行明细分类核算。

小提示

对于投资者投入的资本，股份有限公司应通过"股本"科目核算。

（二）"资本公积"账户

1）账户性质：所有者权益类账户。

2）账户用途：核算企业收到投资者超出其在注册资本或股本中所占份额的部分，作为资本溢价或股本溢价在该账户核算。

3）账户结构：贷方登记形成的资本公积的数额；借方登记转赠资本的数额；期末余额在贷方，表示资本公积的结存数额。

4）明细设置：本账户应按照资本公积项目设置明细账，进行明细分类核算。

二、根据所给资料进行账务处理的示范操作

（一）A公司接受现金资产投资的账务处理

1. 成立时接受现金资产投资

借：银行存款　　　　　　　　　　　　　　　　　　2 000 000
　　贷：实收资本——甲　　　　　　　　　　　　　　1 100 000
　　　　　　　　——乙　　　　　　　　　　　　　　 500 000
　　　　　　　　——丙　　　　　　　　　　　　　　 400 000

2. 一年后，扩大经营规模接受现金资产投资

借：银行存款　　　　　　　　　　　　　　　　　　 850 000
　　贷：实收资本——丁　　　　　　　　　　　　　　 500 000
　　　　资本公积——资本溢价　　　　　　　　　　　 350 000

（二）B公司接受非现金资产投入的账务处理

借：固定资产　　　　　　　　　　　　　　　　　　50 000 000
　　贷：实收资本——甲　　　　　　　　　　　　　 50 000 000

235

 小提示

该项固定资产的合同约定价值与公允价值相符，固定资产应按合同约定价值入账，B公司接受甲公司投入的固定资产按合同约定金额作为实收资本，因此在"实收资本"贷方反映。

任务演练 2

企业实收资本减少的账务处理

资料 沿用本任务任务演练1中，接受现金资产投资的资料。一年后，经批准，丙从 A 公司按其过去的实际出资进行退还。A 公司已将 400 000 元现金退还给丙。不考虑其他因素。

要求 1.分析该经济业务事项需要设置的账户及其性质、用途和结构。

2.写出该经济业务事项的会计分录。

相关知识

根据所给资料进行账务处理的示范操作

借：实收资本——丙   400 000

    贷：银行存款   400 000

小提示

注册资本减少必须经法定程序报经批准。

任务提炼 企业资本增减账务处理涉及的主要账户及记账方向，见表9-4-1所示。

表 9-4-1　企业资本增减账务处理涉及的主要账户及记账方向

记账方向 主要账户	借方	贷方	期末余额
实收资本	减少	增加	贷方
股本	减少	增加	贷方
资本公积	减少	增加	贷方

任务5　企业收入、成本和费用的账务处理

提出任务 收入、成本、费用均是企业在日常活动中形成的，应该学会对三者的财务处理。

描述任务 收入是指企业在日常活动中形成的，会导致所有者权益增加的、与所有者投入资本无关的总流入，包括销售商品、提供劳务和让渡资产使用权收入等。

成本是指企业为生产产品，提供劳务而发生的各种经济资源的耗费。产品生产成本一般包括直接材料、直接人工和制造费用。

费用是指企业在日常活动中发生的、会导致所有者权益减少的、与所有者分配利润无关的经济利益的总流出，包括主营业务成本、其他业务成本、营业税金及附加、销售费用、管理费用和财务费用等。

任务演练 1

企业收入的账务处理

资料　1. 甲公司向乙公司销售一批商品，开具的增值税专用发票上记载的价款为700 000 元，增值税额 119 000 元，甲公司已将商品送抵乙公司，并收到乙公司的货款 819 000 元。该批商品的成本为 600 000 元。

　　　　2. 甲公司销售一批原材料，开具的增值税专用发票上注明的售价为 30 000 元，增值税税额为 5 100 元，款项已由银行收讫。该批商品的成本为 23 000 元。

要求　1. 分析该经济业务事项需要设置的账户及其性质、用途和结构。

　　　　2. 写出该经济业务事项的会计分录。

相关知识

一、根据所给资料设置的主要账户

（一）"主营业务收入"账户

1）账户性质：损益类账户。

2）账户用途：用于核算企业在销售商品、提供劳务等日常活动中所产生的收入。

3）账户结构：贷方登记企业实现的主营业务收入；借方登记期末转入"本年利润"账户的数额；期末结转后本账户无余额。

4）明细设置：本账户按主营业务的种类设置明细账，主要产品销售还可按产品的种类设置明细账，进行明细分类核算。

（二）"主营业务成本"账户

1）账户性质：损益类账户。

2）账户用途：用于核算企业在销售商品、提供劳务等日常活动中所发生的实际成本。

3）账户结构：借方登记已销商品、提供劳务的实际成本数；贷方登记期末转入"本年利润"账户的数额；期末结转后本账户无余额。

4）明细设置：本账户按主营业务的种类设置明细账，主要产品销售还可按产品的种类设置明细账，进行明细分类核算。

237

小提示

收入按企业经营业务的主次分为主营业务收入和其他业务收入。企业实现的主营业务收入通过"主营业务收入"账户核算，并通过"主营业务成本"账户核算为取得的主营业务收入发生的相关成本。

（三）"其他业务收入"账户

1）账户性质：损益类账户。

2）账户用途：核算和监督企业除主营业务收入以外的其他销售或其他业务的收入，如材料销售等收入。

3）账户结构：贷方登记企业取得的其他业务收入；借方登记转入"本年利润"账户的数额；期末结转后本账户无余额。

4）明细设置：本账户按其他业务的种类设置明细账，进行明细分类核算。

（四）"其他业务成本"账户

1）账户性质：损益类账户。

2）账户用途：用于核算和监督企业除主营业务活动以外的其他经营活动所发生的成本。

3）账户结构：借方登记发生的其他业务成本；贷方登记期末转入"本年利润"账户的数额；期末结转后本账户无余额。

4）明细设置：本账户按其他业务的种类设置明细账，进行明细分类核算。

 小提示

　　企业实现的原材料销售收入、包装物租金收入、固定资产租金收入、无形资产使用费收入等，通常通过"其他业务收入"账户核算，并通过"其他业务成本"账户核算为取得其他业务收入发生的相关成本。

二、根据所给资料进行账务处理的示范操作

（一）销售产品的账务处理

1. 取得商品销售收入

借：银行存款	819 000
贷：主营业务收入	700 000
应交税费——应交增值税（销项税额）	119 000

2. 结转已售商品成本

借：主要业务成本	600 000
贷：库存商品	600 000

（二）销售材料的账务处理

1. 取得原材料销售收入

借：银行存款	35 100
贷：其他业务收入	30 000
应交税费——应交增值税（销项税额）	5 100

2. 结转已售材料

借：其他业务成本　　　　　　　　　　　　　　　　　　　　　　　　23 000
　　贷：库存商品　　　　　　　　　　　　　　　　　　　　　　　　　　23 000

任务提炼　企业收入账务处理涉及的主要账户及记账方向，见表 9-5-1 所示。

表 9-5-1　企业收入账务处理涉及的主要账户及记账方向

记账方向 主要账户	借方	贷方	期末余额
主营业务收入	结转	增加	无余额
其他业务收入	结转	增加	无余额
主营业务成本	增加	结转	无余额
其他业务成本	增加	结转	无余额

任务演练 2

企业产品成本的账务处理

资料　2011 年 6 月 1 日，甲公司收到一批订单，要求在本月底之前生产完成 A 产品和 B 产品各 200 件。甲公司如期完成任务，所有产品已于 6 月 30 日入库。本月其他资料如下：

1. 领用某种材料 5 000 千克，其中 A 产品耗用 3 000 千克，B 产品耗用 2 000 千克，该材料单价 100 元。
2. 生产 A 产品发生的直接生产人员工时为 4 000 小时，B 产品为 2 000 小时，每工时的标准工资为 10 元。
3. 生产车间发生管理人员工资、折旧费、水电费等 90 000 元。假定该车间本月仅生产了 A 和 B 两种产品。甲公司采用生产工人工时比例法对制造费用进行分配。

要求　1. 分析该经济业务事项需要设置的账户及其性质、用途和结构。
2. 写出该经济业务事项的会计分录。

239

相关知识

一、根据所给资料设置的主要账户

企业产品成本主要通过"生产成本"和"制造费用"账户核算。"生产成本"账户核算企业进行工业性生产发生的各项生产成本；"制造费用"账户核算用生产车间（部门）为生产产品和提供劳务而发生的各项间接费用，包括生产车间发生的机物料消耗、管理人员工资、折旧费、办公费、水电费、季节性停工损失等。在生产一种产品的车间中，制造费用可以直接记入产品成本；在生产多种产品的车间中，企业应根据制造费用的性质，合理选择分配方法，将制造费用分配计入各种产品成本。

二、根据所给资料进行账务处理的示范操作

（一）核算产品成本的账务处理

A 产品应分配的制造费用 =90 000÷（4 000+2 000）×4 000=60 000（元）

B 产品应分配的制造费用 =90 000÷（4 000+2 000）×2 000=30 000（元）

A 产品的生产成本 =3 000×100+4 000×10+60 000=400 000（元）

B 产品的生产成本 =2 000×100+2 000×10+30 000=250 000（元）

借：生产成本——基本生产成本——A产品   400 000

                ——B产品   250 000

   贷：原材料——某材料   500 000

       应付职工薪酬   60 000

       制造费用   90 000

（二）产品入库的账务处理

借：库存商品——A产品   400 000

         ——B产品   250 000

   贷：生产成本——基本生产成本——A产品   400 000

                 ——B产品   250 000

提炼任务 企业产品成本账务处理涉及的主要账户及记账方向，见表 9-5-2 所示。

表 9-5-2 企业产品成本账务处理涉及的主要账户及记账方向

记账方向 / 主要账户	借方	贷方	期末余额
原材料	增加	减少	借方
生产成本	发生生产费用	结转完工产品成本	借方
制造费用	增加	结转到生产成本的金额	无余额
应付职工薪酬	实发数	应发数	贷方余额表示应付未付数

任务演练3

企业费用的账务处理

资料 某公司销售部和行政部8月份共发生费用 350 000 元。其中，销售人员薪酬 150 000 元，销售部专用办公设备折旧费 60 000 元；行政人员薪酬 80 000 元，行政部专用办公设备折旧费 25 000 元，报销行政人员差旅费 15 000 元（假定报销人员未预借差旅费），发生业务招待费 20 000 元（以银行存款支付）。

要求 1.分析该经济业务事项需要设置的账户及其性质、用途和结构。

      2.写出该经济业务事项的会计分录。

小提示

　　企业的费用包括主营业务成本、其他业务成本、营业税金及附加、销售费用、管理费用和财务费用等。主营业务成本、其他业务成本、营业税金及附加、财务费用已在前面的任务中演练。此次演练任务主要是销售费用和管理费用。

相关知识

一、根据所给资料设置的主要账户

　　企业费用主要通过"销售费用"和"管理费用"账户核算。"销售费用"账户核算企业在销售商品过程中发生的包装费、保险费、展览费和广告费等，以及企业发生的为销售商品而专设的销售机构的职工薪酬、业务费、折旧费等；"管理费用"账户核算企业为组织和管理生产活动而发生的各种管理费用，包括企业在筹建期间发生的开办费、董事会和行政管理部门在企业的经营管理中发生的或者应由企业统一负担的公司经费等。

二、根据所给资料进行账务处理的示范操作

借：销售费用　　　　　　　　　　　　　　　　　　　210 000
　　管理费用　　　　　　　　　　　　　　　　　　　140 000
　　贷：应付职工薪酬　　　　　　　　　　　　　　　　　230 000
　　　　累计折旧　　　　　　　　　　　　　　　　　　　85 000
　　　　库存现金　　　　　　　　　　　　　　　　　　　15 000
　　　　银行存款　　　　　　　　　　　　　　　　　　　20 000

任务提炼　企业产品费用账务处理涉及的主要账户及记账方向，见表9-5-3所示。

表9-5-3　企业产品费用账务处理涉及的主要账户及记账方向

记账方向＼主要账户	借方	贷方	期末余额
销售费用	增加	结转到本年利润的金额	无余额
管理费用	增加	结转到本年利润的金额	无余额

241

任务演练4

企业营业外收支的账务处理

资料　某企业用银行存款支付税款滞纳金34 000元。

要求　1.分析该经济业务事项需要设置的账户及其性质、用途和结构。
　　　 2.写出该经济业务事项的会计分录。

一、根据所给资料设置的主要账户

（一）"营业外收入"账户

1）账户性质：损益类账户。

2）账户用途：用于核算企业发生的与日常生产经营活动无直接关系的各项收入。主要包括非流动资产处置利得、盘盈利得、政府补助、捐赠利得等。

3）账户结构：贷方登记企业取得的各项营业外收入；借方登记期末转入"本年利润"账户的营业外收入；期末结转后本账户无余额。

4）明细设置：本账户按收入项目设置明细账，进行明细分类核算。

（二）"营业外支出"账户

1）账户性质：损益类账户。

2）账户用途：用于核算企业发生的与日常生产经营活动无直接关系的各项支出。主要包括非流动资产处置损失、盘亏损失、罚款支出、公益性捐赠支出、非常损失等。

3）账户结构：借方登记企业发生的各项营业外支出；贷方登记期末转入"本年利润"账户的营业外支出；期末结转后本账户无余额。

4）明细设置：本账户按支出项目设置明细账，进行明细分类核算。

二、根据所给资料进行账务处理的示范操作

借：营业外支出   34 000

  贷：银行存款   34 000

任务提炼 企业产品营业外收支账务处理涉及的主要账户及记账方向，见表 9-5-4 所示。

表 9-5-4 企业产品营业外收支账务处理涉及的主要账户及记账方向

记账方向 / 主要账户	借方	贷方	期末余额
营业外收入	结转	增加	无余额
营业外支出	增加	结转	无余额

任务 6 企业财务成果的账务处理

提出任务 企业在一定时期内从事全部生产、经营活动所取得的利润和发生的亏损，它综合反映企业生产经营活动情况。

描述任务 财务成果的计算和处理一般包括利润的计算、所得税的计算和缴纳、利润分配或亏损弥补等。本任务主要是关于利润及利润分配的账务处理。

任务演练1

企业利润的账务处理

资料 甲公司 2011 年有关损益类账户的年末余额，见表 9-6-1 所示。

表 9-6-1 损益类账户的年末余额　　　　　　　　单位：元

科目名称	结账前余额
主营业务收入	3 000 000（贷）
其他业务收入	350 000（贷）
投资收益	300 000（贷）
营业外收入	25 000（贷）
主营业务成本	2 300 000（借）
其他业务成本	200 000（借）
营业税金及附加	40 000（借）
销售费用	250 000（借）
管理费用	300 000（借）
财务费用	50 000（借）
营业外支出	100 000（借）

要求 1. 分析该经济业务事项需要设置的账户及其性质、用途和结构。
2. 写出该经济业务事项的会计分录。

相关知识

一、根据所给资料设置的主要账户

（一）"本年利润"账户

1）账户性质：所有者权益账户。
2）账户用途：用来核算企业实现的净利润(或发生的净亏损)。
3）账户结构：贷方登记期末从各收入类账户转入的本期各项收入；借方登记期末从各费用类账户转入的本期各项费用。将收入与费用相抵后，如果收入大于费用即为贷方余额，表示期实现的净利润。如果费用大于收入即为借方余额，表示本期实现的净亏损。年终结转后该账户无余额。
4）本账户一般不设明细账户。

（二）"投资收益"账户

1）账户性质：所有者权益账户。
2）账户用途：用来核算企业对外投资所取得的收益或发生的损失。
3）账户结构：贷方登记企业对外投资所取得的收入；借方登记对外投资发生的损失；余额在贷方为投资净收益，余额在借方为投资净损失，期末转入"本年利润"账户后，本账户无余额。
4）明细设置：本账户按投资收益种类设置明细账户，进行明细分类核算。

二、根据所给资料进行账务处理的示范操作

（一）结转各项收入、利得的账务处理

借：主营业务收入   3 000 000

    其他业务收入   350 000

    投资收益   300 000

    营业外收入   25 000

    贷：本年利润   3 675 000

（二）结转各项费用、损失的账务处理

借：本年利润   3 240 000

    贷：主营业务成本   2 300 000

        其他业务成本   200 000

        营业税金及附加   40 000

        销售费用   250 000

        管理费用   300 000

        财务费用   50 000

        营业外支出   100 000

小提示

经结转后，"本年利润"账户的贷方发生额合计 3 675 000 元减去借方发生额合计 3 240 000 元即为税前会计利润 435 000 元。

提炼任务   企业利润账务处理涉及的主要账户及记账方向，见表 9-6-2 所示。

表 9-6-2   企业利润账务处理涉及的主要账户及记账方向

记账方向 主要账户	借方	贷方	期末余额
本年利润	期末结转来的费用	期末结转来的收入	贷方：净利润；借方：净亏损
投资收益	损失	收入	贷方：净收益；借方：净损失

任务演练 2

企业所得税的账务处理

资料   沿用本任务中任务演练 1 的资料，假定甲公司适用的所得税税率为 25% 。甲公司不存在纳税调整事项。

要求   1. 分析该经济业务事项需要设置的账户及其性质、用途和结构。

        2. 写出该经济业务事项的会计分录。

相关知识

一、根据所给资料设置的主要账户

"所得税费用"账户如下：

1）账户性质：损益类账户。

2）账户用途：用于核算企业按税法规定计算确定的应计入当期损益的所得税费用。

3）账户结构：借方登记企业发生的所得税费用；贷方登记期末转入"本年利润"账户的所得税费用；期末结转后本账户无余额。

4）明细设置：本账户不设明细账户。

二、根据所给资料进行账务处理的示范操作

（一）计算应交所得税的账务处理

小提示

企业当期应交所得税的计算公式为：应交所得税＝应纳税所得额 × 所得税税率。

$$应交所得税 = 435\,000 \times 25\% = 108\,750（元）$$

借：所得税费用		108 750
贷：应交税费——应交所得税		108 750

（二）结转所得税费用的账务处理

借：本年利润		108 750
贷：所得税费用		108 750

任务提炼　企业所得税账务处理涉及的主要账户及记账方向，见表9-6-3所示。

表9-6-3　企业所得税账务处理涉及的主要账户及记账方向

记账方向 主要账户	借方	贷方	期末余额
所得税费用	发生的所得税费用	期末结转	无余额

任务演练 3

企业利润分配的账务处理

资料　沿用本任务中任务演练2的资料，假定甲公司按当年净利润的10%提取法定盈余公积，按当年净利润的5%提取任意盈余公积，并决定向投资者分配利润 200 000 元。

要求　1.分析该经济业务事项需要设置的账户及其性质、用途和结构。

2.写出该经济业务事项的会计分录。

相关知识

一、根据所给资料设置的主要账户

（一）"利润分配"账户

1）账户性质：所有者权益类账户。

2）账户用途：用于核算企业利润的分配（或亏损的弥补）。

3）账户结构：贷方登记从"本年利润"账户转入的全年实现的净利润；借方登记利润分配的去向；年末贷方余额表示企业历年结存的未分配利润，借方余额为未弥补亏损。

4）明细设置：本账户按利润分配的去向设置明细账，进行明细分类核算。

> **小提示**
>
> 利润分配是企业根据国家有关规定和企业章程、投资者协议等。对企业当年可供分配的利润所进行的分配。利润分配的顺序依次是：提取法定盈余公积；提取任意盈余公积；向投资者分配利润。

（二）"盈余公积"账户

1）账户性质：所有者权益类账户。

2）账户用途：用于核算企业从净利润中提取的盈余公积。

3）账户结构：贷方登记盈余公积的提取数；借方登记用盈余公积弥补亏损或转赠资本数；余额在贷方，表示盈余公积的实际结存数。

4）细设置：本账户按盈余公积的种类设置明细账，进行明细分类核算。

（三）"应付股利"账户

1）账户性质：负债类账户。

2）账户用途：用于核算企业经董事会或股东大会，或类似机构决议确定分配的现金股利或利润。

3）账户结构：贷方登记应支付的现金股利或利润；借方登记实际支付的现金股利或利润；余额在贷方，表示企业尚未支付的现金股利或利润。

4）明细设置：本账户按投资者设置明细账，进行明细分类核算。

二、根据所给资料进行账务处理的示范操作

（一）将"本年利润"账户年末余额 326 250 元（435 000 － 108 750）转入"利润分配——未分配利润"科目的账务处理

借：本年利润   326 250

    贷：利润分配——未分配利润   326 250

（二）提取法定盈余公积、任意盈余公积、向投资者分配利润的账务处理

借：利润分配——未分配利润   248 937.50
  贷：盈余公积——法定盈余公积   32 625
      ——任意盈余公积   16 312.50
    应付股利   200 000

（三）向投资者支付分配的利润时的账务处理

借：应付股利   200 000
  贷：库存现金   200 000

任务提炼 企业利润分配账务处理涉及的主要账户及记账方向，见表9-6-4所示。

表9-6-4   企业利润分配账务处理涉及的主要账户及记账方向

记账方向 \ 主要账户	借方	贷方	期末余额
利润分配	分配的去向	从"本年利润"转入	贷方：未分配利润或借方：未弥补亏损
盈余公积	弥补亏损或转赠资本	提取数	贷方
应付股利	实际支付数	应支付数	贷方

本项目会计从业资格考试大纲

一、款项和有价证券的收付
（一）现金和银行存款
1. 提现的账务处理
2. 存现的账务处理
（二）交易性金融资产
1. 取得交易性金融资产的账务处理
2. 出售交易性金融资产的账务处理
3. 购买和出售交易性金融资产发生的交易费用的账务处理
二、财产物资的收发、增减和使用
（一）原材料
1. 购买原材料的账务处理
2. 发出原材料的账务处理
（二）库存商品
1. 产成品入库的账务处理
2. 销售商品结转销售成本的账务处理
（三）固定资产
1. 购入不需要安装的固定资产的账务处理
2. 固定资产折旧的账务处理
3. 固定资产处置的账务处理

三、债权、债务的发生和结算

（一）应收及预付款项

1. 应收账款发生和收回的账务处理

2. 应收款项减值（坏账准备）的账务处理

（1）当期应计提坏账准备金额的计算

（2）计提坏账准备的会计分录

（3）实际发生坏账时的账务处理

3. 预付账款的账务处理

（二）应付账款

1. 应付账款发生的账务处理

2. 偿付应付账款的账务处理

（三）应付职工薪酬

1. 计提应付职工薪酬的账务处理

2. 发放应付职工薪酬的账务处理

（四）应交税费

1. 应交增值税的账务处理

2. 应交营业税的账务处理

（五）借款

1. 短期借款的账务处理

（1）短期借款借入和归还的账务处理

（2）计提短期借款利息以及支付利息的账务处理

2. 长期借款的账务处理

（1）长期借款借入和归还的账务处理

（2）计提长期借款利息以及支付利息的账务处理

四、资本的增减

（一）接受投资

1. 接受现金资产投资的账务处理

2. 接受非现金资产投资的账务处理

（二）实收资本的减少

实收资本减少的账务处理。

五、收入、成本和费用

（一）收入

1. 取得主营业务收入的账务处理

2. 取得其他业务收入的账务处理

（二）成本

1. 发生直接材料、直接人工、制造费用的账务处理

2. 制造费用在不同产品之间分配的账务处理

（三）费用

1. 结转主营业务成本的账务处理

2. 结转其他业务成本的账务处理

3. 发生营业税金及附加的账务处理

4. 发生销售费用的账务处理

5. 发生管理费用的账务处理

6. 发生财务费用的账务处理等

（四）营业外收支

1. 取得营业外收入的账务处理

2. 发生营业外支出的账务处理

六、财务成果的计算

（一）利润

1. 利润的计算

2. 期末结转各项收入、利得类科目的账务处理

3. 期末结转各项费用、损失类科目的账务处理

（二）所得税

1. 应交纳所得税的计算

2. 所得税的账务处理

（三）利润分配

1. 提取法定盈余公积的账务处理

2. 提取任意盈余公积的账务处理

3. 向投资者分配利润的账务处理

附　　录

需配套的实训耗材

一、记账凭证（1本/人）注：记账凭证格式为双金额。

二、收款凭证、付款凭证、转账凭证（各1本/人）

三、现金日记账、银行存款日记账、总分类账（各1本/人）

四、三栏式明细账（1本/人）

五、数量金额式明细账（20张/人）

六、多栏式明细账（20张/人）

七、应交增值税明细账（4张/人）

八、会计凭证封皮、会计凭证袋（各2个/人）

九、明细账账页封面（1个/人）

十、自粘标签（100个/人）

十一、文件袋、长尾夹　（各1个/人）

十二、资产负债表、利润表（各2张/人）

参 考 文 献

会计从业资格考试辅导教材编写组 . 2010. 会计基础 . 西安：陕西人民出版社 .

戚素文 . 2009. 基础会计实务 . 北京：清华大学出版社 .

王虹 . 2010. 基础会计与实务 . 上海：上海财经大学出版社 .

杨桂洁 . 2010. 会计基础与实务 . 北京：人民邮电出版社 .

中国会计学会编写组 . 2009. 会计基础 . 北京：经济科学出版社 .

中华会计网校 . 2010. 会计基础 . 北京：人民出版社 .

中华人民共和国财政部 . 2006. 企业会计准则 . 北京：经济科学出版社 .